传统文化与
企业管理

刘彬 邱胜◎编著

金盾出版社

内容提要

中国传统文化蕴含着丰富而深刻的管理理念，如儒家倡导仁义中庸，注重安己修身；道家主张道法自然，注重无为而治；墨家强调兼爱交利，注重赏贤使能；法家坚持信赏必罚，注重依法而治；兵家追求正合奇胜，注重讲究权变；纵横家主张合纵连横，注重以辩取胜；杂家强调博采众长，注重综合治理，等等，这些都是今天企业管理的重要思想宝库。

本书分为八章，内容通俗易懂，案例切合实际，谈古论今，深入浅出，能为现代企业管理者提供有益的启悟、借鉴和指导。

图书在版编目(CIP)数据

传统文化与企业管理/刘彬，邱胜编著．—北京：金盾出版社，2017.9
ISBN 978-7-51186-1240-6

Ⅰ.①传⋯　Ⅱ.①刘⋯②邱⋯　Ⅲ.①中华文化—应用—企业管理—研究　Ⅳ.①F272

中国版本图书馆 CIP 数据核字(2017)第 045372 号

金盾出版社出版、总发行
北京太平路5号(地铁万寿路站往南)
邮政编码：100036　电话：68214039　83219215
传真：68276683　网址：www.jdcbs.cn
封面印刷：北京印刷一厂
正文印刷：北京万友印刷有限公司
装订：北京万友印刷有限公司
各地新华书店经销
开本：705×1000 1/16　印张：15　字数：226千字
2017年9月第1版第1次印刷
印数：1～4 000册　定价：46.00元
(凡购买金盾出版社的图书，如有缺页、倒页、脱页者，本社发行部负责调换)

前 言

中华传统文化源远流长,博大精深,对现代企业管理具有深刻的启发、借鉴和指导作用。法家、儒家和道家思想适用于不同企业管理,在起步发展阶段,可运用法家思想规范人的行为;发展上升阶段,人的觉悟逐步提高,可运用儒家思想导正人的理念;发展成熟阶段,人的素质和品德趋于稳定,可运用道家思想管理,达到"无为而治"的境界。所以,作为企业管理者,应具备以下几个方面的职业素养。

一是足够的专业知识。孟子曰:"孔子登东山而小鲁,登泰山而小天下。"知识是学无止境的,只有不断地学习才能不断地进步。对于管理者而言,只有不断地学习,才能提高综合素质,以超然物外的心境观看事物。

二是自信的内在力量。荀子《劝学篇》曰:"不积跬步,无以至千里;不积小流,无以成江海。""锲而不舍,金石可镂。"这充分说明了坚持与自信的重要性。这对当前企业管理仍有一定借鉴意义,值得现代企业管理者学习领会。

三是敏锐的观察能力。苏轼《题西林壁》曰:"横看成岭侧成峰,远近高低各不同。"说的是客观事物的表现形式与观察事物的复杂性,现代社会错综复杂,作为企业管理者必须具备观察、分析和处理复杂问题的能力。

四是高超的说服能力。凡是成功者,大都珍视人际沟通、善于启发与说服别人。纵横家苏秦、张仪最显著的特点,就是具有高超的说服别人的能力。美国前总统艾森豪威尔曾说过:"说服是一门艺术,它能让人们做你想让他们做的事情,并且令其乐此不疲。"

五是有效的团队凝聚力。团队凝聚力是企业领导者凝聚团队成员与企业协调发展的合力,二者互助互补。有效的管理者之所以事业成功,15%由专业技术决定,85%与人际关系的处理技巧相关联。所以,在企业管理中,部门之间、人员之间互相理解、谅解和支持,是企业成熟的标志。

六是良好的企业忠诚度。作为企业管理者,应忠诚于自己的企业,尽心尽力,尽职尽责,具有"君子一言,驷马难追"之承诺;具有"人生自古谁无死,留取丹心照汗青"之气节,更有"捐躯赴国难,视死忽如归"之豪情。

七是宏观的企业管理艺术。古人曰:"水至清则无鱼,人至察则无徒。"作为企业管理者,应该眼睛盯着市场,心里想着客户,为实现企业目标而不懈努力。如果眼睛只盯着内部人员,事事明察秋毫,对下属严之又严,最终必然出现事与愿违的结果。

儒家思想有着鲜明的人本主义色彩,注重管理的自觉性、自律性和道德性。道家思想是以"道法自然""无为而无不为"的柔性管理为特征。"柔性"管理就是按照事物自身的法则进行管理,就是"无为而无不为";认为柔弱的东西才是自然的、正常的和有生命力的东西。

法家思想强调法治,强调法律的强制作用,强调集权的权威性,强调管理手段的运用。它追求效益,充满着强力、竞争和控制的倾向。

墨家思想强调"兼爱""尚同""尚贤",同时还赞成劳动分工的有效性与合理性,提出"各从事其所能"的原则。

兵家重视谋略的运用,强调战略与策略的正确运用。在企业管理中,战略与策略的正确与否,企业管理的环境即天时、地利、人和的运用正确与否,是管理成败的关键。

作为企业管理者,只有正确认识、深刻理解中华民族传统文化的精华,并在实践中加以创造性地运用,才能不断提高企业管理水平。

在本书编写过程中,得到张爽、汪清秀、陈彬、刘墨菊、罗英、赵华伦、牛海亮、常嫱、凌忠等人的大力协助,在此深表谢意。由于水平有限,书中不足之处在所难免,祈请读者不吝指教。

编著者

目　录

第一章　儒家思想与企业管理

一、儒家"中庸"思想的智慧 / 3
（一）义利并举的价值观 / 3
　　经典案例：冯谖舍利买义，齐相因义获利 / 4
（二）"中庸"之道在商道中的作用 / 5
　　经典案例：中庸之道是"正道" / 7
（三）"恕道"是儒商成功的法宝 / 8
　　经典案例：商机稍纵即逝，抓住就能获利 / 10
（四）进退自如是一种大智慧 / 11
　　经典案例：范蠡功成身退，商界美名天下 / 12

二、"以和为贵"思想是企业管理的经典 / 13
（一）"人和"产生正能量 / 13
（二）"人和"始于修养己身 / 15
（三）"修己安人"是管理的根本 / 16
（四）"以和为贵"是企业发展的动力 / 17
　　经典案例："以和为贵"的经营之道 / 19

三、"天人合一"思想在企业管理中的价值 / 21
（一）用"天人合一"思想构建企业文化 / 21
（二）用"天人合一"思想建立企业诚信 / 24

（三）用"天人合一"思想促进企业管理 / 26
　　经典案例："儒商"稻盛和夫　成于"修心""利他" / 28
四、儒家"八德"思想与企业管理 / 31
　　（一）"孝"——提升员工道德行为的基础 / 31
　　（二）"悌"——建立企业团队精神的保障 / 32
　　（三）"忠"——提高企业执行力的条件 / 33
　　（四）"信"——奠定企业道德的基础 / 33
　　（五）"礼"——彰显企业行为的标志 / 34
　　（六）"义"——企业核心价值观的根本 / 35
　　（七）"廉"——企业可持续发展的基石 / 35
　　（八）"耻"——企业员工做人的底线 / 36
　　经典案例：胡雪岩的善良与十两银子效应 / 37
五、儒家思想对企业管理的启示 / 38
　　（一）勤奋好学，善于思考 / 38
　　（二）勇于反思，知错能改 / 38
　　（三）广交益友，择善从之 / 39
　　（四）慎言敏行，知行合一 / 39
　　（五）满足欲求，富而后教 / 40
　　（六）尊重人才，知人善任 / 40
　　（七）以身作则，自正其身 / 41
　　经典案例：企业管理者要勇于知过即改 / 41

第二章　道家思想与企业管理

一、道家思想体系中的管理智慧 / 45
　　（一）相反相成，物极必反 / 45
　　（二）好的领导，善于放权 / 46

（三）低调做人，守柔居弱 / 47
（四）知人善任，大有作为 / 47
（五）善用"三宝"，提升素质 / 48
　　经典案例：乔治·华盛顿的智慧 / 49
二、道家"四个境界"，诠释管理真谛 / 51
　　经典案例：老子点化阳子居 / 53
三、道家"无为"思想的魅力与内涵 / 54
（一）感悟"无为"的思想魅力 / 55
（二）领略"无为"的内涵要义 / 57
　　经典案例：诸葛亮疑兵华容道 / 59
四、道家"无为"思想对管理者的启示 / 60
（一）只有清静无为，才有真花真果 / 60
（二）只有奉献而"不占有"，才是真"无为" / 62
（三）用"无为"思想指导企业发展 / 63
　　经典案例："无为"而治，走马换将 / 64

第三章　墨家思想与企业管理

一、墨家"兼爱"思想与人本管理 / 67
（一）"兼爱"思想的管理理念 / 67
（二）"兼爱"与"仁爱"的区别 / 67
（三）"兼爱"思想的不朽价值 / 68
（四）"兼爱"的良性循环 / 69
（五）"兼爱"思想的人本管理 / 70
　　经典案例：墨子"兼爱"，止楚攻宋 / 71
二、墨家"尚贤""尚同"思想与企业管理 / 73
（一）"尚贤"的思想内涵 / 73

（二）"尚贤"的组织原则 / 74

　　（三）"尚贤"的人事原则 / 75

　　（四）"尚贤"的沟通原则 / 75

　　（五）"尚贤"思想与人本观念的契合 / 76

　　　经典案例：墨子"尚贤"与耕柱问话 / 78

三、墨家"尚俭""节用"思想与企业管理 / 79

　　　经典案例："尚俭节用"的典范 / 80

四、墨家思想对企业管理的启示 / 81

　　（一）兼爱：企业管理的伦理基础 / 82

　　（二）尚贤：企业管理的指导原则 / 83

　　（三）贵义：企业管理的社会目标 / 85

　　　经典案例：墨子三辩圣王音乐 / 86

第四章　法家思想与企业管理

一、法家思想与制度化管理 / 89

　　　经典案例：严守制度，依法断案 / 90

二、法家思想与人事管理 / 92

　　（一）对于人才的选拔，要依靠制度 / 92

　　（二）对于人才的使用，要依靠监督 / 92

　　（三）对于人才的考核，要依靠目标 / 93

　　　经典案例：用人有秘诀，识人有艺术 / 94

三、法家思想与领导艺术 / 95

　　（一）增强法治理念，完善管理机制 / 95

　　（二）既要依赖人治，更要执行得力 / 97

　　（三）治吏不治民，管理"管理者" / 97

　　　经典案例：管理分权责，越权为犯禁 / 98

四、法家思想对建立企业文化的启示 / 99
　　经典案例：商鞅变法，徙木立信 / 102
五、法家思想对企业发展的影响 / 104
　　（一）法家思想对管理的作用 / 104
　　（二）法家思想重法律而轻道德 / 106
　　经典案例：秉公执法，连理挡驾 / 107

第五章　兵家思想与企业管理

一、兵家思想与企业行政管理 / 111
　　（一）把握全局，择人任势 / 111
　　（二）令之以文，齐之以武 / 113
　　（三）知胜之术，上下同欲 / 116
　　经典案例：太宗开明，与民同利 / 118
二、兵家思想与企业信息管理 / 119
　　（一）企业外部信息管理 / 120
　　（二）企业内部信息管理 / 121
　　经典案例：重视信息管理，不战屈人之兵 / 122
三、兵家思想与企业人事管理 / 123
　　（一）人事管理的甄选 / 123
　　（二）人事管理的激励 / 125
　　（三）人事管理的组织 / 126
　　经典案例：坚持以人为本，完善规章制度 / 127
四、兵家思想与企业项目管理 / 129
　　（一）管仲论相——精选项目经理 / 129
　　（二）吴起治军——严格团队管理 / 131
　　（三）孙子庙算——严格项目计划 / 132

（四）"分粥"方法——项目管理体制 / 134

（五）"五事"兼备——项目管理操作 / 136

　　经典案例：精心谋划，背水一战 / 136

第六章　纵横家思想与企业管理

一、纵横家的特殊管理思想 / 141

　　经典案例：管理失信誉，烽火戏诸侯 / 144

二、纵横家的管理技巧与智能 / 145

（一）赵高与李斯捭阖术之运用 / 145

（二）纵横家的武器——舌头的力量 / 147

（三）下属才能的发挥，取决于老板的智能 / 148

　　经典案例：管理智与巧，杯酒释兵权 / 149

三、纵横家思想在企业管理中的应用 / 151

（一）纵横家是从事外交活动的谋略家 / 151

（二）纵横术在经济战略和商战中的应用 / 152

　　经典案例：陆贾巧言劝说，尉佗称臣降汉 / 155

第七章　杂家思想与企业管理

一、杂家思想与人事管理 / 159

（一）举才与识才，关键是知才 / 160

（二）选拔与培养，关键是用才 / 161

（三）信任与尊重，关键是留才 / 162

　　经典案例：吕氏春秋，一字千金 / 164

二、杂家思想与企业管理 / 165

（一）杂家思想之商机管理 / 165

（二）杂家思想之"八观六验" / 166

（三）杂家思想之智巧变化 / 166

　　经典案例："亲眼所见"，未必是真 / 170

三、杂家思想在企业管理中的应用 / 171

　　（一）通过杂家思想，透视企业管理 / 171

　　（二）杂家思想在企业管理中的应用 / 173

　　（三）杂家思想对企业管理的启迪 / 174

　　经典案例：奉迎不如真诚，巧诈不如拙诚 / 180

第八章　帝王治国与企业管理

一、秦始皇的激励机制与企业管理 / 183

　　（一）建立高效的激励制度 / 183

　　（二）选择类己的合作团队 / 183

　　（三）保持团队的动态平衡 / 184

　　（四）共享成果，优胜劣汰 / 186

　　经典案例：满足客户需求，生意起死回生 / 187

二、刘邦的用人之道与企业管理 / 188

　　（一）知人善任，人尽其才 / 188

　　（二）不拘一格，用人所长 / 189

　　（三）不计前嫌，兼容并包 / 190

　　（四）坦诚相待，以心换心 / 191

　　（五）用人不疑，疑人不用 / 192

　　（六）暗中控制，洞察秋毫 / 194

　　经典案例：案例一：秦昭王五跪得范雎 / 194

　　经典案例：案例二：刘备三顾茅庐得诸葛 / 195

三、汉武帝的治国韬略与企业管理 / 196

　　（一）强化集权，削弱王权 / 196

（二）任人唯贤，不拘一格 / 197
　　（三）充分授权，目标管理 / 199
　　（四）法纪严明，奖惩分明 / 200
　　　经典案例：良才不用，庸才不去 / 201
四、李世民的治国方略与企业管理 / 201
　　（一）礼贤下士，广揽人才 / 202
　　（二）爱才护才，竭诚相待 / 202
　　（三）统军驭将，恩威并用 / 203
　　（四）治世重德，善于纳谏 / 204
　　（五）用人如器，各取所长 / 204
　　（六）适时发展，区别对待 / 205
　　　经典案例：识人观细节，"橘子"辨人才 / 206
五、"康雍乾"的治国理念与企业管理 / 207
　　（一）"有治人无治法"的理念 / 207
　　（二）康雍乾三帝的"选人用人"标准 / 208
　　（三）从康熙用人之道，看企业中层管理 / 213
　　（四）从雍正用人之道，看企业行政管理 / 216
　　（五）从乾隆用人之道，看企业管理 / 219
　　　经典案例：只要获取客户，盈利水到渠成 / 220
六、帝王治国对企业管理的启示 / 221
　　（一）向秦始皇、隋炀帝、雍正帝学习战略性决策 / 221
　　（二）向刘邦、唐太宗、宋太祖、乾隆学习用人艺术 / 222
　　（三）向成吉思汗、曹操学习开拓市场 / 223
　　（四）向康熙、刘备学习远见与智慧 / 224
　　　经典案例：热爱一项工作，终能取得成功 / 224

第一章 儒家思想与企业管理

中国传统文化博大精深，内涵丰富。儒家思想信奉"孝为本、礼为先，俭为上，勤为根""长者视为父母，壮者视为兄弟，小者视为子女""人而无信，不知其可也""成由勤俭败由奢""俭节则兴""君子爱财，取之有道""上下同欲者胜""和气生财""童叟无欺"等理念。儒家文化是人本主义文化，它倡导义利并举的价值观念，修己安人知进退、以和为贵的人际关系以及兼收并蓄的实用理性思想等，均与现代企业管理理念相吻合。这是儒家文化在现代企业管理中受到相当重视的根本原因。

一、儒家"中庸"思想的智慧

(一) 义利并举的价值观

儒家思想,强调生财致富要有道。告诫人们要"以义统利""见利思义""先义后利",以义为重,不取不义之财。

孔子说:"君子喻于义,小人喻于利。"意思是君子看重的是道义,小人看重的是利益。可见,在义与利的权衡之中,儒家认为"义"是衡量利之取舍的标准,作为君子应深明大义。但这并不是说,儒家不重视利。

孔子又说:"礼以行义,义以生利,利以平民,政之大节也(《春秋左传·成公二年》)。"意思是,礼用来推行道义,道义用来产生利益,利益用来使天下太平,这是治理国家的关键。"义"可以产生利,只要符合义的要求,就可以追求利,甚至可以将这条原则上升为"治国理政"的根本要义。

"义以生利"是孔子提出的经营管理命题。《春秋左传》里有这样一个故事:卫国的孙桓子,率军与齐国在新筑开战,卫军战败。新筑人仲叔于奚救了孙桓子,使他免于死难,立了大功。卫国人赏封一些城邑给仲叔于奚,于奚拒绝,转而请求只有诸侯才能使用的三面悬挂的乐器,并希望能像诸侯那样用繁缨装饰马匹以朝见,卫侯答应了。孔子听说了这件事,便发表议论道:"这样做真可惜呀,还不如多给他城邑呢!"为什么呢?孔子接着说:"通过封授名爵获得臣子信忠,只有臣子信忠才能治理好国家,国家治理得好才会使人遵守礼法,人人遵守礼法才会做仁义之事,对人仁义则利人利己,使普通百姓都能享受利益,这才是为政的大事啊。"

孔子"义以生利"的思想，几乎贯穿在他整个行为的全过程，他揭示了世俗物质价值来源于人的精神价值，即精神价值创造物质价值，精神价值制约物质价值。因此，他教导人们在认识上要"见利思义"，在行为上要"取之有义"，在效果上要"先义后利"，在价值上要"重义轻利"。

在现代社会中，任何企业都不能回避"义"与"利"的问题。从一定意义上讲，利益上的竞争有利于激励企业，焕发活力。在市场经济条件下，企业之间竞争的目的，在于追求最大的利润。儒家文化特别强调，生财致富要有道。义与利说到底并无必然对立，义也是一种利，只不过不是一己私利，而是一种大的整体的公利。

这里强调"义"，是强调把公利放在首位，对私利的追求应以不损害公利为原则。从长远看，以义（义：合乎正义或公益的）为先，可能会使企业暂时损失一定的利益，但其公益行为必能为企业营造一个良好的舆论环境和经济环境，从而开辟更广阔的发展前景，于企业有百利而无一害。反之，若局限于短期利益，可能会暂时获取一定利益，但这种破坏公共利益的行为，必定会使企业的声誉和形象一落千丈，到头来只能被消费者冷落，被市场淘汰，甚至受到法律的制裁。

企业应该依靠"仁义"的管理、先进的技术和优质的服务在竞争中取胜，其生产经营应把追求自身利益与贡献于社会紧密结合起来，积极参与公益事业，树立良好形象，讲求"诚实""守信"的商业道德。

冯谖舍利买义，齐相因义获利

战国时期，冯谖（谖：xuān）家境贫困，寄食于孟尝君（齐国宰相）门下，终日粗茶淡饭。冯谖怀才不遇，时常满腹牢骚，曾靠柱弹铗（铗：jiá，剑柄）唱道："长铗归来兮，食无鱼艓（艓：chuāng）。"孟尝君得知后，吩咐总管给他鱼吃。不久，冯谖又弹铗唱道："长铗归来兮，出无车艓。"孟尝君让总管给他车子。过了一段时间，冯谖第三次弹铗唱道："长铗归来兮，无以为家偬。"孟尝君又派人供他老母衣食。冯谖弹铗索要待遇，丝毫没有降低其名士的风流。冯谖从此不再弹铗，尽心竭力为孟尝君做事。

有一次，孟尝君派他到封地薛邑收债。临行前，冯谖问孟尝君："债收齐后，买些什么东西带回来呢？"孟尝君说："你看我家里缺什么，就买什么吧。"冯谖驱车到了薛邑，却假传孟尝君的命令，把债券验对后，当着百姓的面，把债券给烧了，百姓们当即高呼万岁。冯谖回来后，孟尝君问："买了些什么回来？"冯谖说："您说看家里缺什么就买什么，我私下考虑，您家里堆满了珠宝，厩棚里挤满了牛马，阶下站满了美女，您家里所缺少的只是'义'罢了。于是，我用债券给您买回了'义'。"

过了一年，齐王不再重用孟尝君，孟尝君只好前往自己的封地薛邑。他没想到，这次回去与以往不同的是，距离薛邑还有一百里路，老百姓就扶老携幼前来迎接，在路上站了整整一天。这时，孟尝君回头对冯谖说："先生给我买的义，今天才看到！"

当孟尝君不做齐国宰相后，他门下所有的食客都走了，只有冯谖伴其左右，为其出谋划策。之后，孟尝君再次做了齐国的宰相，并安居高位数十年。

【点评】 在这个案例中，孟尝君开头确实损失了"利"（债券），但最后却得到了"义"（百姓拥护），并因义而生利，这对于当事者来说，是最大的"利"。孟尝君更大的"利"还在后面，当齐王听说孟尝君在薛邑深得民心，受到人民的拥护与爱戴，便觉得孟尝君是个真正的人才，于是又请他回去做齐国的宰相。

（二）"中庸"之道在商道中的作用

中庸之道是儒家思想所倡导的做人、处世哲学，在现代企业管理中，仍然发挥着重要的不可替代的作用。

"中"字的含义：一是指中间、中等、两者之间。二是指适宜、合适、恰好、合乎一定标准。三是指人心、内心，即人的内在精神世界。

"庸"字的含义：一是指"不变"，不易之为庸。一是指"用"，"庸"就是"用""使用""平常"。

由于"中、庸"二字的解释不同，因而对"中庸"一词的含义解释就不尽相同。在《四书集注·中庸》中，朱熹如是解释中庸的含义："中者，不偏不倚，无过不及之名。庸，平常也。"意思是说，"中"是最合适的，并非放弃两端、取中间的折中。"庸"就是平常的。

"中庸"，最早见于《论语·雍也》："子曰，中庸之为德也。其至矣乎！民鲜久矣。"意思是，孔子说中庸的德行，已经在民间很少有了。理学家程颢、程颐对"中庸"诠释为："不偏之谓中，不易之谓庸。中者天下之正道，庸者天下之定理。"他们认为，遵循天下的正道就叫"中"，而坚守正道不改变就叫"庸"。

人在宇宙中，要遵守作为人的天性，尊重自然客观属性，以人的本性出发，深刻体现仁义的道德伦理与天人合一的哲学思想。鉴于此，作为企业管理者，要做到以下几个方面。

一是要有敬畏之心。要从客观规律出发，在企业管理过程中，注意社会、自然和人的和谐发展。有些企业为了建厂，不惜铲平一座青山；为了谋利，把有毒液体排入江河；为了私利，把有毒废料倒入田地。所有这些，都有违"中庸之道"理念。中庸之道是以人性为主体，以尊重企业发展与社会和谐为目标，同时追求整个人类与自然的发展、达到"天人合一"的最佳境界。

二是要有大局观念。企业管理者要"因时、因事、因人、因地"而制宜，在提出问题、分析问题和解决问题时，要考虑大局、考虑问题的方方面面，从人性的特点出发，对待员工要厚道、宽容，多教育少惩罚。在处理企业内部事务和外部关系时，要体现中庸之道的真义。

三是要有是非原则。企业管理者要讲原则，要坚守企业诚信、责任和仁义的价值观。中庸之道，不是不讲原则的折中主义。孔子曾说："乡愿，德之贼也。"意思是，具有"乡愿"的人，是败坏道德的人。"乡愿"是不讲原则，八面玲珑，自私伪善的意思。所以，如果把中庸之道看成是"和稀泥"，那么无疑是一种误解。在大是大非面前，必须坚守原则，这才是中庸之道的本义。

在企业管理中，中庸作为一种道德行为，必然对企业产生一定影响。中庸之道是以承认对立并保持对立为前提，其目的是为了"和"，和是对立的结合，不是对立的泯灭。管理的最高境界是"太和之道"，即企业、员工、社会及自然达到和谐统一。

松下幸之助在《关于中庸之道》一文中说，中庸之道的真谛是："不为拘泥，不为偏激，寻求适度、适当。"中庸之道"不是模棱两可，而是真理之道，中正之道"。他呼吁："但愿真正的中庸之道，能普遍实践于整个社会生活中。"

中庸之道素来是中国古代儒家推崇的最高的道德标准。中是天下的正道，庸是天下的定理。这就是说，中庸既要不偏不倚，又要无过无不及，控制好合适的程度。

按照中国传统说法，**讲中庸之道的人**，在处理一般人际关系中，应该讲厚道，注意与人为善，以诚、以宽、以礼待人。要具有不计个人得失、不计个人恩怨的广阔胸怀，能够容纳各种不同意见，共同把事情办好。**讲中庸之道的人**，不偏听偏信，在处理问题时，注意听取各方面的意见，然后经过分析研究，得出正确的结论。因而，讲中庸也是讲民主，反对"一言堂"。

中庸之道，是正道、是定理、是原则。而正道只有一条，定理只有一个，也就是说，要辨黑白、论是非。不能把事物的各方面"折中"起来，超然于是非之外，混迹于黑白之间。

总而言之，中庸之道是中国儒家思想很重要的修身处事理念。孔子说：上天所赋予人的本质特性叫作本性（天性），遵循着本性以做人处事叫作道。圣人的教化，就是遵循本性来修正过与不及的差别现象，使一切事物皆能合于正道，称之为教化。以上所述，言简意赅地揭示了中庸之道是自我教育的核心思想。

中庸之道是"正道"

晚清中兴四大名臣之一的胡林翼，是一个妥协与宽容的管理大师。咸丰六年（1856年），胡林翼出任湖北巡抚，主要任务是剿灭太平天国运动。不巧的是，他的顶头上司湖广总督是满洲权贵官文，曾国藩批评他"才具平庸"。

官文，出身军人世家，最初是殿前蓝翎侍卫，后任荆州将军，后调任湖广总督，任内领导八旗绿营，与曾国藩湘军共同平定太平天国。官文不谙政事，诸事决于家奴，时人称其有"三大"，即妾大、门丁大、庖丁大。初期颇掣肘排挤曾国藩，后因上疏左宗棠隐瞒任职石达开部之事，被封为二等侯、太子太保、直隶总督，仅次于一等侯曾国藩。绝大多数人对官文的评价是"为官昏庸，不善政事"，这样一个所谓的"纨绔子弟"怎能不成为胡林翼"建功立业"的绊脚石呢？

然而，胡林翼采取一些方法，对他极力笼络，比如让自己的母亲收官文之妾为义女，又处处让利给官文等妥协之举。史书记载："林翼威望日起，官文自知不及，思假以为重，林翼益推诚相结纳，于是吏治、财政、军事悉听林翼主持，官文画诺而已。不数年，足食足兵，东南大局，隐然以湖北为之枢。"曾国藩说："林翼坚持之力，调和诸将之功，综核之才，皆臣所不逮，而尤服其进德之猛。"

胡林翼就是通过妥协与宽容的管理风格，与官文一起为平定太平天国运动，做出了历史性的贡献，也成就了自己"中兴名臣"的美名，同时，也成就了官文的业绩，平定太平天国运动之后，曾国藩上奏褒奖时，官文名列疏首。如果当初思考不周，真的是弹劾了官文，来了一个好管闲事的湖广总督，则后果很可能是截然不同的。

【点评】 胡林翼的妥协和宽容，成就了自己，也成就了官文。虽然史学家们对官文的评价有些偏颇，但官文的确是一位智者，他有"知人者智，自知者明"的明智之举，懂得授权、懂得让度，他的甩手掌柜当的也是恰到好处。

（三）"恕道"是儒商成功的法宝

儒商有三个行动规则：一是诚，二是恕，三是和。简而言之，商道就是诚道、恕道和和道。"诚道"是诚实、诚信，做商人首先要诚实可靠、童叟无欺。

"恕道"是"己所不欲，勿施于人"，掌握好"恕道"就能成为优秀的商人。"和道"就是以和为贵，"和"字是共赢的条件，成功的法宝。

1. "恕道"是处世待人的原则。《论语·里仁篇》中有这样一段对话，孔子说：曾参啊！我的学说贯穿着一个基本思想。曾参说：是。孔子出去以后，学生们问曾子：老师的话是什么意思呢？曾参说：老师的学说，贯穿的基本思想，不过是"忠恕"两个字罢了。

"忠恕之道"就是将心比心，推己及人。忠与恕具有相互补充、相互规定、相互包含的意思，而"恕"字更为基本。孔子一生做人做事，最根本的出发点，就是"忠恕"二字。

何为忠？何为恕？宋代朱熹解释说：尽己之谓忠，推己之谓恕。尽自己的心是忠，用自己的心推及他人是恕。"中心为忠，如心为恕"。中心，就是真正看见自己内心的标准、良知、是非和判断，这就是忠诚。如心，就是将他人之心比如自己之心，用自己的心跟他人换位思考，自然就变得宽容了。

2. "恕道"是儒商成功的法宝。中国历史上第一位自由商人，就是儒商。儒商的历史，始于孔子最聪明的弟子——子贡。《论语·先进篇》中，子曰："赐不受命而货殖焉，臆则屡中。"意思是子贡没有受公家之命而经营货殖，他猜度物价总猜中了。

孔子对子贡的评价，揭示了中国商业史上的一个重大秘密，重点是那个"命"字。当时从事商业活动，皆需封建之君比如诸侯、大夫之赐命。

春秋末期，礼崩乐坏。子贡从事商业活动，不再去找诸侯、大夫建立君臣关系，因此，子贡是中国历史上最早的自由商人之一。《史记·货殖列传》中所列的"货殖"人物，第一位就是子贡。这个"货殖"的意思不同于"商贾"，特指自由商人。

子贡是怎么发财的呢？《史记·仲尼弟子列传》用十分简练的词汇记载了子贡经商成功之道："子贡好废、举，与时转货、赀。"意思是，子贡喜欢囤积居奇，贱买贵卖，随着供需时机、转手谋取利润。商人的活动，无非就是买进卖出，但买进卖出能否赚钱，取决于"时"。"时"者时机也，机会也。子贡之所以能发财，皆因其能"与时"，能在最合适的时间点上买进卖出。

所谓把握时机，就是洞见先机。商家成功与否，取决于对不确定因素预测的正确与否。商家赢利的唯一秘诀，就是对市场需求的预料、预测和预见比别人更正确、更准确。

子贡对市场变化的猜度，总被证明是正确的，这就是孔子所说的"中"，也就是"猜中了"。子贡为什么能猜中？就在于他掌握了儒家的"恕道"——一种"进入"人心的能力！不管是消费者还是竞争者，都是用心决策的。

3. "恕道"是儒家的行为规范。《大学》中说："所恶于上，毋以使下。所恶于下，毋以事上。"意思是说，如果在上位者以不合理的事情加之于我，为我所恶，我即不可如此使令我的下级。如果我的下级对我阳奉阴违，不尽职责，为我所恶，我即不可如此侍奉我的上级。

真正的商人，都是有智商、情商和财商的人，他们能够对别人感同身受、知其所想、知其所求，因此，能够根据别人的期待进行自我定位，因而能够赢得价值的回馈。

换言之，商家的能力，就是进入他人之心的能力。怎么进入、怎么把握他人之心，是一门学问，也是成败的关键。而儒家之道，恰恰是训练人的这种能力，这种能力就是孔子所说的"恕"。

商机稍纵即逝，抓住就能获利

以生产肉类罐头而闻名于世的菲利浦·雅莫尔，是一个具有敏锐洞察力而善于抓住商机的高手。1875年春，雅莫尔在报纸上看到一则消息，说墨西哥一些牧场的畜群中发现了一些病畜，当局和有关人士怀疑，这是一种蔓延很快的传染病。雅莫尔认为，如果消息属实，这就是一个赚大钱的商机。

但是，当务之急就是核实信息的可靠性，即核实墨西哥的畜群中，是否发生了这种流行很快的传染病。如果信息真实，那么，最先受到影响的就是与墨西哥最接近的加利福尼亚州和得克萨斯州，而美国的肉类主要是由这两个州生产提供的。依据美国法律，如果加利福尼亚州和得克萨斯州的牲畜发生传染性疫病，美国政府必定会禁止这两个州的牲畜和一切肉类离境，以免传染病蔓延到美国全境。这势必造成全美国的肉类短缺，导致肉价暴涨。

雅莫尔给自己的家庭医生打了电话，要求他立即动身赶赴墨西哥，核实那里的牲畜发生传染性疫病的消息。根据医生现场证实的准确信息，雅莫尔迅速果断地开始全力以赴的行动，他把手中现有的能够调集的资金全部用来从加利福尼亚州和得克萨斯州购进肉猪和肉牛。同时，他调动和集中全部力量，立即把这些肉猪和肉牛全部赶离加利福尼亚州和得克萨斯州的州境，进入东部各州，以免遭受疫病影响。

果然不出雅莫尔所料，牲畜的传染性疫病进入加利福尼亚州和得克萨斯州境内时，美国政府立即下令严禁这两个州的一切肉类、肉制品和牲畜离境。美国市场上的肉类和肉制品的价格暴涨。在加利福尼亚州和得克萨斯州的禁令解除前的几个月时间里，他获得了大约900万美元的巨额利润。雅莫尔之所以能得到这样的收获，正是由其见微知著、洞察市场的能力取得的。墨西哥牧场畜群中发现病畜，在一般人看来与美国关系不大，但雅莫尔却凭着敏锐的洞察力，看出了其中蕴藏着的巨大商机，从而在短时间内获得了巨大的利润。

【点评】　洞察力的培养不是一朝一夕的工夫，它是一个长期的循序渐进的过程。在这一过程中，管理者必须积极主动地探索未知的事物，敏锐地发现问题和机遇。如果只是循规蹈矩，或等待事物自行发展，或等待他人采取措施，那么就会丧失主动性、丧失发现机会的可能。管理者应具有商人的敏锐性，做到第一个发现问题、第一个攻克难题、第一个突破障碍，只有这样才能抓住机会。

（四）进退自如是一种大智慧

"进"的智慧告诉我们，当一个人厥功甚伟（功劳十分伟大）的时候，一定要调整好自己的心态，把握好得与失的关系，把握好进与退的分寸。人有可能得到荣华富贵，有可能得到鲜花和掌声，但一定要记住，随之而来的亦可能是灾难。因此，居功自傲之人，往往不得善终，结局甚是可怜。越王勾践灭吴后，文种认为"摘桃子"的时机到了，不听范蠡劝告，最终被勾践赐死。所以入世之人，在功成名就之后，应该保持谦卑平和的心态。张良与诸葛亮等人，做得尤为甚好，他们辅佐君主成就大业，始终保持谦卑、平和的心态，这是一种智慧。韩信功高盖主，终被刘邦杀害。俗语说"枪打出头鸟"，优秀出众之人，往往是被人非议和攻击的对象，所以，明智者应正视这种人性的劣根。

"进"的智慧，是用谦卑而平和的心态对待自己的成就，而不是自以为是、居功自傲。千万别拿自己的成功当作讨价还价的筹码，千万别拿自己的成功当作伤害别人的理由。

明智者当知进退之由、当知功成身退，明哲保身。这看似"无为"，实则"有为"。这正如草木枯荣，生物繁衍，皆为正常现象。然秦之李斯，汉之韩信，西晋之陆机等，皆未通达功成身退之意境。真正的文人政客如范蠡、张良、刘基等，进可辅国，退可保身，既能入世，又能隐世，实为明智者之典范。

范蠡功成身退，商界美名天下

范蠡（前536—前448），字少伯，春秋末期楚国人，政治家、军事家和经济学家，被称为商人"圣祖"。

范蠡天资聪颖，博闻强识，且发奋图强，博览典籍，终成为饱学之士，但楚国无法让他发挥才智。公元前496年，吴国与越国发生了欈李之战，吴王阖闾阵亡，从此两国结怨，连年战乱不止。公元前494年，阖闾之子夫差为报父仇与越国在夫椒决战，越王勾践大败，带士兵逃进会稽山，范蠡就是在此时投奔于越王的。他向越王勾践慨述"越必兴、吴必败"之断言，进谏："屈身以事吴王，徐图转机。"并陪同勾践夫妇在吴国为奴三年，最终辅助越王报了三年受辱之仇，并在中原成就霸业。

在辅助勾践复兴越国后，范蠡与文种成了吴国最大的功臣，等待他们的是高官厚禄，但是范蠡此时选择了离开，他写了一封辞书给越王，只带着少量钱财乘舟一去不复返，从此再无音信。事实证明了他的先见之明，共同辅助越王复兴并立下赫赫功劳的文种，在收到范蠡的劝诫信后，虽然也有所顾虑，称病不去上朝，但是他没有选择离开，最后被小人挑拨，为越王所不容，被赐剑自刎而死。后人对范蠡和文种曾有这样的评价："文种善图始，范蠡能虑终。"

【点评】 范蠡真可谓一代智者，他洞察风雨春秋，深知"功高震主"之危险，以过人的胆识超越了功名，在朝野上下赞扬声中，跳出了君臣权力之争，驾舟东去。他致力于经商事业，成就另一番享世美名，在政治上他放弃了高官荣誉，但是他在商界的美誉，却超过了他军事、政治上的荣誉。司马迁在《史记》中评价道："故范蠡三徙，成名于天下，非苟去而已，所止必成名。"

二、"以和为贵"思想是企业管理的经典

"以和为贵"的儒家思想，最经典的概括莫过于孟子的"天时不如地利，地利不如人和"。有利的时机和气候不如有利的地势，有利的地势不如人心所向，上下团结。这是关于人心就是力量的最好诠释。

（一）"人和"产生正能量

在春秋时代，人心的向背决定着战争的胜负。"天时、地利、人和"的运用，比较典型的案例有三：一是"官渡之战"。当时曹操占据"挟天子以令诸侯"的天时，以正义之师的名义攻打袁绍，袁绍手下纷纷反叛投靠曹操，曹操一举灭掉比自己强大的袁绍，这是天时。二是"赤壁之战"。孙吴联军借助长江天堑、以及北方官兵不习水战等地理条件，一把火烧掉了曹操83万大军，

这是地利。三是"七擒孟获"。当时蜀汉建国、西南民族归顺,唯独孟获不肯,诸葛亮挥师南征,经过七擒七纵,最后孟获归顺,永不反叛蜀汉。这是人和。

成功的创业者,多是擅长把握机遇、善于利用环境和具有强烈进取心的冒险家、实干家,其中"天时、地利",就成为创业成功的关键因素。在市场经济环境下,"天时、地利"非一家企业所独享,而"人和"则成为保持竞争力的关键。可见,"人和"是企业成功的必要因素,没有"人和"就没有发展,没有"人和"更没有成功。

一个充满竞争和机遇的商业社会,恰似一个没有硝烟的战场。在这个战场上,孟子关于"天时、地利、人和"的论述,依然是重要的商业"兵法"。"天时"是一个人的运气和机遇,是人所不能左右的。"地利"是一个人的专业知识和能力,是可以通过学习逐步提高的。"人和"是一个人的社会关系,是通过长期维护形成的人际网络。

那么,"天时、地利、人和"哪一个才是企业制胜的关键性因素呢?请看以下几个案例。

(1) 摩根大通集团台湾区负责人郭明鉴,被问到"专业与人际关系,到底哪一个比较重要"时,他回答说:"没有专业,人际关系都是空的。但是在专业里,有一条是最难的,就是信任,而这正是人际关系的基石。"

(2) 曾任统一投资顾问副总的杨耀宇,当被问及"是凭借什么力量,快速积累财富"时,他说出了令人震惊的一句话:"我的人脉网络遍及各个领域,成千上万条,数也数不清。有时候,一通电话抵得上十份研究报告。"

(3) 钢铁大王卡耐基,曾说过这样的豪言壮语:"如果我的公司,一夜之间被大火烧光,只要我的组织人员在,三年后,我还是一个钢铁大王。"

(4) 斯坦福研究中心,曾发表一份调查报告,结论指出:一个人赚的钱,12.5%来自知识,87.5%来自关系。也就是说,在当代社会,一个人要获得财富和成功,在很大程度上取决于他的人脉关系。所以,"人和"依然是凌驾于"天时""地利"之上,这是将个人才学与能力转化为成功和财富的要诀。

"人和之道"即是修己安人之道。许多激情飞扬、才华横溢的人,试图通过专业知识、自身技能，在职场或商海中取得一席之地，结果却无功而返。原因之一是欠缺"人和"，他们重视发挥自身能力而忽略经营人脉关系。因此，"人和"对于成功和财富，具有关键性的作用，小到个人成功，大到企业发展，上至国家兴旺，莫不受其影响。

孔子"修己以安人"的思想，在《大学》中有着明确的论述，集中体现为"八目"，即格物、致知、诚意、正心、修身、齐家、治国、平天下。具体地讲，前五项是"修己"，后三项是"安人"。孔子认为，"修己"是"安人"的前提和方法，而"安人"是"修己"的境界和目标。

这种思想传承到今天，"齐家、治国、平天下"对于现代人的意义，是家庭美满、事业成功、生活幸福，是与周围人和谐相处即人脉恒通，是建立和谐人际关系的过程。

要达到"和"，就要"修己安人"，且唯有"修己"方可"安人"。平天下必先治国，治国必先齐家，齐家必先修身，修身必先正心，正心必先诚意，诚意必先致知，致知必先格物。也就是说，"修己"是"安人"的起点。无论是国家、企业还是个人，要想取得成功，其必由之路就是"修己以安人"。

（二）"人和"始于修养己身

品格高尚的人，即使能力有限，也会赢得贤能之人的倾力相助，从而获得成功。三国时期的蜀国刘备，文比不上诸葛孔明，武不及关羽、张飞，却能使孔明鞠躬尽瘁，云长（关羽，字云长）、翼德（张飞，字翼德）生死相随，由一个落魄之人成为一方霸主，靠的是自身弘毅宽厚、知人善任、仁义贤德的品格，将一大批优秀的政治、军事人才为己所用，从而实现自己的伟业。

刘备正是领略到了"修身"对于招贤纳才、角逐天下的重要性，才秉着"唯贤唯德，能服于人"的修身理念，成为史上著名的"贤德之君"，成就了自己一生的霸业。

相反，一些追求成功的人，即使知晓"和谐的人脉关系"对于自我发展的重要性，但往往怀着功利之心，不重视自身品格的修养。人脉对他们来讲，只是一种谋取利益的手段，一切都是现用现交，"临时抱佛脚"。这种没有根基的人脉关系网，就像是用材质很差的材料编织的渔网，看起来不错，却无法负荷"大鱼"之重。

所以，要想赢得人心，达到"安人"的目的，就要从修身养性做起。只有这样，才能达到孔子所说的"四海之内皆兄弟"的人脉盛世。

（三）"修己安人"是管理的根本

古人为什么把"修己安人"放在第一位呢？道理就是做事先做人，它是为人处世、做好工作的金科玉律。人生要取得成功，首先是修炼内功，提高自身素质，加强品德修养。

何谓"修己"？儒家思想是建立在仁爱基础之上的，孔子曰："能行五者于天下，为仁矣。"五者是指恭、宽、信、敏、惠。恭则不悔，宽则得众，信则人任焉，敏则有功，惠则足以使人。这是儒家主张的"修己"五项基本要求，也被称为"五德"。作为企业管理者，只有具备五德才能修身庄重，办事勤敏，对下宽厚，守信用，施恩惠。在修己的五项要求中，孔子尤为重视"信"。"信"包括两层含义，一是民众对领导的信任；二是领导自身的信实（有信用，真实可靠）。只有合二为一，才能真正实现管理目标。

何谓"安人"？安人是儒家管理的终极目标，其最高表现形式就是"齐家、治国、平天下"。具体表现为四个方面：**一是安亲，用孝和悌**。孔子主张用"孝悌"来协调家庭关系。唯有"孝"，才能上安父母长辈；唯有"悌"，才能和谐兄弟姊妹。对于中国人而言，家庭和睦，是一切事业的根本点与出发点。**二是安友，用义和信**。儒家思想认为，独学而无友，则孤陋而寡闻。朋友交往，只有义信相待，才能彼此真诚。**三是安君，用忠和敬**。《论语·宪问》中说："勿欺也而犯之。""勿欺"是敬，"犯之"是忠，当君王有不对的举措时，就应大胆进谏，敢于直言是真正的敬与忠。**四是安百姓，用仁和爱**。《论语·

子张》中说:"立之斯立,道之斯行,绥之斯来,动之斯和。"意思是,要使百姓立足于社会,百姓就会立足于社会;要引导百姓前进,百姓就会跟着前进;要安抚百姓,百姓就会自动归附;要动员百姓,百姓就会齐心协力。

"修己"与"安人",一个对内、一个对外,看似两个独立的部分,实则一个统一的过程。"修己"是管理的基础,"安人"是管理的目标。只有修己,才能安人;只有通过安人,才能彰显修己的价值与意义。在儒家管理理论中,"修己"与"安人"是相互支持,互为因果的。

所以,管理的过程就是一个"修己安人"的过程。领导作为现代管理实践中的主要元素,其修养、人品、学识直接影响管理目标的实现。

(四)"以和为贵"是企业发展的动力

纵览古今,凡事业上有所建树的人,无不襟怀坦荡,度量恢宏,抱着"以和为贵"的处世态度。战国时期,蔺相如为了社稷长治久安,三让廉颇,终使廉颇心悦诚服,京剧《将相和》反映的就是他们之间的故事,千百年来一直被世人称道。

商场上的"和",含有得与失之意。在"和"的前提下,双赢才是好生意,单赢的生意无法长久。

1. 修己、和众、安人。 曾仕强在《中国式管理》中系统阐述了"修己、和众、安人"的管理思想,他说"修己"是自我管理,"和众"是管理的工具和手段,"安人"是由"和众"实现的。三者是辩证统一的,有着内在的联系。管理者只有修己,才能和众、才能安人。安人的基础在于人人自觉,各安其位,各司其职,"大家和合为一"。管理是和众的过程,修己是和众的起步,其表现形式是组织成员的自觉、自律与自主。通过员工的自主达到安人,发挥和众的效能。安人的目的在于同心协力,把组织成员的力量汇集起来,产生"和"的品质,从"和"中发出"合力",从"和"中同心同德,大家如同一家人,自然就能达到万事成、万事兴的效果。

2. **上下同欲者胜**。企业管理是为了实现目标，首先要做到实现企业目标与员工管理目标合二为一，和谐一致，上下同欲。"上下同欲"是目标激励机制，要激励员工心往一处想、劲往一处使，为实现共同目标而不懈努力。

"员工老板化"是上下同欲的高效手段。美国戴尔公司是践行"员工老板化"的标杆企业，戴尔认为，要建立或维持一个健康的有竞争力的文化，最简单也是最好的方法，就是通过目标统一、策略一致，与公司员工成为并肩作战的伙伴。戴尔将公司的成功，大部分归功于他的员工，他认为一家公司要成功，必须在所有员工身上创造出一种投资感，这种投资感包括三个要素：责任、荣誉和有福同享。戴尔公司大部分员工都有公司的股权，这是员工认购股权计划、配股奖金及退休计划的结果。戴尔评估了员工的表现之后，不但给予现金奖励，而且还赠送公司股票。

戴尔认为：即使员工实际上尚未拥有股权，也要把所有的员工当成老板，一旦他们真的拥有公司，便会注意整个大方向的目标。荣誉感一旦与强烈的个人投资并存，将会产生神奇的功效，建立更大的责任感。

让员工拥有老板思维、老板意识、老板能力及权限，可以放手去做他们最在行的事情，将其带到"公司属于员工"的最高境地。戴尔发现，这个方式为公司带来的成就，超过了其他任何方法。

3. **执行力的根本在于和谐**。执行力就是确保上下一致的能力，是把企业的目标转化为全体人员一致行动的能力，是确保每一个人都朝公司希望的方向努力的过程。这个过程包括：把目标转化为具体的任务，把任务转化为每个人的职责，把职责转化为每个人的行为，把行为转化为结果。

那么，怎样才能提高执行力呢？

首先是员工愿意干。要让员工明白，自己是为自己而干，为实现自己的目标而干，变过去的"要我干"为现在的"我要干""我想干"和"我愿干"。

其次是员工都会干。要让员工会干，就要加强培训学习，建立辅导体系，提高综合素质，提高执行技能，在工作中加深对技能的理解，不断创新工作方法，做到学习与工作和谐并进，交替上升。

再次是构建工作秩序。工作秩序包括四个方面：一要清楚哪些是应该做的事情或应执行的任务；二要将这些任务分派给相关人员，并明确其职责；三要授予每个职位职权，使居于该职位的人，自觉执行命令或命令他人执行；四要明确各职位彼此间的权责关系，如此知道自己的上级是谁，自己的部属是谁，以及必须服从或行使的职权种类与范围。

4. 信任与沟通是企业管理的实质。 实行和谐管理应以信任为基础，充分得到信任是人们生存的渴望，因此只要充分给予员工信任，激发员工的自尊心和成就感，员工自然就会竭诚相报。三国时期，诸葛亮为蜀汉事业鞠躬尽瘁，死而后已，就是千古典范。

管理大师杜拉克曾说："今日组织的基础不再是权力，而是信任。"当员工对组织及团队成员有信任感，并相信自己会受到公平对待时，就会全力投入工作。同时，信任也代表可以开诚布公，异议可以公开表达，员工能说真心话。以此为基础，针对棘手问题进行全面讨论，化个人不满为建设性建议，创造出和谐的工作环境，形成高效的合作团队。

从一定意义上讲，管理是通过沟通实现的，管理离不开沟通，沟通渗透于管理的方方面面，在和谐型管理组织内，很多事情都是主动进行协调，首先达成共识，然后照章办事。

"以和为贵"的经营之道

"以和为贵"的思想，对于企业来说，它要求生产经营的各个环节之间、企业内部各个部门之间、管理层与员工之间、员工与员工之间，都要达到"和"的境界；对于企业与外部之间即企业与客户、企业与社会、企业与自然等方面，也都要达到"和"的境界，这才是企业管理的理想目标。

日本企业家松下幸之助说："事业的成功之首在人和。一群人在一起做事情，最重要的就是同心协力、团结一致。公司上下能不能同心协力、团结一致，是企业成功与失败的关键。"日本企业非常注意上下级之间保持一种良好的和谐的人际关系。企业管理者大多是在基层干上来的，积累了许多实际经验。在生产过程中，他们对员工进行职业培训，帮助解决生产中遇到的实际问题，因此，上下级之间存在着类似某种"前辈和后辈""老师与学生"的关系。同时，日本企业管理者非常重视现场管理，他们每天早上第一件事便是查看工作进展情况，前一天提出的问题是否得到解决，工作还存在什么问题。然后，再开会布置当天的任务。一旦发生问题，必须亲临现场，分析问题原因，寻找解决办法，而不是坐在办公室听汇报、作指示。在分析问题时，他们旨在查找原因，如果是客观原因，则立即进行整改，防止同类事故发生，而不是盲目指责下属，简单处罚了事。也许正是如此，日本员工犯错误时，大都勇于承认错误。

日本企业领导，总是千方百计地寻找机会接近员工，与他们谈心、聊天，甚至与员工举杯畅饮。这种情感上的沟通，使得员工都乐意与上司交流，努力为企业效劳，积极性被极大地调动起来。日本的工厂里，厂长穿着普通的工作服深入现场，部长与一般职员对着桌子办公，这种情况十分普遍。可见，"以和为贵"的传统文化已融入企业生活之中，成为员工自觉遵守的习惯。只有上下团结协作，齐心协力，才能使企业永远立于不败之地。

"以和为贵"的传统文化，经过几千年的沉淀，已经深深融入日本民族的思想意识和行为规范之中，形成了日本特有的民族性格。同时，日本企业家也深刻理解企业内涵，认为企业是一个相互协作的整体，企业成功的根本原因在于"人和"。因此，他们大力提倡"以和为贵"的管理理念，强调内部相互协作，全员参与管理，上下相互沟通，共同负起责任。这样，每一个员工都能正确认识自己应完成的任务与担负的责任，充分发挥主观能动性，顺利实现自我价值。从而使企业、员工、领导各得其所，既维持了"和"的秩序，又达到了"和"的统一。

【点评】 日本企业的成功是有目共睹的，其在世界经济领域的领先地位和突出贡献也是一目了然的。在战后短短的三十多年里，日本人民把日本从废墟中建设成世界强国之一的重要事实，进一步证明了儒家"以人为本""以和为贵"思想对经济发展的实际指导作用。

三、"天人合一"思想在企业管理中的价值

"天人合一"是一种哲学观点,认为"天"是有意志的,人事是天意的体现,天意能支配人事,人事能感动天意,由此二者合为一体。

儒家的"天人合一"思想,到宋朝和明朝时期发展到了顶峰:一是把孔子与孟子的"上下与天地同流""万物皆备于我"的论断,发展成人与天地万物为一体的思想学说;二是把孔子与孟子的差等之爱的观点,向着博爱的方向推进。"天人合一"思想,作为中华五千年文化积淀的思想核心与精神实质,可以在企业管理中彰显独特的文化价值。

(一)用"天人合一"思想构建企业文化

"天人合一"思想是中国传统文化的核心,它长期受到人们的崇尚,深刻影响着中华民族的思维方式、心理结构、价值选择、伦理道德和行为方式,同时也是构建和谐企业文化的重要资源。

1. 用"天人合一"思想指导企业文化建设。"天人合一"思想应用于企业文化建设,主要体现在三个方面:一是树立正确的企业经营思想,妥善处理企业利益、消费者的正当需求和社会整体利益之间的关系,做到诚信经营,统筹兼顾,求得多方利益的和谐统一。二是树立科学发展观,在生产经营活动中顺应天时,制定科学适宜的发展方向,合理利用自然资源,注意维持生态平衡和环境保护,营造和谐共生的生态文明社会。三是树立"以人为本"的思想,在员工队伍中充分体现人的主观能动性。

企业需建立一套顺应自然规律、符合企业特点和具有前瞻性的与时俱进的

企业文化。企业所创建的文化，必须与企业外部环境相适应，与企业长期发展战略相匹配，与企业内部环境相和谐。随着企业外部环境及内部条件的变化，企业文化也应随之变化，企业的各种规章制度应按照企业文化的特点进行建立与修订，一旦确定之后，就要坚持下去。

企业文化的重要内容是实现人与自然的和谐发展，企业的经营管理活动是人类获取自然资源和消耗自然资源的主要方式，所以企业是人与自然和谐发展的载体与平台。只有把保护环境作为自己的责任、使命和行动，不断增强环境保护意识、优化经济增长方式，努力做到清洁生产、节约生产、安全生产、健康生产，才能做到企业与自然的同步发展，才能实现企业的可持续发展，最终实现人与自然的和谐发展。

2. 运用"和而不同"，塑造员工人格。《论语·子路》曰："君子和而不同，小人同而不和。"意思是，君子与人交往关系融洽但不如胶似漆，小人之间看上去如胶似漆但内心却勾心斗角。从哲学意义上理解，"和而不同"富有深刻的含义，"和"即统一、和谐，它是抽象的、内在的；"不同"是具体的、外在的。只有包容"不同"，才能达到"和"的境界。在现实生活中，"和而不同"就是在坚持原则的基础上不强求一致，承认、包容乃至尊重差异，以达到共存共荣，融洽和谐。

所谓人格塑造，并非一定将自己的人格或价值观与该企业文化完全契合，而是带着不同的价值观和不同的利益追求来到组织中，由于价值观与利益追求等诸多因素的作用，"存异"是一个客观事实。作为一个组织，不应无原则地让每一位员工都认同和接受"组织唯一价值观"，而应让员工在保持自身高尚人格的同时，与企业文化形成统一，这就是儒家"和而不同"思想的精髓。这种"不同"，能使员工在随企业共同发展的过程中，始终保持一个独立思考的空间，不人云亦云，对于上级交办的任务，在不违背原则的基础上采用自己的方式方法妥善处理，圆满完成。这种"不同"，使员工在参与组织决策时能够做到"兼收并蓄"，力求达到决策科学化。

3. 建设"和合"的企业内部环境。儒家认为"天时不如地利，地利不如人和",兵家主张"兵贵其和,和则一心"。企业活动也是如此,少则几十人、几百人,多则几千人、几万人的组织行为,如果没有和谐的人际关系,就会各自为政,各行其是,甚至相互拆台。所以,企业内部关系的"和合",是企业长久发展的保障。

企业内部关系的"和合"表现在两个层面:一是员工关系的和谐。在育人方面,强调同心同德,步调一致,充满活力,企业人际关系通过其整合、协调、传导、评价四大功能,使全体员工齐心协力,不断创造高效率。二是组织与个体关系的"和合"。这种"和合"强调组织的稳定性,它要求企业的任何人、任何组织都必须服从这一原则,只有在这个前提下,企业各部门才能达到通力合作。企业必须对员工进行企业文化的系统教育,为其融入企业做准备;同时要从组织的角度去关心、爱护企业员工,使其真正感觉到自己是企业的一部分,只有与企业同甘苦共命运,才能保持组织的稳定性。

现代企业,不仅是人们工作的场所,同时也是人们生活的场所,员工选择一家企业,也就选择了一种生活方式。成功的企业,总是积极地为员工提供一切所能提供的东西,使员工在企业中有一种归属感、认同感,使他们强烈感受到整体的存在。

4. 崇尚适度的"中庸之道"。在中国传统文化中,崇尚"中"的观念,天人合一的"一",是由"中"实现的。中庸强调上下、两极的贯通与中和,强调正确把握事物发展的度,既不偏,也不倚;既不过头,也无不及。事事处处追求恰如其分、恰到好处。同时,中庸所说的"度",除了程度上的适度,在时机上的把握也是至关重要的。即在此时此地合理的"度",到了彼时彼地就不一定合适了。这种动态的"度",使中庸思想有了广泛的适应性和强大的生命力。

在中国传统思想中,"中"是一切存在的根本属性,是宇宙万物运行的根本法则。中道既是天道,又是人道。"中"的哲学是人类生命智慧的圆通,是人与天地万物相通的最高境界,更是人类认识宇宙万物和为人处世的黄金法则。

5. 保持积极的"入世精神"。所谓入世精神,就是积极关心社会现实的人生态度,在社会活动中积极进取,有所作为。中国人讲究诚意、正心、修身、齐家、治国、平天下,集中体现了积极入世的人生态度。

在中国,无论哪门哪派,都直接或间接地宣扬积极向上的人生态度。关注的是社会,是人的现世今生。中国的圣人不是不问世务的人,他们是所谓"内圣外王"的人格,内圣是其修养的成就说,外王是其社会的功用说。

我们强调积极的"入世精神",是充分肯定现实世界。人生的出发点和归宿,是通过对现实世界的积极投入、适应和改造,以实现世人的生存和幸福,同时,主张人们寡欲而非禁欲。儒、道、法三家为主体的中国传统文化,其精髓就是积极的"入世精神",正是这种积极的人生态度,几千年来激励着中华民族在艰苦的环境中,创造了灿烂的文化,锤炼出自尊自强的民族精神。

所以,我们在企业文化建设中,要始终贯穿一条主线——不怨天,不尤人,发愤图强,艰苦创业,勇攀高峰。以"不争"作为"争"的手段,以"无为"而达到"无所不为"。

(二) 用"天人合一"思想建立企业诚信

孟子曰:"诚者,天之道也;思诚者,人之道也。至诚而不动者,未之有也;不诚,未有能动者也。"意思是,诚信是自然的规律,追求诚信是做人的规律。极端真诚而不能使别人感动,这是未曾有过的;自己不真诚,是不能感动别人的。诚,是真实无妄的意思。天是指自然,天之道就是自然之道或自然规律。自然界的一切、宇宙万物都是实实在在的、真实的,没有虚假;真实是宇宙万物存在的基础,虚假就没有一切。所以说,诚是天之道。人之道,是指做人的道理或法则。

1. 诚信顺应自然,人道本于天道。《老子》说:"人法地,地法天,天法道,道法自然。"意思是,人们依据于大地而生活劳作,繁衍生息;大地依据于上天而寒暑交替,化育万物;上天依据于大"道"而运行变化,排列时序;大"道"则依据于自然之性,顺其自然而成其所以然。《周易》说:"天行健,君子以自强不息;地势坤,君子以厚德载物。"意思是,天(即自然)的运动刚强劲健,相应于此,君子处世应像天一样,自我力求进步,刚毅坚卓,发愤图强,永不停息;大地的气势厚实和顺,君子应增厚美德,容载万物。诚也是这样,既然诚是天之道,人之道就应该思诚。思诚,就是追求诚,追求诚是做人的根本要求。从宇宙万物存在的规律,说明诚是宇宙万物存在的基础,也是为人的根本,这就是诚的根本意义。

作为人道的根本要求,"诚"渗透在一切方面。做人要诚实,与人交往要讲诚信,要言而有信,说到做到,不折不扣地履行承诺;对国家、对事业、对工作要忠诚,尽心竭力,不弄虚作假,不欺上瞒下;对友情、爱情要忠诚,要全心全意,不三心二意。集中到一点,就是《大学》所说的"诚意"。所谓诚意,是说能慎独,在个人独处、无人知晓的情况下,也能实实在在、不折不扣地按照道义要求,规范自己的思想言行。无论是在人前人后,都能做到言行一致、内外一致,没有丝毫的虚假不实。

2. 讲诚信、守信用,是市场经济的天道。 市场经济的运行,以契约、合同为纽带,讲诚信、守信用是市场经济的要求,是市场经济的自然之道,即市场经济的天道。追求诚信是做人的根本。所以,只有把诚信当作做人的根本标准,树立追求诚信的自觉性,才能奠定企业诚信的坚实基础。

企业如人,诚信是魂。诚信是企业生存和发展的立身之本,是企业文化和企业价值观的核心理念,是统领企业经营行为的核心准则。经营企业就是经营信用,树立诚信,企业生产经营最终形成两个积累:一是财富的积累,二是诚信的积累。诚信积累是财富积累的保障,财富积累是诚信积累的基础。不讲诚信的企业,无法做大做强、无法长久发展,因为技术、人才、资金可以引进,唯独诚信不能引进,要靠企业自身的积累。企业只有持之以恒地恪守诚信,才能树立品牌,从而赢得市场。企业只有做到对社会诚信、对消费者诚信、对合作伙伴诚信、对员工诚信,才能明天道、释人道、开商道。所以,以"仁"为本,是企业和谐发展之本;以"义"育人,可培养企业团队精神;以"礼"待客,可赢得人际关系,获得企业信誉;以"智"为贵,可勇于创新,不断发展；以"信"为重，是做人之本，兴业之道。

(三) 用"天人合一"思想促进企业管理

"天人合一"思想包含"民本"思想，与"以人为本"思想相一致。古往今来，有效的管理者皆知人才之重要，皆知为政之要唯在得人。《墨子》指出："尚贤者，政之本也。"就是把任用贤能之才，看作为政之根本。而为商之道，也贵在用人。"以人为本"的管理活动，就是以人为中心，围绕激发和调动人的积极性、主动性、创造性而展开，以实现人与企业共同发展为宗旨的一系列的管理活动。那么，怎样用"天人合一"思想促进企业管理呢？

1. "以人为本"是企业文化的精髓。 以人为本，在中国传统文化中根深蒂固。在当今经济发展中，对一些正在发展或已经发展起来的企业来说，只有在管理中不断汲取中国传统文化的精华，并同现代企业管理进行有机结合，企业才能长治久安，稳健发展。以人为本的关键，在中高层管理者无论是企业老板，还是部门主管，都应在行为规范、道德情操等方面做出表率。

2. 德才兼备，任人唯贤。 如果一个人的品德与职务不相称，或其能力与职务不适应，都会给事业、组织和个人造成不良影响，甚至带来严重后果。因此，必须认清德与才的关系，明确德与才的标准；必须坚持任人唯贤的原则，选拔德才兼备的人才。用诸葛亮的话说，就是"为官择人"，而不能"为人择官"；用现代人力资源管理术语，就是"以岗定人"，而非"以人定岗"。

3. 知人善任，不课不用（课：考核）。 知人善任是指能识别人才，而且善于任用他们。不课不用是指没有按一定的标准考核的人才，不能任用。用人的前提是知人，那么，企业怎样识人呢？老子说："自见者不明，自是者不彰，自伐者无功，自矜者不长。"意思是，爱自我表现的人，就容易混淆是非，危害企业；自以为是的人，就会引发不明是非，稀里糊涂地让企业和员工经受无谓折腾；自我炫耀的人，就是不能为企业和员工办实事的祸害之根源；标榜自我尊贵的人，就会在执行上做不好，而且他的管理也不能长久，必定遭到鄙弃和淘汰。

用人的根本原则，就是因材施用，用其所长。坚持用人所长，则人人可用。用人所长，天下无不可用之人；用人所短，天下无可用之人。同时还应做到，用人不疑，疑人不用。

企业管理者应注意以下三种人不能用：一是人品与职务不相称者不能用；二是功劳与薪酬不相称者不能用；三是能力与责任不相称者不能用。如能做到以上三点，就抓住了用人的根本。

4. **勤于教养，不断塑造**。任何人才都需要精心地教育、培养、训练。做人要紧的是修身养性，恰当处理人与物、人与人之间的关系，达到"从心所欲而不逾矩"的天人合一的境界。做任何事情都要沿着"中庸""和合"、协调一致的方向去努力。只要管理者自身端正，做出表率，不用下命令，被管理者就会跟着行动起来；相反，如果管理者自身不端正，而要求被管理者端正，那么，纵然三令五申，被管理者也是不会服从的。

在中国传统观念中，做事者的品德、行为要比做事的方法重要，人格、道德修养方面的提升远比物质、成功方面的成就有价值。因此，管理者的首要职责是培养人、塑造人。塑造人是解决管理问题的根本，是管理的起点和归宿，达到道德、职能、信仰三位一体。

5. **关注需求，协同发展**。《管子》有言："仓廪实则知礼节，衣食足则知荣辱。"这就说明人的需求分为两个层次，一是"衣食足"的物质欲求，二是"知荣辱"的精神需求。明末清初思想家王夫之在《读四书大全说》中指出："盖凡声色、货利、权势、事功之可欲者，皆谓之欲。"这里，王夫之把人的需求分为生理、物质、权力和功名四个层次。我们综观现代西方管理理念，大多是从中国传统思想体系中总结和提炼而来。在中国，对于人性需求分析的理论，可以追溯到几千年前。而西方现代的"马斯洛需求理论"，只能算是对中国传统思想的"改装"。

对于现代企业，在充分了解员工需求后，应及时给予正确合理的激励。同时，根据员工不同层次的需求，在企业整体发展战略指引下，制定适合不同个体的职业生涯发展规划，使企业与员工协同发展。职业生涯发展规划的一个核心功能，就是提升企业凝聚力和员工忠诚度，减少员工流失，使员工与员工之间和谐发展、员工与企业之间和谐发展、企业与社会之间和谐发展，达到"天人合一"的最高境界。

6. 人格魅力，以德服人。对企业管理而言，企业文化是为实现企业目标、企业任务服务的，管理的目的是实现企业目标，完成企业任务，使企业利润最大化。管理者的品德——人格魅力，在这一过程中起到了关键作用。"管"是管人、管财、管物；"理"是理顺企业外部和内部的各种关系，协调上上下下、方方面面的利益。

无论大企业，还是小企业，其成败兴衰，无不打着企业领导人的烙印，也就是人们常说的某某企业，有某某人的影子。所以，一个好的企业管理者，一个真正能够为企业服务、为员工服务，对企业负责、对员工负责的管理者，除了拥有现代管理才能和良好的个人品质外，还应有良好的人格魅力。一个企业管理者只有赢得被管理者的依赖与信任，才有感召力，才能一呼百应，令行禁止。许多条件下，管理者由情操所产生的亲和力与权力所产生的执行力成正比，亲和力越强，管理产生的执行力越强；否则，就不会产生凝聚力，也不能产生竞争力，这样的企业又怎能有生命力呢！

总之，领导者必须加强个人修养，养成优秀的品格，以德服人，公平公正，光明正大，胸襟坦荡，勤政廉洁。以自己的人格魅力，使管理工作发生应有的效力，达到预期的目的。

"儒商"稻盛和夫　成于"修心""利他"

稻盛和夫是日本人，1959年在其27岁时创建了京都陶瓷株式会社（后改为"京瓷株式会社"），1960年开始走向国际化，1966年其创建公司的海外营业额占到总额的14%，1976年京瓷在美国成功发行预托证券，1984年创立第二电信电话公司，经营范围从制造业拓展到通讯业。2001年京瓷公司和第二电信电话均进入世界500强,其中京瓷居世界500强的第451位,但其营业收益率却高居第19位。

从20世纪80年代开始,稻盛和夫在发展自己事业的同时,通过传播自己的经营理念、经营哲学的方式,广泛培养日本新一代企业经营者。之后,因京瓷投资中国,其经营哲学也开始引起中国企业界和学术界的关注。

稻盛和夫认为企业经营需要哲学,而伦理是经营的动力。他的经营哲学,主要体现在"修心"和"利他"两个方面。

所谓"修心",就是经营要围绕如何在企业内部建立一种彼此牢固的、相互信任的人与人之间的关系这样一个中心来进行。稻盛和夫首先对于"心"有了界定:"心"的内涵,从内向外依次是"灵魂、理性、感情、感觉和本能"。人必须要将"心"的磨炼作为人生必须要做的事情,磨炼心的目标是要达到"善"的境界。

稻盛和夫的"修心",还体现在他对于企业员工的态度:一是必须要有明确的并得到员工认可的目标,通过目标来凝聚与激发大家为企业做贡献的意愿;二是将员工的利益和企业的目标统一起来;三是考虑员工需要的满足程度;四是有一个坚强有力、办事公平的领导集体。

在提高员工凝聚力的方法上,有两点值得深思:一是采取非正式的方法,如年度联谊活动,与员工进行面对面的沟通、交流,并以此作为说服员工、感化员工的好机会。二是传统的忘年会。当然,统一大家的思想是建立在牢固的、相互信任的关系基础上,是心的统一,而并非思想的控制。

如果说"修心"是经营哲学的基础,那么"利他"则是其经营哲学的核心。稻盛和夫认为,人都有自利的一方面,所以通过经营企业,取得利润没有什么不对。但问题是,作为企业家,仅仅想着自己挣钱是不够的。所以,必须要有一个更高层次的"大义名分",这就是"利他主义"。利他不是手段,而是目的。企业是经营者的"私有财产",但企业的生产力则是"公有财产"。因此,要经营好一个企业,单纯靠利己主义是不行的,还必须有奉献精神。只有真正的时刻考虑到他人(顾客、员工、股东)的利益,才具有感召力,才值得大家为之努力。

　　1961年，京瓷公司聘用的11名新员工提出，如果不能满足每年增加薪水的要求，就集体辞职。在解决纠纷过程当中，稻盛和夫并未采取一味的妥协，而是通过与他们真诚沟通，让其了解企业面临的困境，并激励大家一道努力，将企业推向前进，则大家的利益必然会得到关照。通过这一事件，产生了京瓷公司的经营理念："在追求全体员工物质和精神两方面幸福的同时，为人类社会的发展做出贡献。"这是企业的使命，只有在"为了全体员工的共同目标"的感召下，企业的长盛不衰才有可能成为现实。

　　稻盛和夫的"利他主义"体现了一种"义"与"利"的关系。他认为企业的经营发展，既要谋求本公司的利益，又要谋求国家利益。"义"与"利"不但可以相互调和，而且"义"要高于"利"。与欧美很多企业不同的是，日本企业经营的直接目的并非利润，而是企业的持续和维护，所谓追求利润只是维护企业的一种手段，稻盛和夫更是将这种思想和理念贯彻到企业管理的各个方面。

　　了解稻盛和夫经营哲学的目的，在于反思企业管理的理论和实践，并不断提高企业自身管理水平。

　　首先，企业的生存和发展，必须要有一个鲜明的经营哲学。企业为什么要存在？要实现什么样的目标。如果具体到人，称之为"人生观"的话，那么具体到企业，也就是企业的"人生观"。这种理念，必须要考虑到企业存在的价值，企业的性质以及企业的目的。

　　其次，要平衡好企业与其他方面的利益。现代企业当中，除了管理者和员工之外，在企业与顾客之间、不同员工群体之间、企业所有人与其代理人之间，都可能存在着利益上的冲突。如何通过建立共同的目标，将各自的利益统一起来，并运用组织结构、基层、权力等信息沟通手段，将大家为目标做贡献的意愿激发出来，这是企业老板必须要面对和解决的问题。

　　再次，在利益的协调过程中，要解决好组织长远发展的问题。许多著名企业之所以昙花一现，就在于未能协调好企业短期目标与长远发展的关系。稻盛和夫关于企业存在目的的哲学思想，对于克服急功近利思想是非常有益的。德鲁克在分析德国和日本的企业经营之后，总结说：他们也追求利益最大化，但不是追求股东价值最大化或公司利益相关者的短期利益最大化，而是追求企业财务创造能力最大化。正是这个目标能够整合短期利益和长期利益，并且把公司的运营绩效、市场地位、创新、生产率、人力资源及其开发、与财务要求和财务成功联系起来。所有参与方，不论是股东、顾客或雇员，都是依靠这个目标来达到他们的期望和要求的。

【点评】 经营者应以纯善之心对待员工、客户和整个社会，做决策要"动机至善，了无私心"。稻盛和夫的经营要诀是"让员工信赖你、钦佩你，为你的人格魅力所倾倒"。经营企业，要造就一批与自己心心相印、同甘共苦的员工。"开展玻璃般透明的经营"，就是领导人以身作则，带头保持光明正大的作风。人生的目的就是磨炼灵魂，完美人格，成为一个有品质的人。

四、儒家"八德"思想与企业管理

儒家思想源远流长，博大精深，它构建的道德伦理体系是中国人血脉里挥之不去的人文情怀。以孔子为代表的儒家文化，被新加坡作为治国方略并加以应用。新加坡前总理李光耀，将其思想精髓"八德"（孝、悌、忠、信、礼、义、廉、耻），作为治国的政治追求，取得了举世瞩目的成就，被冠以新儒学的实践者。

其实，"八德"也是企业管理的重要组成部分。

（一）"孝"——提升员工道德行为的基础

"百善孝为先"，在中国传统文化中，把"孝"作为人们伦理道德的起点。

那么,何为"孝"呢?孔子曾说:"孝"不仅是人们所说的喂养,更是一种敬养,是对长辈的恭敬之心。可见,儒家所说的"孝",不仅是对长辈的赡养,更是衡量个人行为与心理状态的尺度,是衡量一个人是否具有爱心与道德的标准。正如李光耀所说:"孝道不被重视,生存的体系就会变得薄弱,而文明的生活方式也变得粗野。"

对于企业来说,孝道文化首先表现为热爱企业,这是作为员工的本份。一个成功的企业,需要员工有很强的归属感,而这种归属感则建立于管理层的关怀、怜爱之心,体现在管理层关心下属、体恤下属,让员工体会到企业的温暖。就员工而言,对上级要有尊重之心。培育孝道文化,还应鼓励、支持员工与家人建立和睦、融洽的关系,因为家庭的和谐稳定对于塑造亲和力强的企业氛围起着很关键的作用。孝道文化也可以引申为感恩文化,感恩也是企业文化的组成部分,有了感恩之心,企业员工的自我道德就会达到一种高的境界。

(二)"悌"——建立企业团队精神的保障

《论语·学而篇》记载:"弟子入则孝,出则悌,谨而信,泛爱众,而亲仁,行有余力,则以学文。"意思是,孩子们在家要孝顺父母,出门要尊敬兄长,做人言行要谨慎,讲话要讲究信用,广泛地与众人友爱,亲近有仁德的人,这样做了还有余力,就用来学习各种文化知识。由此可见,在学习知识之前应先尽孝道,以上证明"孝"在孔子心中地位之高。"悌"的原意为对兄长的敬重,这里的"悌"在现实生活中,可以引申为不仅是兄弟相处之道,还有夫妻相处之道、同事相处之道和朋友相处之道。

就企业组织而言,在员工之间相互帮助,相互友爱,像一个大家庭一样,这就体现出了"悌"的伦理内涵。"悌"文化不仅体现在个人层面,而且还体现在部门之间的相互协作、相互配合和相互支持。所以,弘扬中国传统文化中的"悌"文化,是构建团队精神的保障。

(三)"忠"——提高企业执行力的条件

《论语》中记载了孔子与其学生子张的一段对话。子张问孔子:一位叫作子文的官员多次当官,面无喜色,又多次被免职,面无怨色,前任所推行的政策,一定告诉新的人,这个人怎么样?孔子说:这个人算得上忠了。由此可见,儒家思想中的"忠",不仅是指常规意义上的效忠和尽忠,还有"忠于职守"的意思。

在企业,"忠"字包含两层意思:一是忠诚于事业。每个员工都要做到忠实地履行自己的职责和义务,在工作中尽自己的力量做好本职工作。在任何情况下,都要保持谨小慎微的工作状态。二是忠心于组织。"组织"大到国家或企业,小到部门或班组,"忠心"表现在个人利益服从集体利益,关键时刻以大局或集体为重。爱国家、爱企业,是以具体行为体现的,在某种情况下,绝对服从也是"忠"的体现。

在日本,把"忠"运用到管理中发挥了巨大作用。日本人把"忠、孝、悌"联成一体,构成了三位一体的价值观念。这种价值观念,在企业管理中,要求每一个层次的负责人,都必须绝对服从自己的上级。这样,就大大提高了员工的执行力。比尔·盖茨曾说:"在未来十年内,我们所面临的挑战就是执行力。"可见,企业的竞争力,首先取决于企业的执行力,"忠"是提高企业执行力的前提条件。

(四)"信"——奠定企业道德的基础

诚信是中华民族的传统美德,也是企业的道德基础。在企业价值观的塑造中,"诚"是企业聚心之魂,"信"是企业立足之本,诚信是中国企业文化建设的重点之一,也是企业生存的根本。我国有"无信不立"的说法,人没有信用就没有立足之地。

诚信是我国传统的商业道德。早在战国时期，对商业活动就有"市贾不二，国中无伪"的要求。在商业发达的明清之际，商家无不标榜诚信，也大都"以儒道经商"。晋商与徽商就是中国古代"诚信经商"势力最大的两股商业力量。梁启超说，"晋商笃守信用"，徽商亦"贾而好儒"，能够"以诚待人，以信接物"。良好的信用文化，是商家的成功之道。诚信是现代企业的黄金品牌，是企业道德经营的必备要义。

时至今日，许多企业充分认识到"诚信"的重要性。海尔公司的高层管理者将不合格的冰箱砸掉，就是要实现对市场、对消费者的承诺："绝不让一件不合格的海尔冰箱流向市场。""诚信"是品牌，也是无形资产。国际上许多大企业都很重视诚信。比如，IBM公司把"诚实"作为企业的座右铭，松下公司把"赢得人们的信任"作为企业的价值观。企业诚信是指企业在市场经济的一切活动中要"遵纪守法、诚实守信"并以此赢得消费者的信任，是企业确立价值观必须纳入的内容。苹果公司之所以成功，是因为他们把股东的权责规定清楚，然后大家一心工作，不用考虑其他烦心事。所以说，企业诚信是企业在市场经济中取得成功的基础。

(五)"礼"——彰显企业行为的标志

"礼"是社会秩序的基础，它既是规章制度，又是礼节礼仪。对企业来说，礼表现为两个方面：一是员工应该遵纪守法，二是接人待物的各种礼仪。

约束与规范是"礼"的管理功能之一，儒家管理强调道德驱动力，强调道德的自律与自觉，但也不忽视管理的约束机制。用道德来引导人，用礼制去同化人，让人不仅有规矩之心，更有归服之心。用"礼"来约束人的行为，指导人的行为。在现代管理中，建立合理的、科学的、系统的、适用的规章制度，是具有一定的约束性，但绝不是为了约束而约束，约束的目的是为了规范人的行为，达到人与人之间、部门与部门之间的有序与协调，从而达到提高劳动生产率的目的。

(六)"义"——企业核心价值观的根本

孔子在《论语·里仁》中说:"君子喻于义,小人喻于利。"意思是,君子以坚持道义为快乐,小人以追逐财利为快乐。在经济关系上,义是处理物质利益关系的最高准则。所有人都要做到在物质利益面前不做非分之想,不贪不义之财。《论语》中有许多关于义利观的论述,如"富与贵,人之所欲也""不义而富且贵,于我如浮云""富而可求也,虽执鞭之士,吾亦为之。如不可求,从吾所好"。意思是,富裕和显贵是人人都想要得到的,用不义的手段得到富与贵,对于我就如同天上的浮云。如果富贵合乎于道就可以去追求,虽然是给人执鞭赶马车的差事,我也愿意去做。如果富贵不合于道就不必去追求,那就还是按我的爱好去干事。可见,孔子反对的是不正当的富贵和不合"道义""不守信用"的行为,并不反对可富、可贵本身。这也印证了孔子的先"义"后"利"的思想,强调经济生活的道德原则,认为集体利益高于个人利益,精神价值重于物质价值。也就是把"义"和"利"统一起来的思想,并且认为"义"重于"利"。

在市场经济条件下,"重义轻利""先义后利"的义利原则,是企业在发展过程中,履行社会责任、树立核心价值观的根本。在孔子的伦理道德论述中,以"义"作为评判企业和人的行为道德原则。企业只看眼前利益,而不考虑所承担的社会责任,必然遭到市场的抛弃。企业在追逐利润的同时,必须坚守道德底线,承担起应有的社会责任。以牺牲道德和消费者利益换取利润,必然要付出沉重的代价。

(七)"廉"——企业可持续发展的基石

"廉"作为古代为官者的道德,有清正、收敛、俭朴、明察等多重含义。孔子说:"政者正也。子帅以正,孰敢不正?"意思是说,如果执政者带头做到公正无私，那么，下面的官员就不敢以权谋私了。

孔子《论语·子路》曰："其身正，不令而行，其身不正，虽令不从。"为官者的伦理行为，昭示着社会的伦理导向，是整个社会道德的表率。在企业中，廉洁自律是企业公平、公正和可持续发展的基石。廉洁文化，还包含勤俭节约的含义。

勤俭是中华民族的优良品德，是一种高尚的人生观、生活态度和行为规范。"俭"不完全是为了节省钱财、过紧日子，重要的是可以保持人的本真与纯朴。在企业中，廉洁文化大力倡导节省的生活方式，增强职工勤俭意识，并体现在决策、实践和细节中，让勤俭成为一种风尚，成为团队发展进步的标志。企业没有廉洁、勤俭，就没有可持续发展的动力。

(八)"耻"——企业员工做人的底线

在儒家思想中，"耻"是知羞改过的意思。凡是不合道理的事，违背良心的事，绝对不做。人若无耻，等于与禽兽无别。

孔子说："知耻近乎勇。"意思是，知道羞耻就接近勇敢了。知道羞耻并勇于改过，是一种值得推崇的品德，是对知羞改过这种行为的赞赏。所以，耻辱并不可怕，可怕的是做了羞耻的事没有悔改之意。

对于企业来说，管理者一定要树立正确的价值观，一定要担负起履行社会责任的义务、不做违背社会公德、违反国家法律的事情。对于员工来说，一定要自尊自爱，在知耻的基础上建立敬畏之心，不做违反道德和法律的事是做人的底线。

儒家文化是中华民族在生息繁衍中形成的具有稳定的心理状态、思维方式和价值取向的精神成果，对中华民族的心理、习俗、观念形成了几千年的主导作用。儒家倡导的"八德"，是古往今来许多政治家的追求，是中国人构建道德伦理的崇高理想。同时，也是企业建立道德行为约束体系最重要的组成部分，是根植于企业管理中最成功的实践探索，也是企业管理理念的重要内容之一。

胡雪岩的善良与十两银子效应

中国近代著名红顶商人胡雪岩,发迹于一件小事。青年时期的胡雪岩,是信和钱庄的伙计,那年中秋,他奉命去找借贷捐官未成而欠下多个债主股债的徐疯子,向他催一笔三年的老债:五百两银子。结果他去时,徐疯子正被另一帮催债人追打。胡雪岩比较善良,因说了两句公道话,还挨了那帮恶棍的一顿揍。后来,徐疯子被追到河边,投河自尽了。胡雪岩将徐疯子的家当收拾了一下,卖了十两银子。他用这十两银子给徐疯子买了一身寿衣,一口棺材,雇人将他"入土为安"了。债务人死了,五百两银子的债务就成了死账,胡雪岩的经理责怪他为何不拿那十两银子回来也算对老板有个交代。胡雪岩显出过人的机敏,说这十两银子不是什么大钱,我这样可以为信和钱庄挣回好声誉,人们会念叨:是"信和"帮徐疯子入土为安的。

这十两银子的投资,换来的不仅是良好的声誉和品牌效应,还得到了意外收获。后来,一位被徐疯子救过的颇有来历的小姐到杭州来报恩,经过打听得知徐疯子已死,就将让徐疯子入土为安的胡雪岩也当作恩人,并当即拿出五百两银票替徐疯子还债,还送给胡雪岩一块玉佩作为他们友谊的标志,这块玉佩,在胡雪岩的商场发迹史上发挥了重要作用。

【点评】 从胡雪岩本性上可知,他是一个勤劳、节俭,有忍耐心、讲信用,善于帮助别人而不求回报的人。纵观历史上成大事者,都是具有远见的冒险家。对于自己看中的机会,往往毫不犹豫地押上宝贵的赌注。做为一个有远见的企业管理者,不仅要当一个善于发现机会的行家,更要当一个善于发现投资商机、敢于担当、勇于管理风险的里手(内行人)。

五、儒家思想对企业管理的启示

儒家思想的最大价值,莫过于它经过长期的积累和扬弃已成为现代企业文化的母本。我们现在需要从源头吸收和继承它的精华,借鉴对现代企业管理有用的东西。那么,儒家思想对现代企业管理有什么启示呢?

(一) 勤奋好学,善于思考

儒家思想认为,一位好的领导者只有好学多思,才能思维敏锐。领导者能发现问题并能找到解决的方法,其根源在于好学习、善思考,二者互为因果,紧密相连。孔子在《论语·为政》中说:"学而不思则罔,思而不学则殆。"意思是,只学习而不思考,人会被知识的表象所蒙蔽;只思考而不学习,则会因为疑惑而更加危险。这句话在于强调二者之间的关系。学习的过程是一个积累的过程,积累的目的是让自己思维更为敏锐,做事更有效率。如果能将日常的学习转化为一种爱好和习惯,就能把学习的枯燥转化为一种享受和满足。作为有效的企业管理者,一定会在知识增长的过程中,不断拓展自己的眼界,提高自己的能力。

(二) 勇于反思,知错能改

儒家思想极为重视修己的方法,孔子在《论语·学而》中说:"过则勿惮改。"即有了过错就不要怕改正,只要及时改正就是君子。对于企业管理者而言,知错能改就是敢于反省自己,及时发现错误。敢于反省,不仅是一种品质,而且是一种境界。

《论语·颜渊》中说:"内省不疚,夫何忧何惧?"意思是,一个人自省没有对不起任何人的事情,一切无负于人;反省自己没有愧疚的事情,还有什么可以忧惧的呢?企业管理者的不忧不惧,归根结底来自于敢于反省,知错能改。敢于反省是思想上的更新,知错能改是行动上的更新。只有知行合一,才是君子之道。

(三)广交益友,择善从之

增长知识,除了勤奋笃学以外,还来自于广交朋友。对于企业管理者来说,修己不仅是知识的提升,更重要的是生命格局与人生境界的扩大。《礼记·学记》上说:"独学而无友,则孤陋而寡闻。"意思是,如果学习中缺乏学友之间的交流切磋,就必然会导致知识狭隘、见识短浅。这里是说朋友的思想与学识,往往能弥补自己的认知缺陷。当然,选择朋友一定要慎重,孔子说,有益的朋友有三种,有害的朋友也有三种。结交正直的朋友、诚信的朋友、知识广博的朋友,是有益的;结交谄媚逢迎的人、表面奉承而背后诽谤人的人、善于花言巧语的人,是有害的。所以,我们只有择善从之,才能见贤思齐。

(四)慎言敏行,知行合一

"慎言敏行,知行合一"是儒家思想所倡导的最高境界。《论语·学而》中说:"敏于事而慎于言。"意思是对工作勤劳敏捷,说话却小心谨慎。企业管理者对自己的言论需谨慎,"该说什么,怎么说,对谁说"都要清清楚楚,如此才能事半功倍。"慎言"除了谨慎的态度以外,还包含语言表达的逻辑性、清晰度和准确性。领导者的思想和管理理念,是通过自己的语言表达出来的,如果自己的语言不能清晰而准确地表情达意,那么管理目标就很难实现。"敏行"也有两层含义,一是说到就必须做到,这也是说话要谨慎的原因。二是行动快捷有效率。"知行合一"是修已安人的具体表现形式，修已的完成是通过安人来付诸实践的。荀子说：学习到了实践就终止了。朱熹说过：学习广博，不如掌握住要点；掌握住要点，不如付诸行动。换而言之，"知"只有落实到"行"，才有意义、有作用。这也是儒家文化推崇的做学问的最高境界。在现实社会中，能"知道"不是难事，只有能"做到"才有效果。

（五）满足欲求，富而后教

人有各个方面的欲求，这是人之本性。儒家文化也从来不否认这一点，所以，孔子在《论语·里仁》中说："富与贵，人之所欲也。"既然承认人的欲求，那么在管理中又该怎么去处理呢？孔子说，本着对人民有利的原则而让他们获得利益，不就是惠而不费吗？根据人对利益的追求来引导激励人民，从而达到管理的目的。但是，对名利的追求，可能会导致逐渐走入拜金的误区，此时又该怎么办呢？孔子主张"先富后教"，也就是当下属得到利益之后，还要从思想上去引导他们，让其有信仰，以免坠入精神的贫困。这就是孔子所说的"民无信不立"的道理。

（六）尊重人才，知人善任

作为优秀的管理者，并非事必躬亲，要放手让下属去做。那么，管理者如何对待人才？在儒家文化看来，管理者要有尊重人才的品格、知人善任的胸怀。孔子也曾给学生讲，"知人"就是智慧。因为发现并重用一个人才，不仅能让组织目标得以实现，还能因为人才自身的品格影响周围的人。孔子对学生樊迟就说过：重用正直的人，置于不正直的人之上，能够影响社会风气，使不正直的人走正路。可见，举荐一位优秀的人才到团队中来，其作用不仅表现在他的能力上，更多的是发挥了榜样的作用，能让人见贤思齐。所以，知人善任就成了评价管理者是否称职的重要的指标之一。

（七）以身作则，自正其身

儒家管理思想是以管理者自身为出发点的，既然如此，一位优秀的管理者应是一位品行高尚，人格魅力十足的人。孔子在《论语·子路》中说："其身正不令而行，其身不正虽令不从。"可见一位管理者修身的重要性。以身作则，自正其身，是自我修养层面的问题，管理者会因此而焕发出一种正能量，让下属因此而受到感染和启迪。所以，《论语·颜渊》中写道：政就是正道（真、善、美）的意思。管理者带头走正道，谁敢不走正道呢？

正因为如此，从儒家学说中寻找当代管理的启示，最终得到的是适合现代企业管理的原理与方法，而不是具体的做法，只有理解这一特性，才能得到儒家管理思想的精髓。

企业管理者要勇于知过即改

爱因斯坦有句名言："一个人从未犯错，是因为他从未尝试过新事物。"在竞争激烈的商业环境中，企业员工与管理者犯错误就更不足为奇了。对于职场人士来说，犯错虽然在所难免，但重要的是选择在犯错中成长，还是在犯错中沉沦；当新情况出现时，是迅速采取行动，还是止步不前。

能否正确面对错误，是衡量管理者水平高低的重要标准之一。如果一个企业针对发生的错误，都能立刻采取对策，并避免同样的错误或失误再次发生，那么就说明这个企业的管理水平高。子贡说："君子之过也，如日月之食焉。过也，人皆见之；更也，人皆仰之。"意思是，君子的过错好比日蚀、月蚀。他犯了过错，人人都看得见；他改正过错，人人都会仰望他。

子贡这个比喻非常形象，一个人犯了错误，就像天上的日蚀一样，是无法掩盖的，正所谓"要想人不知，除非己莫为"。所以，任何犯了过错又想逃避责任而掩盖过错的行为，都是非常愚昧的。一个人如果改正了错误，也是大家都看得见的。所以孔子在《论语》中说："过，则勿惮改（惮：dàn，畏惧，怕）。"意思是，错了不要害怕改正。

孙武在隐居期间，与伍子胥结为密友。公元前512年，伍子胥成为吴王阖闾的重臣，他不忘旧恩，先后七次向吴王推荐孙武。伍子胥说："孙武精通韬略，有鬼神不测之机，天地包藏之妙，自著兵法十三篇，世人莫知其能。诚得此人为将，虽天下莫敌，何论楚哉！"吴王便让伍子胥拜请孙武出山。

吴王阖闾看到《孙子兵法》之后，赞不绝口。他对孙武说："能为我演练吗？"孙武回答："可以。"阖闾为了考验孙武的能力，故意难为他说："能用妇女做兵将吗？"孙武胸有成竹地说："没问题。"

于是，阖闾选出宫女180人。孙武把她们编成两队，让吴王的两个爱姬做队长。孙武向她们讲清队列规则后，击鼓下令："向右转！""哗——"宫女们哄堂大笑，乱成一团。孙武抱歉地说："都怪我，规则没说清楚！"然后，他又不厌其烦地重复规则。又击鼓下令："向左转！"宫女们不但没动，反而笑得更厉害了。此时的孙武，突然板起面孔，一声断喝："规则不清，是我的错，令出不行，是队长的错，把两个队长斩首！"

吴王见孙武要斩爱姬，急忙传话求情说："我已经知道孙将军用兵的能力了。我没有这两个爱姬，饭都吃不下呀。请不要将她们斩首！"

孙武一口回绝："将在军，君命有所不受。"于是，真的把吴王的两个爱姬斩首示众。孙武又选了两个队长，再次发号施令。这些宫女全吓得大气都不敢出，令行禁止，结果比正规军还整齐。吴王失去了爱姬虽然不悦，但他心胸宽广，对孙武敬佩有加，任命他为将军，从此南征北战，扬名诸侯。

【点评】　俗话说："兵熊熊一个，将熊熊一窝。"就是说如果一个员工不行，影响不了大局；如果一个企业管理者自我修养不够，那么这个企业肯定不会出色；如果这个企业管理者能够修己安人，那么这个企业肯定是出色的。所以，作为企业管理者，不应将管理失败的原因归结于其他原因，而应反省自己，提高管理水平。作为领导者若发现员工出了差错，应该帮助员工分析原因，共同进行反思，必将大大提高员工的综合素质，减少再次犯错误的概率。

第二章　道家思想与企业管理

　　道家讲究"自然、清静、天人合一"的理念，推崇以柔克刚、以少胜多、以弱胜强的方略。其核心思想"无为"运用到企业管理上，就是说领导者的行为要顺应自然、符合社会发展规律，并以此制定相应的法律、制度，不轻易变更；人们在这样的法律、制度下，尽情发挥自己的聪明才干。在西汉文景之治、唐朝贞观之治时期，正是道家思想占主导地位的时期。我国知名企业家，大都对道家管理思想推崇备至，他们运用老子的智慧获得了企业管理的巨大成功。其中"天下万物生于有，有生于无""柔能胜刚"等，被一些企业家当作座右铭。无独有偶，一些发达国家对道家文化的推崇，更使道家思想大放异彩。日本企业津津乐道的柔性管理，便是吸收道家思想的管理方式。

一、道家思想体系中的管理智慧

道家思想以"道"为核心,阐释"道"在自然界尤其是在人类社会生活中的各种现象和表现形式,包括治国之道、立身之道、养生之道,以及企业经营管理之道。老子强调天人合一,讲求阴阳互补,注重中和均衡,尊重义利关系,强调进德修业,深刻全面地揭示了企业管理的规律,具有永恒的生命力。

道家思想体系包含丰富精妙的管理智慧,时至今日,仍对现代企业管理有着深远的影响和启迪。老子没有对企业问题做过具体明确的表达,正是因为这一点,我们才有足够的思考空间,将老子思想的精神实质与现代企业管理的具体实践相结合,从而将东方传统文化与西方现代文明相融合,去粗取精,走出一条现代企业管理之路。

在《老子》一书中,有大量的民本思想:"天之道,损有余而补不足;人之道,则不然,损不足以奉有余。"意思是,自然法则是损减有余来补充不足,人类社会世俗的作法却是损减贫穷不足来供奉富贵有余。人民之所以贫困,是由于精英群体占有财富分配的比例太多;人民之所以为了自己的利益不择手段,是由于精英群体为了私利,对民脂民膏搜刮得过甚。老子学说对中国哲学发展、中国企业管理都具有深刻影响,具体说来有如下几个方面。

(一)相反相成,物极必反

客观世界有一个非常重要的规律,即"相反相成,物极必反"。事物发展到了极致,就会向相反的方向转化;相对立的双方,相互影响、相互制约、相互依赖。每做一件事情,一定不要过头,欲望要有限度。在现实生活中,到处存在着"相反相成，物极必反"的事例。

  在美国的阿拉斯加州，原来狼很多，鹿也很多。狼是吃鹿的，为了保护鹿，当地人就把狼杀光了，结果鹿也不行了，为什么呢？因为没有了狼，鹿群里那些老弱病残把草吃光了，强壮的鹿没草吃了，饿得不行。有了狼以后，狼把那些老弱病残的鹿吃了，强壮的鹿才有草吃。于是只好把狼重新放回去，鹿才又繁殖起来。

  管理犹如一把宝剑，是用来"杀人"还是用来维护"正义"，就在管理者的一念之间。在此，建议管理者给员工留一定的空间，在公司整体战略允许的范围内，管理者要考虑员工的需求。能给予的一定给予，因为那是关怀；不能触犯的，坚决杜绝，因为那是规矩。如果所有的管理措施一刀切，那么，员工的抵触情绪就会升高，工作中偷工减料的事情就会时有发生。后果，一定是人心逐步涣散，工作质量下降，导致管理失败。

（二）好的领导，善于放权

  《老子》曰："太上，不知有之。"意思是最好的领导者因为善于调动下属的积极性，常常使人感觉不到他的存在。美国哈林·克里夫兰在《未来的行政首脑》一书的中文扉页上，写着《老子》的一段话："功成事遂，百姓皆谓：'我自然'。"意思是说，大功告成之后，百姓都视之为自然而然的事，说我们本来就是这样的啊。克里夫兰把这句话解释为：好的领导者说话不多，当下属把工作任务完成时，所有的人都认为"这是我自己干的"。这里向我们揭示的是，领导者集权与分权的辩证法。领导者要善于集权，这主要表现为重大问题的决策，必须善于当机立断，不被过多的议论所干扰；领导者又必须善于分权，对于决策的执行过程，领导人没有必要频频过问，要给下属充分的自由度，让他们尽情地施展才能，以保持他们高涨的工作积极性。

(三) 低调做人，守柔居弱

《老子》曰："江海所以能为百谷王者，以其善下之，故能为百谷王。是以圣人欲上民，必以言下之；欲先人，必以身后之。"意思是说，江海之所以成为百川河流所汇往的地方，是因为它善于处在低下的地方，所以能够成为百川之王。因此，圣人要人民顺服自己，就要做到说话用谦卑的语言，把人民的事务放在前头，把自己的利益置于最后。

低调做人，不是简单的领导方法，而是一种领导风格。许多成功的领导者，都是不太引人注目、远离镁光灯的人。许多著名企业家，在各大传媒上主动露面的越来越少，而企业炼内功的势头却越来越猛。他们以"守柔居弱"、不接受媒体采访、不上电视而著称。

低调做人，既是一种姿态、一种风度、一种修养，也是一种智慧、一种谋略、一种胸襟。低调做人，就是用平和的心态来看待世间的一切。低调做人，更容易被人尊重，更容易被人接受。

(四) 知人善任，大有作为

企业管理者，要想在大事上有所为，在小事上有所不为，就必须实行"君无为而臣有为"的管理方法，只有这样，才能达到"君逸臣劳国必兴"的管理目的。为此，就必须做到在识贤求贤上要有所作为，在用贤任贤上要有所不为，具体表现在以下几个方面。

1. 在识贤上，善于发现优点。《老子》曰："知人者智，自知者明。"意思是说，能够对他人有所了解的人，称得上是聪明的人。只有了解自己，才算心有明镜。有道行（dào·heng，泛指技能本领）的人不但有自知之明，而且也不自我表现；有自爱之心也不自显高贵。只有这样，才堪称伯乐（借指善于发现和选用人才的人），才能完成识人的重任。不去标榜那些争名夺利的"贤者",才能使真正优秀的人才脱颖而出。在发现人才的问题上,一个好的领导者,善于发现被用者的长处和优点,这样世上就没有遭遗弃的废人。

2. 在求贤上,善于礼贤下士。高层管理者必须学会礼贤下士,低调做人。刘备三顾茅庐,放下身段,请出孔明,言听计从,终成三国鼎立之势。周公为了辅佐周成王,礼贤爱士,广罗人才。当他的儿子前往鲁国就位时,他意味深长地告诉儿子说:"论身世、权力和地位,有谁能比得上我呢?但为了接纳天下之士,我在洗头时,曾多次顾不上擦干,手握着湿头发迎接贤士;在吃饭时,也多次放下手中的筷子,吐出嘴里的饭菜,恭恭敬敬地与他们说话。就这样,还怕对贤士不够虔诚和尊敬。你到封地鲁国后,千万不要因官高势大瞧不起别人,而要从心底里重贤纳士啊!"这就是历史上有名的"周公一饭三吐哺"的故事。

3. 在用贤上,善于有所不为。在国家治理上,要想充分调动与发挥群臣的积极性、主动性和创造性,达到"君逸臣劳"的目的,人君必须有所不为。要求人君对贤臣必须高度信任,充分放权、授权,真正做到"用人不疑",绝不能越俎代庖(比喻超过自己的职务范围,去处理别人所管的事情)。实践证明,在企业中,管理者只有在用人上"有所不为",才能在事业上"大有所为"。

(五)善用"三宝",提升素质

老子在《道德经》中说:"我有三宝,持而保之。一曰慈,二曰俭,三曰不敢为天下先。慈故能勇,俭故能广,不敢为天下先,故能成器长。"意思是说,我有三宝,我一直都在持守着它。一是慈爱,二是节俭,三是不出人头地。慈爱,能够维护众生,产生勇气;节俭,能够蓄精积德,推至广远;不出人头地就反而能得到爱戴,所以能成为众人的领袖。由此可见,三宝是老子处世的人生哲学,也是《道德经》最根本的思想之一。

1. 企业家必须心"慈"。慈心就是天地之心,其中包括感恩之心、责任之心、回馈之心、仁爱之心和敬畏之心等。它要求企业家,对社会要有回馈之心和责任之心,对自然要有敬畏之心,对员工要有仁爱之心。所以,要用"慈"的理念去管理企业,将"慈"融合在企业管理中,才能实现员工、企业、社会和自然的和谐相处。

2. 企业家必须崇"俭"。 崇尚俭仆,是中华民族最重要的优良品德。当代社会,对物质的高度追求导致企业浪费严重。"俭"有收敛内蓄之意,它要求企业家在"克俭"的同时,一定要"克勤",不图浮名、不谋私利,要默默耕耘,把企业真正做强做大。

3. 企业家处世要"不敢为天下先"。 它要求企业在创新的同时,一定要审时度势,三思而后行,不要搞违背自然规律的创新,不要搞违背社会法则的创新。在做出决策前,一定要有风险意识和责任意识。只有这样,才能使企业走出一条与社会、自然和谐的可持续发展的道路;只有这样,才能使企业避免盲目投资、不断扩张而导致企业陷入困境。

在企业组织中,老子的"三宝"思想有着特殊的意义。国家在发展,时代在前进,一切都讲究创新,但是在创新的同时,如何实践管理上的"慈"、行为上的"俭"和前进中的"三思而后行",坚持遵循客观规律的管理理念,是十分必要的。

老子在提出"三宝"之后,又补充说,真正好的带兵者,是不去表现武勇的,真正善于作战者,必冷静分析其客观情境,不轻易激动感情。善于克敌制胜的将领,不随便与人争胜;善于调兵遣将的人,是懂得谦卑、居人之下的人。所以,只有懂得"不争之德",懂得"用人之力",才能懂得大自然的道理。

乔治·华盛顿的智慧

老子说:成功的人大有作为,但是他不去炫耀;因为他不去炫耀,所以人们才更愿意跟随他去做事业。只有懂得不把成果看成私产的人,他的财富才有可能不断增加,才被企业、社会和历史所尊重。在这方面,美国第一任总统乔治·华盛顿是做得极为成功的典范人物。

乔治·华盛顿（1732—1799），出生于北美弗吉尼亚州威斯特摩兰县布里奇斯溪庄园里，他的不平凡来源于勇敢、正直和谦逊。

1774年，北美殖民地的武装起义热火朝天地拉开序幕，当时乔治·华盛顿毅然与过去那个自以为是英王臣民的自己决裂，并于次年的第二届大陆会议上被推选为大陆军总司令。他带领着一群来自农村的非正规军，克服难以想象的困难，不断创造着奇迹，在战场上不屈不挠，打败数倍于自己且武器精良、训练有素的大英士兵，将美利坚民族逐渐带上独立自主的道路。经过八年艰苦卓绝的战斗，美国与英国在1783年9月签订了和平条约。但当时很多州面对那些为独立做出巨大贡献的军人时，他们却不愿意拿出钱粮来当作军饷，军人为自己战后的生活打算纷纷向华盛顿上书：请他做未来美国的皇帝。然而，视人民自由为最大理想的华盛顿，向大陆会议提出书面申请：战争结束后，他将化剑为犁，回自己的农庄。

1783年4月19日，华盛顿辞去军职，向自己共同战斗过的部队挥手告别。面对曾经生死与共的战友，华盛顿激动不已，他不断与他们斟酒话别。在费城，华盛顿坦然与财政部的审计人员们一起核查在整个美国独立战争期间他的开支，账目非常准确，报告显示他为战争胜利还补贴了许多自己辛苦挣来的钱。华盛顿返回蒙特维尔，和家人团聚，继续着自己温馨的田园生活。

1786年，马萨诸塞州发生农民起义。为挽救岌岌可危的新生国家，这位伟人又受邀出席并主持1787年在费城举行的制宪会议，并当选为美国第一任总统。总统任职期满以后，华盛顿再次选择离开权力中心，回到自己的农庄。后来，美法冲突再起，国家需要他和他的威名及能力，统领那支战无不胜的军队，抵御外侮。幸运的是这次战争没有爆发，华盛顿也得以重新回到自己心爱的庄园。直到1799年12月13日，戎马一生，功勋卓著的华盛顿老人平静地去世。得知他逝世的消息后，举国哀痛。就连他昔日的宿敌英国，也为其逝世鸣礼炮20响，以示哀悼。

【点评】 华盛顿为什么会被历史那么深刻地记忆着？其实，他建立的千秋功业倒在其次，最重要的还是一种精神，即勇于舍弃一己私利的宽广胸怀。

正如老子所教导我们的,要学会正确看待得失,而且有时候只有适时地失去一些东西,才能得到该得到的东西。

二、道家"四个境界",诠释管理真谛

古今中外,能够将管理行为与人的思想境界联系起来分析的人,非老子莫属了。在老子的管理思想中,将人的管理行为的表象折射为管理思想的四个境界:"太上,不知有之,其次,亲而誉之,其次,畏之,其次,侮之。"意思是说,管理者可分如下几等:一等的,人民已经感觉不到他的存在;二等的,人民拥护并赞颂他;三等的,人们畏惧他;四等的,人民会反抗他。也就是说在一个企业里,最高境界的管理状态,是有老板在与没老板在都一样运作,员工们好像感觉不到老板的存在,这种状况一般都出现在企业的有序管理下,各级授权、授力、授心做得很好,责权利非常清晰,各级主管及其员工都能自主管理,人人都是"领导",这时就不需要"管理"了。

成功的商人,是依靠诚信赢得利润,其思想境界是非常高的,所以,一个成功的企业家,就是一个道德高尚的人。

在《易经》帝王学中,"群龙无首"是管理学中最高的艺术境界。其实,这种境界在美国通用电器集团总裁韦尔奇的管理思想中也有描述。韦尔奇说,一个高效的企业应该没有管理者和被管理者,意思是整个公司里的管理者都是龙。在中国目前的企业中,一些优秀的企业管理也开始呈现出这一景象。达到这种层级的企业,每个人都自觉地知道和勤勉地在做自己的事,都能尽心、尽职、尽责,这就是群龙无首。这与老子管理学中的"太上,不知有之(至高至善的掌权者,人们仿佛感觉不到他的存在)"的无为管理哲学是同一个境界。

明朝儒者吕新吾,对这种领导风范进行了阐述:"宽厚而深沉,远识而兼

照，造福于无形，消祸于未然，无智名、无勇功而天下荫受其赐。"因为天下之人均受其庇荫，所以理想的领导者的境界就在于，要让下属感觉不到自己的重要性，感觉不到自己存在的状态。这就是老子"太上式"管理的成功之处。

贝尔实验室是创造世界第一部电话机、第一部传真机、第一只太阳能电池、第一张唱片、设计第一颗通信卫星等电器产品的研究机构。要问该实验室为什么会取得这么大的成就，他们的负责人陈煜耀博士指着他办公室墙上的条幅说："凭这个——'无为而治'。"在这四个字下面有一段英文注译："最好的领导者是能帮助人，却让人感到不需要他……领导人的责任要做到你在领导，又要做到别人并没有意识到你在领导。"

如果说以上的"无为而治"是第一级境界，那么，第二级境界是"亲而誉之"，就是人们能把你当作"德高望重"的亲人那样来赞美你、爱戴你。

第三级境界是"畏之"。像秦始皇式的管理就是这一境界，虽然你拥有很强的领导力，但人们只是"身在矮檐下不得不低头"。哥伦比亚电影公司总裁科恩，在自己的办公桌附近放着一支马鞭，常常为了强调语气，把马鞭挥得啪啪响，以刻意培养自己暴君和强力领导者的形象，也是这一级境界。

最低一级的管理者，是那种既无能力又无德行的领导，他们或因风云际遇或因祖上基业而掌有权力，虽然身居高位，但却被人蔑视，这就是"辱之"，这是最可悲的管理者。

对于企业经营者来说，有了"清静无为"的思想，会了解到社会需要什么样的产品；就会义无反顾地为之奋斗，使该产品早日面世；就会心无妄念，明智豁达，仁爱宽厚，把企业员工的聪明才智凝聚在一起，共谋发展。老子的"无为而无不为"思想，精辟地展现了商业竞争中所蕴含的文化张力，老子所谓"天地所以能长久者，以其不自生，故能长生"的经典语言，道出了企业永葆活力的真谛。

**经典案例**

老子点化阳子居

老子,又称老聃,是我国古代伟大的哲学家、思想家和道家学派创始人。一日,老聃骑着青牛行至梁(今河南开封)之郊外,正闭目养神,忽闻有人大呼"先生"。老聃闻声,睁开双目,发现是弟子阳子居。没想到在梁会与老子相遇,阳子居慌忙从高头大马上翻身而下,掀起锦绿长袍,跪拜于老聃所乘青牛前。老聃下来,扶起阳子居,与之相并同行。

老聃问道:"弟子近来忙于何事?"

阳子居施礼道:"来此拜访祖居,购置房产,修饰梁栋,招聘仆役,整治家规。"

老聃道:"有卧身之地、饮食之处则足矣,何需如此张扬?"

阳子居道:"先生修身,坐需寂静,行需松弛,饮需素清,卧需安宁,非有深宅独户,何以能如此?置深宅独户,不招仆役,不备用具,何以能撑之?招聘仆役,置备用具,不立家规,何以能治之?"

老聃笑道:"大道自然,何须强自静。行无求而自松,饮无奢而自清,卧无欲而自宁。修身何需深宅?腹饥而食,体乏而息,日出而作,日落而寝。居家何需众役?顺自然而无为,则神安体健;背自然而营营,则神乱而体损。"

阳子居知己浅陋,惭愧道:"弟子鄙俗,多谢先生指教。"

老聃问:"安居何处?"

阳子居道:"沛(今江苏沛县)。"

老聃说:"正好相伴同行。"阳子居很高兴。欣然与老师结伴向东而行。行至难水,二人乘船而渡。老聃牵牛而先登,阳子居引马而后上。老聃慈容笑貌,与同渡乘客谈笑融融;阳子居昂首挺胸,客人见之施之以座,船主见之奉茶献巾。难水过,二人骑牲继续前行。

老聃叹道:"刚才观你神态,昂首挺胸,傲视旁人,唯己独尊,狂妄自大,不可教也。"

阳子居面带愧色，十分恳言地说："弟子习惯成自然，一定改之！"

老聃见弟子有悔改之心，语重心长地说："君子与人处，若冰释于水，与人共事，如童仆谦下；洁白无瑕而似含垢藏污，德性丰厚而似鄙俗平常。"

从此以后，阳子居一改原来高傲的神态，其貌不矜亦不恭，其言不骄亦不媚。老聃得知弟子的转变后非常高兴，称赞道："小子稍有进！人者，生于父母之身，立于天地之间，自然之物也。贵己贱物则背自然，贵人贱己则违本性，等物齐观，物我一体，顺势而行，借势而止，言行自然，则合于道矣！"

【点评】 古人说，"君子不可不修身"。又云，"正心以为本，修身以为基"。性情的修养，不是为了别人，而是为了自己增强生活能力。良好修养乃立身之本。同时，个人修养还往往决定其事业的成败。老子的修身之道"见素抱朴"，表现了他崇高的道德价值取向和修身原则，他说：所以大丈夫立身敦厚，不居于浅薄；存心朴实，不居于虚华。所以要舍弃浅薄虚华而采取朴实敦厚。"见素抱朴"之所以可贵，在于它符合自然，体现自然，向真朴的自然之性复归，这是老子留给后人修身做人的智慧。

三、道家"无为"思想的魅力与内涵

老子曰："为无为，则无不治。"意思是顺应自然，顺从民意，无为而治，那么就无往而不治了。老子强调"道"的原理，就是根据客观规律办事。作为企业管理者，应根据企业的发展规律、运营原理去工作。企业是社会经济实体之一，必须按照经济规律活动。企业经营不仅要赢利，更要赢心。在股份制条件下，公司的利益是每个员工共同努力的结果，员工根据自己的贡献分享公司的收益，同舟共济、肝胆相照。特别是管理者与员工之间自然、平等的关系，使员工感到一种伙伴式的合作关系。

"无为"是要遵循客观规律，尊重人的个性，有所为有所不为是一种独特的思维方式。"无为"是道家思想的核心，也是佛家与儒家思想的重要组成部分。佛家的"缘起性空"思想与"无为"是相通的，"空"与"无"的内涵是一样的；儒家倡导积极入世（投身到社会里），以"仁义礼智信"为核心价值观，以道德伦理为核心思想，提倡以德治天下，以德服人，这本身就反映了儒家"无为而治"的思想。

（一）感悟"无为"的思想魅力

"无为"分为以下三个阶段，企业管理者只有深入感悟其中的道理，才能真正领略"无为"的思想魅力。

1. "有为而妄为"阶段。 秦始皇是有为之君，灭六国而一统天下，万里长城成为民族象征，文治武功彪炳千秋，但强大的秦王朝仅仅存在十四年就土崩瓦解了。秦始皇笃信法家思想，以暴政维系其强大的帝国，但激化了社会矛盾，到了秦二世的手里就土崩瓦解了。

在竞争无处不在的今天，无论是企业还是个人，都需要努力奋斗。一些企业在资本积累的同时，有点急躁，总希望走捷径，这种"妄为"是缺乏正确的理想和价值观。

中国贫富差距较大，但是慈善事业落后，一些"大款"却不知为这个社会做点什么。与比尔·盖茨、巴菲特这些世界巨富和慈善家比起来，真是令人汗颜。格力电器总裁为什么要把"格力"继续做大做强，是因为她有一种责任，是为了"格力"八万多名员工的生存与发展，这才是真正的企业家。

2. "有所为有所不为"阶段。 "有所为"比较容易，"有所不为"就需要胆量和智慧了。万科总裁王石在初期授权给自己的总经理时，突然感觉很不对劲，因为他发现公司的很多事情他都不知道了。在与总经理沟通工作时，发现工作热情没有以前那么高了，后来发现，原来是自己过多地干涉总经理的工作，甚至很多细节也不放过，这如何让下属放手去工作呢？决心"有所不为"

的王石下定决心,将权力逐渐下放,经过一年的磨合,一切都顺其自然了,很多事他不用管,下属一样干得很好。

从"有所为"过渡到"有所不为",需要深厚的管理功底、高超的领导艺术和完善的管理基础,具体表现在以下两个方面。

一是构建完善的管理系统。那么,政府和企业在"为"与"不为"之间如何取舍呢?政府在公司行为中应起到重要的规范作用,企业是被各种规则管理起来的一个系统。当你去到一个没有任何规则的地方时,你会意识到有规则的好处。政府的"有为"就是制定各种规则,而且这些规则需要严格的执法。

二是把握好授权的节奏。万科创始人王石的授权,也是经过一年的磨合,逐渐放松控制。授权就如同放风筝一样,风筝就如同下属,风是外部环境,线是手中权力。不敢放线,风筝飞不高;风小了,就要把线紧一紧;风大了,就要把线松一松。要根据"方向和风力",逐步地授权给自己的下属。

3. "无为而无所不为"阶段。这是管理的最高境界,不具备深厚的文化功底和管理实践,是很难领悟这句话的深刻含义的。

"无为而无不为"的思想在汉朝得到了艺术性的发挥,汉高祖及其继任者都推行休养生息政策,减轻田租,鼓励农耕,提倡节俭,减轻刑罚,使汉朝的生产与经济得到极大的恢复和发展。

企业管理的最高境界,就是让员工感受不到管理者的存在,这样他才能够目标明确、自我管理、自我激励,把个人价值与企业价值有机地结合起来,在实现个人价值的同时,也为企业创造价值。

美国 GE(通用电气公司)是世界上非常成功的多元化企业,其成功的经验就是文化非常统一,任何人都不允许对企业价值观有所怀疑、有所违背,用统一的文化代替了统一的业务,实现企业的健康发展。同时,GE 也是高度授权的,各事业部权力很大,总部是战略和文化中心,看似"无为",但已经是"无所不为"。

老子曰:"以正治国,以奇用兵,以无事取天下。"意思是,以无为、清静之道去治理国家,以奇巧、诡秘的办法去用兵,以不扰害人民而治理天下。可见,"无为而治"必须建立在规范管理的基础上,领导者要具备高超的领导艺术,要平衡集权与授权的度,有为而不妄为,有所为有所不为,无为而无所不为。乱世靠有为,治世靠无为;创业靠有为,守业靠无为;管理靠有为,领导靠无为。有为与无为的辩证关系,需要在实践中进行艺术化的处理,绝没有一成不变的模式。

(二) 领略"无为"的内涵要义

"无为"就是不做任何违反自然规律、有损道德规范、违反社会法则和有害众生的事。"无为"不是什么都不做,而是不妄为、不乱为、顺应客观态势、遵循自然规律的意思。老子说的"无为而无不为",是指只要不妄为,就没有什么事情做不成的。这里,"无为"是一种立身处世的态度和方法,"无不为"是不妄为所产生的效果。老子还说过:"为无为,则无不治。"意思是,以无为的态度去对待社会人生,一切事情没有做不到、办不好的。因此,老子所讲的"无为"不是消极等待、毫无作为,而是把"无为"当作为;有所施为,但不强求,不与人争强好胜;以"无为"的态度去为,去发挥人的主观能动性。

总而言之,"无为而治"是以宇宙之道法为根基,以修炼人性为原则,所采取的一套修身、治国的方法。

治理好国家,最重要的一点就是用人。用圣贤之人管理国家,是每一个帝王所希望的。但是纵观历史,往往是奸佞之人当权,忠良之臣受到排挤,这是为何呢?

《道德经》曰:"五色令人目盲,五音令人耳聋,五味令人口爽,驰骋畋猎令人心发狂,难得之货令人行妨。"意思是说,缤纷的色彩,看久了就会让人两眼昏花。歌乐欢动,喧哗不已,听久了就会使人耳聋失聪。山珍海味吃多了反而使人胃口病伤而厌恶饮食。驱马奔驰,围捕畋猎,时间久了就会让人心智狂乱而纵情放荡。贪求宝物而不知满足,时间久了就会使人行为乖戾而举动失常。这些话说明了色、声、味、刺激的事情、稀有的东西,都会引起人的欲望。而人性当中有随心所欲、恣意放纵的愿望。帝王正是受到这些欲望的控制，奸佞之人才会投其所好，从而得到宠幸。

在人性当中，也有着趋顺避逆的特点。当人遇到顺心的事、听到顺耳的话就会欢喜而希望继续经历，遇到相反的就会厌恶而躲避。正直的官员看到帝王恣意妄为时，为了国家和人民的利益就会直言劝谏，但这违背了帝王的欲望。如果帝王的修养水平不高的话，那忠良之臣的命运就可想而知了。

只有帝王达到"无为"的境界，才能使贤良之臣得到重用，才能使奸佞之人无立身之地。这个"无为"指的是无私、无欲的行为，帝王的欲望成为国家和人民的意愿。

《道德经》曰："圣人常无心，以百姓心为心。善者，吾善之；不善者，吾亦善之，德善。信者，吾信之；不信者，吾亦信之，德信。圣人在天下，歙歙为天下浑其心（歙歙：xī xī，无所偏执的样子）。百姓皆注其耳目，圣人皆孩之。"意思是说，圣人常常是没有私心的，以百姓的心为自己的心。对于善良的人，我善待于他；对于不善良的人，我也善待他，这样就可以得到善良了，从而使人人向善。对于守信的人，我信任他；对于不守信的人，我也信任他，这样可以得到诚信了，从而使人人守信。有道的圣人在其位，收敛自己的欲意，使天下的心思归于浑朴（浑朴：浑厚朴实）。百姓们都专注于自己的耳目聪明，有道的人使他们都回到婴孩般纯朴的状态。

只有将私心、私欲除掉，才能"无为"。一个人"无为"后，才能抛弃爱憎好恶从而消除主观意愿。无论多么圣明的人，也不可能了解所有的事情，要治理国家就需要各式各样的人才，广泛地听取和接纳各种建议和方法。如果一个人有主观意愿，那他的行为就会有倾向性，他所采纳的方法就可能是非客观的，而且善于迎合奉承的奸佞之人也就会出现了。

中国古代的帝王，从小就接受严格的教育，他们大多都是满腹经纶、才华横溢的儒者。他们都知道"无为而治"的意义，但能遵行的帝王却少之又少，这是为何呢？

每个人都有七情六欲，情欲影响甚至控制着人的行为。这种行为的表现，最突出的特点就是自私，自私的行为肯定会对别人造成损害。帝王的行为几乎不受任何限制，所以他们更容易受到情欲的控制。

俗话说："江山易改，本性难移。"它说出了难以实现"无为而治"的原因。要做到"无为"，就要将人的七情六欲去掉，这是对人的一种彻底改造，这是一个长期而艰辛的过程，只有少数人能完成。对于帝王来说，进行道家修炼更是难上加难，这就是为什么许多帝王虽然相信道家思想，但只采取炼丹、服丹的方法以求成仙，而不去按照真正的道法去修炼的原因。

诸葛亮疑兵华容道

东汉献帝十三年（208年），曹操与孙（权）刘（备）联军会战赤壁，不料被周瑜算计，火烧曹营。曹操兵败之后，仓皇逃命，军队行至华容（今湖南华容）的时候，前面出现了两条可以安全逃命的道路。曹操犹豫不决，不知道从哪一条路可以逃过刘备的伏兵。这时，派出去的探军回报说："前面的两条路，一条是小路，崎岖不平，非常难走，却大概近五十里；另一条是大路，平坦易行，但是却远五十里。大路不见丝毫蛛丝马迹，小路的山口子上却隐隐有几处烽火在烧。"众将士一听全认为烽火起处必有伏兵，应该避开小路，从大路逃命。曹操说："不，不能从大路。兵法有云：虚则实之，实则虚之。诸葛亮是故意派人于小路上烧烟，诱使我军走大路。"于是他带着部下从小道走向华容道，结果是恰恰遭遇诸葛亮的疑兵之计。

原来，诸葛亮早就了解曹操深谙兵法、多谋善算的性格，算敌人之所算，想敌人之所想，因敌设谋，将兵力设伏于华容道，并故意暴露兵马形迹，使曹操反以为假，进入早已设计好的"圈套"。

【点评】 老子将"道"和"名"讲得既具体又抽象，从而引起"有"与"无"的区别和联系，在老子看来，"有"中有"无"，"无"中亦有"有"。所以告诫人们万事需要看清"有""无"，因为二者瞬息万变，不可预测。而且不要拘泥于一时的条件而畏首畏尾，人要做的是在"无"中创造"有"，这样才可以丰富"无"而达到"有"。兵法云:"上兵伐谋,其次伐交,其次伐兵,其下攻城。"意思是战争最紧要的事情是计谋,不能因循守旧,否则等于自戕。诸葛亮对于曹操熟知兵法这一情况是了解的,但他没有消极地逃避问题,而是利用这个看似不利的条件,巧妙设计,算计了"料兵如神"的曹丞相。用在现代商战中,就是在不利条件下去创造"商机",将主动权把握在自己手上。

四、道家"无为"思想对管理者的启示

"无为"思想与市场经济的有机结合,是现代企业走向成功的法宝。无论从企业的宗旨到产品研制,还是从员工的教育到生产管理等诸多方面,"无为"思想都对其有一定的启示。

(一) 只有清静无为,才有真花真果

天地的"无为",是大家有目共睹的。老子用天地作表述,实在是睿智的体现。因为天地不受国界、文字和语种的限制,而且,天地也不像其他易变的东西,转瞬就变了。所以,任何时代的人都可以从"天""地"中直接阅读老子的思想。

天地"无为",而又"无所不为"。"无所不为"的天地,无论你怎样去看,它都是"无为"的。对企业而言,提倡"无为"就是摆正企业与社会的关系,企业与社会是相辅相成、相互依赖的。企业发展的目的,归根结底是为社会造福,为人类服务。不是想如何为自己创利润,而是想如何为社会和国家做贡献。"无为"思想的核心是尊重和顺应市场经济规律,"有为"则是违背市场经济规律。俗话说:"君子爱财,取之有道。"这个道,就是"无为"。

即使在春天，百花齐放，百鸟争鸣，仍会发现整个天地一片和气，一片清静。天地如此之大，一切都那么秩序井然、自然而然，欣欣向荣的景致并非竞争而得，而是按照规律无为而生，至清至静。同时可以看到，不仅天地是"无为"的，其实万物也是"无为"的：鸟在飞，花在开，风吹草动，这里没有任何虚假，只有清静稳定、祥和"本真"。

这种景象，无论对企业还是对社会，都包含着深刻的意义。对企业而言，要"无为"，方能"清静"；要"清静"，方能各归其"本"；归其"本"，方能有"真根"；有了"真根"，才可以在时代的环境和风雨中成长，开出真花，结出真果。企业只要有根有本，哪怕是"一株小草"，时代的风雨无论大小，都是一种支持和滋润。然而如果离根离本或假根假本，那么，时代的气候无论怎样风调雨顺，都与其没有任何关系。这就是"真根""真本"对于企业生存的重要性之所在。

这个真根、真本就是"道"，就是天地之浩然正气。天地得正气，风调雨顺；国家得正气，国泰民安；企业得正气，兴旺发达。

企业能否在市场经济的大环境中生存、发展，首要的问题是有没有"根"。每个企业，每个业主，要想弄清自身是花还是草，是哪一种花、哪一种草。如果过分"有为"，反而误了自身，把自身放在不适当的"品种"或"位置"上去了。结果，就像鱼儿过分"有为"而蹦到了岸上一样，怎能生存和发展呢？

万物清静无为，才可回归根本。办企业也是一样，自己最适合干什么，要心里明白，不能认为自己什么都能做，结果是"妄为"多多，危险多多。

从社会角度看，企业界的清静无为，更有大利益可谈。为什么这样说呢？和平时期，人们生活的内容，一是建设，二是消费。而这两大内容从不同角度联结着一个中心，即企业行为。因此，可以说，企业行为是和平时期社会生活的中枢。在此基础上，企业的"清静"，直接带来社会生活的"稳定"，企业的"无为"直接带来社会合乎规律的发展。相反，企业如果没有"清静"，背离企业的天职（创造财富，为人服务），陷入对表面利益的直接纷争的话，其结果必然是破坏社会的"稳定"，阻碍社会的发展。

总之，无论从企业自身讲，还是从社会与企业的关系讲，"清静无为"才是当今企业的正道。只有"清静无为"，才有真花真果。

（二）只有奉献而"不占有"，才是真"无为"

"无为"并非什么也不做，而是"有所为"而"有所不为"。"为"与"不为"要以人生大觉大悟为依据。

那么，企业怎样才是"无为"呢？所谓"无为"，是指使企业行为归于正道。在正道上，按照事物的发展规律，按照社会需求变化的规律，按照产业生产运营的规律，从容不迫，脚踏实地地从事那些"利在社会、利在公众"的正当的事业。也就是说，企业"当为"和"不当为"的依据，是社会公众利益。凡是对社会公众利益有损害的，即使自己能做得到且有利可图，也应当是不可为、不当为的。

大凡见什么赚钱就跟什么"风"的现象，就是"有为"的表现。这种现象多半是为了自身的经济利益，是冲着"钱"而来的，而"钱"的背后便是自己的欲望。他们对社会根本就没有"作为"可言，他们是为自己的利益而"为"。所以，他们"为"得越多，对社会危害越大。

"当为"又是什么呢？是在大众需求上寻找立足点，在增强自身能力上造福于大众，服务于社会，在这个广阔的领域内"有所作为"。这才是真正的"有为"。

"为无为"是什么意思呢？一是只做"无为"的事，只做合于正道、合于人类社会利益的事；二是不断地检查自己，不断地"修剪"自身行为中"有为"的枝枝杈杈；三是对正当的事业，采取"为而不恃""为而不争"，以奉献为动力，以奉献为准绳，脚踏实地，奉献是天地之道、也是企业成功之道。

我们将"天地无为而生养万物"的天地之道，引申为"企业无为而奉献社会"的企业之道，主张将"生养万物"的天地观引申为"奉献公众"的企业观，目的是使企业获得"天地"的品质，像天地那样"天长地久"。老子说：

"天之道,利而不害;圣人之道,为而不争。"那么,企业之道就是奉献,而不是占有。这就是真"无为"。

(三)用"无为"思想指导企业发展

在企业管理中,企业的规章制度、明确的岗位职责和工作标准,以及实施细则和考核办法等,都应体现着"无为"的思想。规章制度应便于操作,职责清楚,分工明确。在岗位安排上,应采取自我选择,让每个员工根据自己的技术、能力、才干去选择适合自己的岗位工种。这样的办法,使职工在选定之后,一般都能发挥其才干,施展其才能。

那么,如何用"无为"思想指导企业呢?其根本是管理者无私心、无贪欲、秉公利他。首先,要有热爱他人、利于他人,为社会谋福利的心境。其次,要以自己的模范行为作表率,以身作则。例如,在物质生活上,提倡"知足",崇尚俭朴。过多的物质享受,会使人心志迷乱,给企业发展带来灾难。

"不争"是现代企业的重要参照。老子在自然界万事万物中唯独最为赞美水。他认为,"不争"是美好"水德"的一个品质。"水善利万物而不争"。这里的"不争",一是指无私,水利滋润万物,而又并不从中索取任何东西;二是指与世无争,不仅是在被自己滋润了的事物那里不争,而且面对世间一切都不争。将"不争"运用于现代企业,就是:立业当立于无竞争领域。"以其不争,故天下莫能与之争",这一句运用于企业立业的"选点"上是十分合适的。如果企业在立业之初,立业点选在"无竞争点"上,回避有竞争的领域,就是企业立业之道。这种对"无竞争点"的寻觅与探索,就是研究大众的潜在需求。

立于"不争",不仅要求企业必须立于无竞争领域,对别的企业不去骚扰,而且在企业内部,每一个员工专心选择并在自己"不争"的岗位上实干,这样才能使自己和企业"一帆风顺",没有烦忧。正所谓:"立于不争而无忧,立于不争而有成。"

"无为"而治,走马换将

1969年,杰里·桑德斯创建了美国微电子器件公司(以下简称"AMD公司")。在公司成立之初,即与英特尔公司竞争,虽然是屡战屡败,但凭着杰里·桑德斯超强的智慧和敏锐的商业嗅觉,AMD公司逐渐成为居于世界第二位的个人电脑CPU(中央处理机)制造商。在这个过程中,他失去了自己的朋友和妻子,但他仍没有放弃自己辛辛苦苦一手创建的AMD公司,并为之继续拼搏奋斗。他这样形容自己:为了AMD公司奋斗终身。当然,他的努力取得了一定成果,如英特尔的市场份额已由原来的90%多降到75%左右。更为重要的是全球前五大个人电脑厂商,除了戴尔(它一直享受着英特尔最优惠客户的特殊待遇)外,其他厂商都开始打破英特尔的限制转而寻求与AMD公司全面地合作。

但杰里·桑德斯并没有把AMD公司看作私有财产,2002年4月27日,他正式宣布辞去AMD公司首席执行官,而将这个职位交给他于1999年从摩托罗拉挖来的海格特·瑞兹担任。海格特·瑞兹曾经是摩托罗拉半导体部的总裁,他曾得到杰里·桑德斯这样的评价:"瑞兹是AMD公司新任首席执行官的最合适人选,以他非凡的能力,他一定能够超越我。"

事实证明,杰里·桑德斯的做法是正确的,因为在海格特·瑞兹的带领下,AMD向英特尔发出更大规模的挑战,如2006年收购ATI公司(世界著名的显示芯片生产商),可谓"长江后浪推前浪"。

【点评】 公司的资本可以归属某个人,但这并不意味着可以把公司当作自己的私产,因为这样的心态将会使企业变得缺少生机与活力。企业的生命来源于不断吸纳新鲜血液,有时候总经理也要适当变更。只有这样,企业的员工才能看到希望,只有做到即时隐退、及时更新,企业之树才会四季常青。

第三章　墨家思想与企业管理

墨学在先秦时期影响很大，达到了与儒家并驾齐驱的地步，有"非儒即墨"之称。其理念是爱天下百姓，救天下苍生，兴国家之邦，始终贯彻"以人为本"的思想。墨子博学多才，他成功地化解了很多社会矛盾与国家之间的战争，其正义行为具有很高的思想内涵，体现了仁义道德的精神境界。墨家管理思想，集中体现在十论之中，十论是指尚同、兼爱、非攻、天志、明鬼、非命、尚贤、节用、节葬、非乐等。

一、墨家"兼爱"思想与人本管理

"兼爱"是墨子思想的核心,是墨子学说的基本论题之一。"兼"字的本意是一只手拿两只稻穗,引申为同时涉及几种事物,即不分你我,彼此等同。墨子大力提倡"兼爱",即不分血缘亲疏和等级贵贱的无差别的爱,是一种博爱。他宣扬"兼相爱,交相利"的学说,也就是对待别人如同对待自己,爱护别人如同爱护自己,彼此之间相亲相爱,不受等级地位、家族和地域的限制。

(一)"兼爱"思想的管理理念

墨子提出"兼相爱,交相利",是说若使天下的人都彼此相爱,国与国不互相攻打,家与家不互相争夺,没有盗贼,君臣父子都忠孝慈爱,这样天下就太平了。他认为当时社会的"大害""巨害"是国与国之间的战争、人与人之间的争夺,造成这种现象的根本原因是由于人们不相爱。因此,他主张国与国之间、人与人之间,都应当"兼相爱,交相利"。"兼相爱"是指不分亲疏、贵贱、贫富,一视同仁地爱所有的人。"交相利"是指人们互相帮助,共谋福利,反对互相争夺。

"兼爱"思想,是墨家学派区别于先秦诸子百家最突出的理论标志。墨子对该思想的论述,涉及"兼爱为本"的伦理基础、"兼以易别"的行为选择,以及"爱人如己"的利益相关原则等伦理问题。

(二)"兼爱"与"仁爱"的区别

《墨子·兼爱上》曰:"若使天下兼相爱,爱人若爱其身,犹有不孝者乎?"

意思是,假使天下人都能相亲相爱,爱别人就像爱自己,还能有不孝的吗?可见,墨子所说的"兼爱",就是不分彼此、不分亲疏、不分远近的普遍的爱,与儒家的"仁爱"相比较,有着很大的区别。

第一,儒家所说的"仁",是以"亲亲"为基础,即以血缘关系为基础的自然亲情的推演。而墨子主张的兼爱,是一种无差等的普遍的爱,超越了血缘、地域的差别。

第二,儒家所说的"仁者爱人",侧重于仁者的"克己",强调自我的道德修养,并不关注别人的回报,重在伦理学上的义务。墨子所说的"兼爱",则落实到"交相利"之上,如果做到了"兼相爱",人人都能从中得到回报,获取利益。

第三,儒家所说的"仁爱",是人的真性情的流露,完全是出自人的内在本性。而墨子认为,他所说的"兼爱"是出于天的意志,即"天志"。在墨子看来,公正、公平是天的本质,天的运行,广大而没有私心,上天会根据人们是否做到了"兼爱"而进行赏罚,这就使人们的"兼爱"行为带上了某种外在的约束与规范。

(三)"兼爱"思想的不朽价值

在墨子看来,人类相互不友爱的原因,在于每个人都为自己打算,而不为他人着想,相互猜疑、对抗、争夺,墨子把这种状况称之为"别"。其解决方法就是,用"兼相爱"来取代"交相别",对待他人要像对待自己一样。

墨子以比较"兼者"与"别者"的行为方式及其效果,来说明"兼相爱"与"交相别"对人际交往和管理活动的影响。

比如有两位君主,一位贯彻"别"的主张,一位贯彻"兼"的主张,于是这位"别君"会说:"我哪能把百姓的身体,看成自己的身体呢?这太不合情理了,人生短暂,享受还不够呢!"因此,观察他治下的百姓:有挨饿的他不馈赠食物,有受冻的他不惠赠衣裳,有生病的他不帮助护理,有死亡的他不及时埋葬。而"兼君"则说:"我听说贤明的君主治理天下,一定要先为众多百姓着想,然后再考虑自身。"因此,观察他治下的众多百姓,其生活安宁踏实。

那么请问:如果遭受瘟疫饥荒,老百姓会投奔哪一位君主呢?显然是投奔后者而不是前者。

墨家所提倡的这种"将身比身""将心比心"的兼爱思想,历代统治者确实难以完全做到,但只要有这份"心",就可以收到"得民心者得天下"的良好效果。

墨子提出"兼以易别"的思想,表现出墨家与儒家仁爱观念的某些异同。就儒墨两家立论的基点来看,双方都主张在处理人际关系上,要以"仁爱"之心待人,他们阐释的都是爱的哲学。但是,儒墨两家在"爱人"学说上,仍有很大的区别。墨子讲"兼爱",与儒家的"别爱"是不同的,兼爱是"爱无差等"之爱,即不分等级、不分亲疏地爱天下人;而儒家之爱是在宗法制度和宗法观念的前提下,"亲亲有术,尊贤有等"的有差等、有区别的爱。墨子主张以"兼"易"别",正是希望打破宗法等级观念的界限。就此而言,墨子的爱的学说比儒家更彻底、更富于理想性,因而也更脱离中国农业宗法社会的实际。但是作为一种极富特色的思想,仍然有它不朽的价值。

(四)"兼爱"的良性循环

"爱人如己",最早来源于《圣经》(中文版),意思是说,爱别人如同爱自己一样。在爱别人之前,先要学会爱自己。或者是像对待自己一样地去对待他人,像爱自己一样地去爱他人。

在墨子看来,人们总是爱自己的,但如果只知道爱自己而不知道爱别人,甚至害人以自利,会导致最终无法获得自己的利益。反过来,如果真正从爱己、利己的动机来考虑问题和待人处事,恰恰就应该关爱别人,充分考虑别人的利益,做到"爱人如己",这样才能达成共享其利的结果。

墨子所主张的兼爱思想,往往会引起人们的误解,认为只是"爱人"而不

"爱己"。对此，后期墨家专门做出解释，即爱护他人也不排除爱护自己。当然，墨家的基本立场还是突出爱的奉献。在他们看来，圣人爱己的目的也是为了爱人，实行仁义的事业。

日本企业家吉田忠雄提出一个"利润三分法"。他说："我一贯主张多办益善之事，利润不可独吞。我们将利润分成三部分：三分之一是以质量较好的产品，以低廉的价格交给消费者大众，三分之一交给销售我们产品的经销商及代理商，三分之一用在自己的工厂。"吉田把自己的做法称为"善的循环"。他说："如果我们散播善的种子，予人以善，那么，善还会循环给我们。善在我们之间不停地循环运转，使大家都得到善的实惠。"

（五）"兼爱"思想的人本管理

墨家提倡的"将身比身""将心比心"的兼爱思想，在企业管理中，其实就是人心管理的运用。其核心是强调以人为本、将心比心和知人善用，力求最大限度地发挥人的效能，实现企业内部人际关系的和谐，进而实现企业效益与社会效益。

所谓"以人为本"管理，就是要求企业领导平等对待员工，把员工当成企业运行的主体，调动员工的积极性、主动性和创造性，把员工看成是企业这个大家庭的成员，时刻关注和关爱他们。使他们真切地感受到企业和企业家的关爱，感受到做为企业员工的光荣，有一种主人翁感。正如墨子在"兼爱"中所说：对待别人的国家，要像对待自己国家一样；对待别人的家庭，要像对待自己家庭一样；对待别人，要像对待自己一样。反映的本质就是相亲相爱，体现墨家"兼爱"的思想，唯有如此，企业才能处理好彼此平等、互爱互利的关系。在"兼爱"的同时，企业对员工还要"交利"，制定各项规章制度，要充分考虑员工的利益，调动员工的主动性与积极性，员工也应该视企业如家。纵使双方表现出一定程度的利益冲突，但是从根本上是一种共生关系，利益是一致的，通过彼此相亲相爱来改善人际关系，创造良好的企业环境，使员工在精神上"自爱""爱人"的同时,能从企业发展中获得红利,这样才能真正实现企业的和谐管理和员工的幸福管理。

墨子的"兼爱"思想,对企业内部来讲是企业和谐与员工幸福的保证,而从企业外部来讲就是在企业之间竞争的过程中,一定要相互考虑对方的利益,从而使市场环境得到改善,使整个行业一起获得更大的利润。所以墨子的"兼爱"管理思想,对企业与企业、企业与社会达到和谐具有一定的现实意义。

墨子"兼爱",止楚攻宋

春秋战国时期,天下大乱,诸侯混战。墨子目睹当时的情境,公开反对战争,开始了他为实现天下太平而奔走呼号的正义征程。墨子认为,当时的王公大人,天下诸侯,为了一己私利,进攻无罪之国,这是"亏人以自利"的不道德行为,是最大的不义不仁之行径,天下应共起而讨伐之。

楚国当时是南方的大国、强国,而宋国是中原地区的小国、弱国。楚王为攻打宋国,请公输般制造了一批云梯,准备随时进伐。宋国危在旦夕。墨子听到消息,感到非常震惊,一面吩咐禽滑厘带领300多人前往宋国支援,一面亲自前往楚国,劝说楚王放弃不义之战。

墨子日夜兼程,走了十天十夜到达楚国都城,见了公输般。公输般说:"您见我有何吩咐?"墨子说:"北方有个人欺侮了我,想请您杀了他。"公输般一听,顿时不悦。墨子说:"我愿出高价。"公输般听了更为恼火,愤然地说:"我奉行义,绝不杀人!"墨子听了公输般的话,心中暗自高兴,站起来再拜公输般说:"咱们就讨论一下你刚才说的义吧。我听说你造了云梯,将用它攻打宋国,宋国有什么罪呢?楚国有的是土地,只是人口不足。现在要牺牲不足的人口去掠夺有余的土地,这不能说是明智。宋国无罪而去攻打它,不能说是仁。知义知仁,而不去谏争,不能算作忠。谏争而无结果,不能算作强。不杀一人,却去杀众多的百姓,绝不能说是聪明。"公输般认为墨子说的有理。

墨子问:"既然你认为我说的有理,那为什么不取消攻打宋国的主张呢?"

公输般说:"不能。我已经对楚王许愿了。"墨子说:"为什么不带我去见楚王呢?"于是公输般带墨子去见楚王。

墨子见了楚王,对楚王说:"现在这里有一个人,舍弃他的彩车,邻居有一辆破车,却想去偷它;舍弃他漂亮的衣服,邻居有一件粗布短衣,却想去偷它;舍去美味佳肴,邻居有糟糠,却想去偷它。这是一个什么样的人呢?"楚王说:"这个人一定是得了偷窃病了。"墨子又说:"楚国有地方圆五千里,宋国只有五百里,这相当于彩车与破车之别。楚国有云梦大泽,各种珍稀动物充满其中,有长江、汉水,各种鱼类应有尽有,可谓富甲天下,宋国连野鸡、兔子、狐狸都没有,这就是佳肴和糟糠之别。楚国有松、梓、楠、樟等名贵木材,而宋国连棵像样的大树都没有,这就是华丽的丝织品与粗布短衣之别。在这样的情况下,楚国还要攻打宋国,这与患偷窃病的人有何区别呢?大王如果真的去攻打宋国,一定会伤害仁义,且不能占据宋国的。"

楚王说:"你说的有理。但公输般已造好了云梯,我是非攻打宋不可了!"

墨子于是解下腰带,围成一座城的样子,用小木片代表守城用的器械,演示攻守方略。公输般多次设计调动攻城用的云梯等器械,墨子多次抵住了他的进攻。公输般攻城的计策用完了,而墨子守城的计策还绰绰有余。然后公输般又心生一计,说:"我知道用什么办法对付你了,但我不说。"楚王问什么原因,墨子说:"他的意思,不过是想杀了我。杀了我,宋国就没人能防守了,就可以进攻了,但我的学生禽滑厘等300多人,已手持器械在宋国都城上等待着你们的入侵呢!即使你们杀了我,同样也不能得逞。"楚王无奈,只好取消了攻打宋国的念头。

墨子这段止楚攻宋的故事,在历史上传为美谈。

【点评】　　墨子是一位伟大的人道主义者,他崇尚和平,反对战争,主张兼爱,厌弃攻伐。为了和平,他常常置生死于度外,善于运用杰出的智慧、不凡的辩才和英勇的胆略去实践自己的政治主张。墨子出面援救宋国,纯粹是由他的哲学思想使然,并非为了做官或发财。墨子止楚攻宋,去的时候从鲁国出发,回来的时候经过宋国,守关的大夫将他拒之门外,可见墨子不是宋国人,他救宋国实是出于大义，是其救世精神之具体体现。

二、墨家"尚贤""尚同"思想与企业管理

墨子认为"尚贤"（即任人唯贤）是为政之本，这种平等思想直接冲击宗法世袭制。他提出："天下有义则治，无义则乱。"这里的"义"有两层含义：一是"义行"。就是尊重和爱护他人的劳动果实，积极履行自身所承担的社会责任与义务。有力气的人，用力量帮助别人；有财富的人，把财物分送别人；有德行的人，用道义来劝导别人。二是"义政"。就是"爱民""利民"，想百姓之所想，急百姓之所急。天下贫穷，就设法使之富足；人民稀少，就设法使之增多；人多混乱，就设法予以治理。

在墨子看来，这既是为政者的职责所系，也是判断其得失成败的标准。若要制止天下动乱，必须通过选举贤能，让士卿、大夫与天子一同治理天下，为万民兴利除害，这就是"尚同"。

（一）"尚贤"的思想内涵

《墨子·鲁问》中说："国家昏乱，则语之尚贤、尚同；国家贫困，则语之节用、节葬。"可见，墨子将尚贤与尚同当作治理国家混乱的举措。那么，什么样的人才是贤士能人呢？

在墨子心目中，贤人的品格是：有力气的人急切地助人，有财物的人努力地分给别人，有方法的人勉力（努力，尽力）地教人。这样，就能使饥饿的人得到食物，寒冷的人得到衣服，混乱得到治理。这样，就可以使人各安其生。

贤士能人，不仅是指德行笃厚，言谈雄辩，道术宏博之人，只要是有一技

之长的人,皆可称作贤士能人。墨子关于能人贤士概念的含义是广义的,在对人才的认识方面,具有鲜明的人本色彩;在人才的选拔方面,主张不偏私、不偏袒、不宠爱;在人才的任用方面,主张高与之爵,重与之禄,任与之事,断与之令;在人才的吸引方面,主张以利引之,强调义利并重。

如果想使贤士增多,必须使他们富裕、使他们显贵,尊敬他们、称誉他们,只有这样,才能吸引众多的人才。因为人才是一个国家真正的财富。所以墨子主张"不义不富,不义不贵,不义不亲,不义不近"。这里的"不义",是与贤能相对而言的。这里所说的"义",是指能给天下带来利益。墨子认为义是非常重要的,只有做到了"义",才能富足,才能平和。

(二)"尚贤"的组织原则

墨子在组织管理方面,提出了"一同天下之义"的原则,要求整个组织服从于管理者的思想和意志。为保证这一原则在组织内部共享,他同时还提出了"尚贤使能"的人事原则和"上下通情"的沟通原则。

这些原则,用现代管理语言,就是形成组织的共有价值观。一个组织的共有价值观,具有十分重要的作用,具体表现在以下几个方面。

一是对增强组织系统的凝聚力和稳定性具有促进作用。共有价值观表明,组织成员在思想上达到了某种共识,产生了组织整合的效应,形成了组织成员对组织的认同感,从而对增强组织系统的凝聚力和稳定性具有促进作用。

二是对组织成员发挥潜能具有激励和鼓舞作用。只有建立共有价值观,管理者才能做出正确的决策,组织成员才能据此判断事物的善恶、决定自己的态度和行为,从而对组织成员发挥潜能具有激励和鼓舞作用。

三是对企业持续发展具有积极的促进作用。共有价值观可以对组织成员的力量,起到汇聚和整合效应,有助于发挥组织的潜在能量。这种团队的协调统一,对于维系组织的持续发展具有积极的促进作用。

(三)"尚贤"的人事原则

如上所述,墨子把统一天下的工作,寄希望于从"天子"到"三公""国君""卿大夫""乡长""里长"等各级社会管理组织的领导者,而这些领导者的才能、德行、聪明、口才是否称职,就成为组织共有价值观能否确立的关键。为此,墨子提出"尚贤使能"的主张,凡派去治理国家、官府、城镇、乡里的人,都应该是国家的贤能之士。他又指出:如果让高贵而有智慧的人去管理,国家便能治理好;反之,国家就要混乱。

"高贵而有智慧"的管理者,其"智慧"是指管理者本身所具备的德才兼备的品格,其"高贵"是指必须给予这些管理者从事管理活动所必需的名利地位。墨子将其概括为三点:一是爵位不高,百姓就不敬重;二是俸禄不厚,百姓就不相信;三是政令不决断,百姓就不害怕。所以必须给贤士们以高贵的爵位,给予丰厚的俸禄,委派以处理政事的重任,给予决断命令的权力,这不是为了赏赐他们,而是希望他们可以放手管理,从而获得成功。

墨子特别强调,一个组织的领导者,如果能够诚心诚意地对待各级管理人员,尊重他们,信任他们,放手使用他们,就等于扩大了自己的管理能量。

如此看来,所谓"高贵而有智慧"的管理者,其"高贵",不在于"出身"高贵,而在于职位高贵。即使农、工、商人,只要有才能,就加以推举选拔,给予高官厚禄,委以处理政事的重任,给予决断事理、发布命令的权力。这里,体现出一种"不拘一格用人才"的思想。

(四)"尚同"的沟通原则

墨子所主张的"尚同",最终目的是把一个组织的不同意见统一起来,形成共有的价值观。为了达到这一目的,其前提在于上级与下级之间的充分沟通。

领导者管理政事,掌握了下面实情的就能得到治理,不掌握下面实情的就要引起混乱。如充分了解到下面的善恶是非，就能对好人加以奖赏提拔，对坏人加以惩罚，那么国家一定能得到治理。

因此，思想统一的前提，在于充分尊重民众的意愿。假如不了解民情、不把握民意，上下思想就不可能真正统一，上级的意图也就不能真正得到下级的理解、认同和贯彻。由此看来，墨子所主张的"尚同"，并不是领导者的独断专行，而在于充分吸取民众意见之后所形成的真正意义上的"共识"。

上下通情的沟通原则，在现代企业管理中具有积极的指导意义。

联想公司为解决跨部门协调的问题，总结了联想沟通四步曲：一是"找到责任岗位直接去沟通"，即直接找到问题涉及的关键岗位协调解决；二是"找该岗位的直接上级沟通"，即可以要求关键岗位的上级予以帮助；三是"报告自己上级帮助沟通"，就是要求自己的上级去找关键岗位上的人进行沟通；四是"找双方共同的上级去解决"。联想的沟通四步曲，是以解决问题为原则，采取自下而上的反映路径。这种方法与墨子的主张不谋而合，值得其他企业借鉴和效仿。

（五）"尚贤"思想与人本观念的契合

现代企业管理中的人本观念，是指在企业管理活动中，强调人的第一性、主体性作用，通过调动和激发人的积极性和创造性，来提高效率和实现人的不断发展。现代人本观念，突出了人的决定性作用，强调了人在管理活动中的主导地位，重视了在企业管理活动中人与人之间关系的协调，并将人的解放和全面发展作为管理者追求的根本目标。

1. 人本观念的主要表现。 人本观念主要表现在四个方面：一是人的因素是第一位的；二是尊重知识，尊重人才；三是追求人的不断解放和全面发展；四是强调人与人、人与社会关系的和谐。

在企业管理活动中，用什么人，怎样用人，是企业管理的根本问题。人的主体性，是管理活动中具有决定性的要素，而要发挥人的主体性在管理活动中的支配作用，应具备两个条件：一是要有一定的权力；二是要有一定的能力，包括技术与业务能力、组织与指挥能力、影响与号召能力。

2. 管理活动的主要权力。 人在管理活动中的权力，主要有五种表现形式：一是法定权力，这是管理者所具有的正式权力；二是奖励权力，这是建立在利益性遵从基础上的权力；三是强制权力，这是强迫下属服从的权力；四是统御权力，这是建立在下属对领导者的尊重、信赖和感性认同基础上的权力；五是专长权力，这是以敬佩和理性崇拜为基础而形成的。在这五种权力中，法定权、奖励权和强制权具有外在性，需要经过一定的法定程序的赋予才能为社会所承认。而统御权和专长权是一种内在性权力，这种权力的形成，取决于领导者的品格、知识、才能等素质。在二者关系上，外在性权力是权力的基础，内在性权力是提高领导效能的重要方面。

3. 权力来源的主要途径。 从权力的表现形式来看，权力的来源有四个途径：一是由财产所有权所获得的支配权；二是通过法定程序所赋予的地位和职权；三是由某种传统制度所获得的继承权；四是由某种威信和声望所获得的影响权力。

在发挥人的主体性作用方面，墨子的主张与现代人本观念不谋而合。墨子认为，要使贤能之士在国家治理中发挥作用，则必须使他们富裕、显贵，必须尊敬他们、称誉他们。如果爵位不高，民众就不尊敬；俸禄不厚，民众就不信服；政令不能决断，民众就不畏惧。古代圣王之所以这样做，就是要将事情办成。由此可见，即便是贤能之士，若不能赋予其相当的权力地位，不给予其富裕显贵，不给予其尊敬，也是不能成事的，即不能发挥其在国家管理活动中的主体性作用。

4. 人本观念的现实需要。 现代人本观念强调尊重知识、尊重人才，强调要扫除影响和限制人才发展的种种障碍，营造发挥人才和吸引人才的良好环境。采用激励的机制来激发人的动机，引导人的行为，达到企业管理的目标。

现代人本观念强调，"需要"是人的普遍本性，需要决定动机，动机产生行为，这是人的行为的一般规律。美国著名社会心理学家马斯洛，将人的需要分为五个层次：生理需要、安全需要、爱的需要、尊重的需要和自我实现的需要。只有通过满足人的各个层次的需要，才能有效激发人的动机，引导人的行为，发挥人的主体性的作用，实现企业管理目标。

墨子学说中丰富的思想内涵，仍然值得当今社会进行深入的研究与探索。尽管现代西方社会管理理论、人文学说被大量引入国内，但墨子的"尚贤""尚同"思想，对我国人才机制建设和良好社会环境的建立，仍然具有积极的指导意义。

墨子"尚贤"与耕柱问话

耕柱是墨子的得意门生，不过，他总是受到墨子的责备。

有一次，墨子又责备耕柱，耕柱觉得非常委屈，因为在许多门生中，大家都公认耕柱是最优秀的，但他常常遭到墨子指责，让他感觉很没面子。

一天，耕柱愤愤不平地问墨子："老师，难道在这么多学生当中，我竟是如此的差劲儿，以致于要时常遭您的责骂吗？"

墨子听后，不动肝火，心平气和地说："假设我现在要上太行山，依你看，我应该用良马来拉车，还是用老牛来拉车？"

耕柱回答说："再笨的人也知道，要用良马来拉车。"

墨子又问："那么，为什么不用老牛呢？"

耕柱回答说："理由非常简单，因为良马足以担负重任，值得驱遣。"

墨子说："你答得一点也没错。我之所以时常责骂你，也是因为你能担负重任，值得我一再地教导与匡正呀！"

【点评】 沟通的重要性不言而喻，然而，正是这种大家都知道的事情，却又常常被人们忽视。没有沟通，就没有成功的企业。企业内部良好的沟通，既可以使所有员工真实地感受到沟通的快乐、使管理层工作更加轻松，又可以使普通员工不断提高工作绩效、增强企业的凝聚力和竞争力，因此，每个人都应该从战略意义上重视沟通！

三、墨家"尚俭""节用"思想与企业管理

墨子观察当时社会生产与需要之间的矛盾,认为要解决这个矛盾,除了加强生产之外,还要靠"尚俭""节用"。于是,他制定了"尚俭、节用之法",具体内容包括以下几个方面。

一是要求统治者力行节约。反对统治者为了享乐,而横征暴敛老百姓的财富。因而,要求统治者力行节约,懂得"俭节则昌,淫佚则亡"的道理。

二是反对衣饰过度追求华彩。认为"衣服之法"在于冬服足以御寒、夏服能够凉爽就可以了。不主张过分追求五味调和、气味芬芳和罗致远方的奇珍异品。

三是反对制造华美的兵甲车船。认为剑的作用在于击刺,铠甲的作用在于防身,车的作用在于负重致远,舟船的作用在于渡河。因此,制造这些兵甲车船,只要功能达到要求即可,没有必要做额外的打扮装饰。

四是主张简易的宫室建造。认为建造房屋宫室,四壁能够抵御风寒,房顶能够遮蔽雨雪,中间洁净,墙壁能够隔绝男女之别,就可以了。

五是提倡节葬。认为儒家的葬礼仪式繁杂,多以财货殉葬,规定丧期过长,使生者难以承受,因此主张薄葬、节葬。

六是主张非乐。认为音乐不能给人民带来实际的利益,统治者为了满足对音乐的享受,必将征调许多劳力制造乐器,充当乐手,耽误生产劳动。如果百姓起而仿效,就会妨碍耕织生产,因此,他反对儒家的"礼乐",主张"非乐"。

墨子的"节用"主张,对抵制统治者的穷奢极欲,避免社会财富过度消耗,具有积极的意义。

企业文化是企业的自我意识所构成的精神文化,同时也是社会文化的重要

组成部分。多年来各国的经济学者、社会学者和管理学者,围绕企业文化的特点纷纷阐述各自的见解和看法,其"勤俭节约、以俭养富"的精神和严格的成本管理制度,是企业和经济迅速崛起的一个不容忽视的重要因素。这与民族传统心理和教育理念有着深厚渊源。

日本企业自上而下践行节约,真正树立了"节约光荣、浪费可耻"的荣耻观。三菱电机公司在对员工实施的"五心"教育中,把"节约之心"放在了首位,其他依次是责任之心、反省之心、奉献之心、感恩之心;上佳商社的座右铭是"成功来自勤俭";川崎重工长期以来一直贯彻"节约也是创造财富"的理念,执行着苛刻的节约标准;在新干线车辆生产车间,就连车厢打磨后的合金粉屑也要集中回收再利用;日立电器公司更是提出了"把1分钟看成8万分钟"的口号,意思是说,1个人浪费1分钟,日立公司8万人就要浪费8万分钟,全公司由此树立起"公司越庞大,越要注意节约"的观念。至于许多中小企业设立"最佳节约能手奖"等,已不再是什么新鲜的话题。

经典案例

"尚俭节用"的典范

山姆·沃顿于1918年出生于美国西部俄克拉荷马州的一个普通农家,大学毕业后在一家零售企业干了一年多,二战时他应征入伍。成为预备军官训练团的一名少尉,并于战后回到家乡创业。当时的沃顿并无伟大的构想,只是想开一家属于自己的商店。然而他初次创业并不顺利:他的第一家店开在家乡,也是美国最贫困的州之一,一个人口仅7000人的小镇上的一家杂货铺,开始时生意还算红火,可惜好景不长?店铺的房东垂涎小店的优良业绩,要收回自己经营,因此不与沃顿续租,沃顿只好忍痛割爱。

挫折并未使沃顿束手。凭借出让小店收回的5万美金,山姆在附近一个小镇另外开了一家杂货店,颇为成功。不出10年间,分店已有15家之多。1962年,山姆倾其所有,在罗杰斯城开业了一家折扣百货店,取名为沃尔玛,意即沃记卖场。20世纪60年代的美国零售业群雄并起,沃尔玛根本排不上号。但由于山姆的低价促销策略颇符合小镇居民的消费习惯，第一家折扣店的经营便取得了意想不到的成功，开业第一年营业额就达到 70 万美元。此后 30 年间，沃尔玛不断扩展，分店遍布全球，达 1 400 家之多，销售额 3 000 多亿美元，并超过百年老店西尔斯成为全美第一大零售企业。

山姆为人谦虚谨慎，喜欢保持低调。1985 年，《福布斯》杂志评选山姆为世界首富，很多美国人还不知道山姆·沃顿为何许人也。各大媒体蜂拥到沃尔玛的总部所在地阿肯色州小镇本顿威尔，想一睹他的风采，却意外发现美国首富不过是一位极为普通的老头，驾着一辆老旧的货车，穿着从自家折扣店里买来的便宜服装，戴着印有沃尔玛标志的棒球帽。他们同时了解到这个老头的一些怪癖：每次理发只去小镇街角的理发店；公务出差时总是尽可能与他人共住一个房间；外出就餐只去家庭式小餐馆，请客吃饭往往会就近选择麦当劳……事实上，山姆的节俭是出了名的，有时甚至达到了吝啬的地步，在这方面曾留下不少轶事。据说有一次山姆去南美公务出差，秘书给他订了一张头等舱机票，山姆很不高兴，要求换成经济舱，当了解到这是最后一张机票时，山姆才勉强接受了，这可是山姆一生中唯一一次乘坐头等舱。

【点评】　企业文化是企业的灵魂，一个包括节约文化在内的优秀企业文化，是企业在激烈的市场竞争中胜出的根本保证。中国企业应该建立完善的企业节约保障制度和科学的节约模式。积极树立"尚俭"观念，认真营造节约的环境和氛围。在企业文化的定位、培养和发展过程中，把"节约光荣"的理念与企业文化有机统一，把传统的"聚沙成塔""滴水成河"的思想与现代企业节约文化的塑造完美地结合起来。

四、墨家思想对企业管理的启示

墨家思想以"兼爱"为伦理基础，以"尚贤"为指导原则，以"贵义"为社会目标，力求构建一个公平合理、节约效能的理想社会。虽然墨家思想以政治管理为主旨，但企业管理与政治管理有相通之处。如果能对墨家思想进行创造性诠释，对现代企业管理无疑具有借鉴和指导意义。

（一）兼爱：企业管理的伦理基础

"兼爱"是墨家伦理思想最根本、最典型的特征。《墨子·经上》说："体，分于兼也。"体即部分，兼即整体，意思是说部分同属于整体。"兼爱"也可以说是"尽爱""俱爱""周爱"。"兼爱"的另一层意义是"爱无差等"。可见，兼爱是一种平等的无差别的爱，无血缘、无亲疏、无贵贱之分。

兼爱思想与儒家仁爱有着鲜明的不同。孔子说，君子看重的是道义，小人看重的是利益。"仁"是属于君子的，只有贵族阶层才能够实行"仁"，践履"仁爱"，而那些重利轻义的人是没有"仁爱"可言的。"仁爱"的等级化，显然不是下层平民所能接受的。

墨家从下层平民的利益出发，针锋相对地提出"兼以易别"，在墨家看来，儒家的"仁爱"实际上是一种"别爱"，要用"兼爱"来代替它。墨子认为，当时的社会是个纷乱动荡的社会，其原因是大家只爱自己而不爱他人，圣人治理天下，就不得不考察乱的起因了。考察混乱的起因，在于人与人之间不相爱。臣对君不忠，子对父不孝，这就是乱。儿子自爱而不爱父亲，所以损害父亲而自得利益。弟弟自爱而不爱兄长，所以损害兄长而自得利益；臣子自爱而不爱君主，所以损害君主而自得利益。这就是所谓的乱！反之，父亲对儿子不慈祥，兄长对弟弟不慈祥，君主对臣子不慈祥，这也是所谓天下乱的原因，都是因为不相爱。因此，在《墨子》中，兼爱常常与交利并用，"兼相爱，交相利"，兼爱有互爱互利的意义。

墨家对"利"也有自己的诠释，墨家所指的"利"实际上是一种社会公利，而非一己私利。只有实行兼相爱，交相利，才能社会稳定，生活满足；反之，就会天下动荡。墨家说凡是对天下人有利的事就去干，帮助它兴办起来；

凡是对天下人有害的事，就把它除掉。这与儒家不同，儒家在义利之辩中认为只有小人才会重利，而墨家则把义与利有机统一起来。

从管理学层面考察墨家的"兼相爱，交相利"思想，在企业管理中的价值是不言而喻的。企业管理与政治管理的性质很接近，虽然二者任务不同，但管理对象都是人，先把人管好，一切都好办，这是二者的相同之处。现代企业管理，从根本上讲是人的管理。如何定位劳资关系，即雇主与员工、管理者与被管理者之间的关系，对于调动整个企业中人的积极性至关重要。现在都在讲"以人为本"，那么，在企业中实行"以人为本"最重要的就是要实现劳资双方平等的、互爱互利的关系，唯有如此，在制定企业各项规章制度中，才能充分考虑全体员工的利益，充分调动广大员工的参与性和积极性。劳资双方虽然表现出一定程度的利益冲突，但从根本上讲是一种共生关系，利益是一致的，企业的兴衰存亡与企业员工有直接的关系。在企业内部，如果能够充分贯彻墨家的兼爱思想，员工视企业就像自己的家一样，企业员工的积极性与创造性就会充分发挥，就会实现企业内部人际关系的和谐，进而提高企业的经济效益。

（二）尚贤：企业管理的指导原则

《墨子·尚贤上》中提出了贤才的标准："厚乎德行，辩乎言谈，博乎道术。"意思是说，德才兼备的人，道德品行素质很高，善于用言谈论证自己的观点，拥有强烈的正义感。墨子认为贤良之士是国家的财富，在一个国家中，如果贤良之士多，那么国家的治绩就大；如果贤良之士少，那么国家的治绩就小。所以王公大人的急务，就是如何使贤人增多。这里所说的"贤良之士"即人才，尤其是领导人才，如何科学准确地识别、选拔、使用，是事关国家兴亡的大问题。

"尚贤"是"为政之本"。《墨子·亲士》说：治国而不优待贤士，国家就会灭亡。见到贤士而不急于任用，他们就会怠慢君主。没有比用贤更急迫的了，若没有贤士，就没有人和自己谋划国事。怠慢遗弃贤士而能使国家长治久安的，还不曾有过。所以，对于贤能之才，不仅要储备，而且要予以重视，并给与丰厚的报酬。墨子提出高爵、重禄、职权是"为治三本"，即使贤能者为当政者忠于职守、尽职尽责的三种必要的工作条件。其作用不仅在于使贤者的才能得以充分发挥，更可由此形成一种激励机制，即君主若能切实奖掖（奖励提拔）贤能，尊重贤才，将会形成民众争相进贤的社会风尚，出现人才辈出的可喜局面。

那么，如何寻求贤能之士？《墨子·尚贤上》以古代圣王为例来说明，即使是农、工、商人，只要有能力就要选拔他，给他高爵、厚禄，给他任务、权力。也就是用人打破门第"唯才是举"。墨家以兼爱为伦理原则，对于贤能之士，做到各尽其才。就像筑墙一样，能筑墙的人筑墙，能填土的人填土，能挖土的人挖土，这样墙就可以筑成。行"义"就是这样，能演说的人演说，能解说典籍的人解说典籍，能做事的人做事，这样就可以做成义事。

"尚同"与"尚贤"是相辅相成的，是"为政之本"。贤人治理国家，应该一统天下之义，才能政令畅通，社会稳定。从组织关系讲，要做到下级服从上级，以上级的意志为意志。从企业竞争的角度看，当今企业竞争，既是资本的竞争，更是人才的竞争，因为只有人才才是企业最根本的因素。广泛地延揽人才，不分远近亲疏、城乡之别，并做到知人善任，才能使企业具有竞争力。在企业内部，应该建立一整套有效的、激励人才脱颖而出的机制。现代企业家要善于发现人才，用好人才，使人尽其才。

企业管理与行政管理有很大的不同，企业民主与政治民主不一样。在企业内部，虽然决策也要求民主化，可是一旦形成决策，就要全力以赴。而且市场瞬息万变，如果完全套用行政管理的民主决策程序有时会痛失良机。企业的民主，从某种程度上讲，应该是一种民主监督与约束机制，防止管理者滥用权力，而不应该在决策上盲目追求民主。当然，企业用贤能之士，作为管理者就应有一种典范的作用，身体力行，以身作则，言行一致。

（三）贵义：企业管理的社会目标

《墨子·贵义》一开头就说："万事莫贵于义。"儒墨两家都言"义"，在儒家那里，"义"与"利"是相对应的词汇，"君子喻于义，小人喻于利"，二者是对立关系。在儒者看来，做应该做的事就是"义"，相反就是不义，儒家反对见利忘义。在墨家那里，做对个人、对社会有益的事就是义。因此，墨家大力提倡"贵义"，以此教化天下之人。

就现代企业而言，追求利润是企业的目标之一，没有利润，企业就没有发展壮大的资本，就失去发展的动力。但这并不意味着利润成了企业唯一的目标或者终极目标，有益于社会、国家才应该成为企业的最高目标。因此，企业在制定自己的目标时，应该考虑社会效益，把社会效益放在第一位，就不至于出现短视行为，只有这样，才能使企业获得持续有效的发展。

有人认为，企业经营者获得了丰厚的利润就是一种成功，这种观点是非常狭隘的。如果说这是成功的话，那么只能算作小有成就。许多企业家，抱定财富取之于社会、用之于社会的宗旨，不是把企业的利润用于个人消费，而是回馈社会，帮助那些需要帮助的群体。比尔·盖茨设立基金会，救助那些处于困顿中无助的艾滋病人，李嘉诚设立基金会用于社会公益事业，等等，他们才是真正成功的企业家，这些都为后人提供了好的榜样。

今天要构建中国自己的管理学与管理文化，必须汲纳中国传统文化中的精髓，墨家的管理思想不失为一个参照。墨家关注国计民生，其管理思想可以说是一种目标管理，希望建立一个政治清明、法纪井然、国富民强、民富国治的理想社会。如果能够对墨家管理思想进行创造性诠释，不仅对今天的政府管理具有参考价值，对企业管理也同样具有借鉴意义。

墨子三辩圣王音乐

程繁问墨子说:"先生曾经说过:'圣王不作音乐。'以前的诸侯治国太劳累了,就以听钟鼓之乐的方式进行休息;士大夫工作太累了,就以听竽瑟之乐的方式进行休息;农夫春天耕种、夏天除草、秋天收获、冬天贮藏,也要借听瓦盆土缶之乐的方式休息。现在先生说'圣王不作音乐',这好比马套上车后就不再卸下,弓拉开后不再放松,这恐怕不是有血气的人所能做到的吧!"

墨子说:"以前尧舜只有茅草盖的屋子,所谓礼乐不过如此。后来汤把桀放逐到大水,统一天下,自立为王,事成功立,没有大的后患,于是就承袭先王之乐而自作新乐,取名为'护',又修'九韶'之乐。周武王战胜殷朝,杀死纣王,统一天下,自立为王,没有了大的后患,于是袭先王之乐而自作新乐,取名为'驺虞'。周成王治理天下不如武王;周武王治理天下不如成汤;成汤治理天下不如尧舜。所以音乐逾繁杂的国王,他的治绩就逾少。由此看来,音乐不是用来治理天下的。"

程繁说:"先生说:'圣王没有音乐。'但这些就是音乐,怎么能说圣王没有音乐呢?"

墨子说:"圣王的教令:凡是太盛的东西就减损它。饮食于人有利,若因知道饥而吃的就算是智慧,也就无所谓智慧了。现在圣王虽然有乐,但却很少,这也等于没有音乐。"

【点评】 音乐能放松或者激昂情绪,不同的音乐能产生调节不同情绪的作用。音乐属于娱乐范畴的东西,它通过声音与节奏来使员工们的情绪发生变化,它跟颜色、光亮度、温度一样对人的情绪产生或多或少的影响。想要员工工作有激情,则可以用欢快激昂的音乐来提升士气。音乐做为管理的一种道具,能对员工产生一定的作用,但对管理只能起一种辅助作用,所以,当企业完成年度目标时,或者得到特大订单时,是可以安排晚会与派对来庆祝一下。

第四章　法家思想与企业管理

法家以主张"以法治国"而闻名，而且提出了一整套的理论和方法。法家强调君主在掌握权力的基础上建立完备的法律，奖赏有功，惩罚有过，重赏厚罚，从而使人奋勇耕战，最终达到富国强兵的目的。

法家分三派：一派强调"势"，一派强调"术"，一派强调"法"。韩非子将这三派的思想融合起来，认为势是法治的基础，君主有了权势和权威，才能令行禁止，法律才能发挥应有的作用；法是法治的核心，要实行法治，就必须制定出严格的、赏罚分明的法律，并且必须一视同仁，才能使人民对法律敬畏；术是君主驾驭臣下的技巧，既要充分发挥下属的才能，推进法的实施，又要防止下属谋权篡位，保证势的权威。

一、法家思想与制度化管理

"法"是指法律制度,就是用法律制度进行管理。对于当今的企业,就是制度化管理。法家认为,用儒家的仁政、墨家的兼爱都不能强国,只有使用法律治理国家,才能实现"民安而国治""兵强而敌弱"。

法能强国,是因为人们都喜欢奖赏,害怕惩罚,因此法治能起到防范作恶,鼓励先进的作用。

《韩非子·难三》写道:"法者,编著之图籍,设之于官府,而布之于百姓者也。"意思是,制定成文的法律制度,向百姓公布,使人人皆知法而又有法可依。通过这些法,告诉百姓什么应该做,什么不应该做,法一经公布,君主就必须明察百姓的行为。因为他有势,可以惩罚违法的人,奖赏守法的人。这样推行,就能够成功地统治百姓,不论有多少百姓都行。

"循名而责实"。按照名称来考察实际内容,要求名实相符。"名",是这些人的头衔;"实",是指担任职务的人。"循名而责实",就是责成担任一定职务的人,做到该职务应当合乎理想地做到的一切。企业主或法人代表的责任是,把某个特殊的名加于某个特殊的人,也就是把一定的职务授予一定的人。这个职务的功能,早已由制度规定了。这在现在企业管理制度里,就是"职务说明书"或"岗位责任制"。现在更细化了,那就是如何做某件事,有相应的制度或程序。作为新人上岗,对企业的意图不清楚时,将这个岗位的一套文件给他,他只需照做就行了,他不但知道自己该做什么,用什么方法步骤,做成什么样,而且还清楚自己做到了将会如何,做不到又将如何。作为管理者,只需要检查他的工作结果,再用奖惩制度处理就可以。

用"法治"去约束人们的行为,对他们做了错事的惩罚远高于得到的好处，人们就不会作恶。同时，法治也能起到奖励先进的作用。

法家关于制度化管理的要求如下：

一是要公之于众。要让所有人都知道制度的内容，使奖惩措施深入人心，使人们时刻谨记，使制度发挥作用。

二是要达到目标。不能达到的标准不但没有激励作用，而且还容易造成"私怨"，影响整体目标。

三是要相对稳定。如果君主好用智巧改变法制，常用私行扰乱公事，法令不断改变，号令前后矛盾，那么就可能失败。但是当环境发生重大变化时，制度也要随势而动，不能一成不变。如果用过去的治国方略来治理当今的百姓，这是在犯守株待兔一样的错误呀。用不变的制度应对变化了的形势，这是十分可笑的。

四是要厚赏重罚。只有立功的人有获得奖赏的预期，知道必然得到奖赏，并且奖赏够多，人们才会争相立功。只有犯错的人知道必然得到惩罚，并且惩罚很重，人们才会对犯错有足够的害怕，制度才会起作用。

法家的立法初衷，是设法让国家强大。现代企业设立制度，又何尝不是想让企业壮大。只不过现代企业管理制度中，加入了很多现代元素，但其运用制度进行管理的理论却不出法家左右。

经典案例

严守制度，依法断案

案例一 唐太宗贞观元年（627年），戴胄任大理寺少卿。当时，吏部尚书长孙无忌曾经被传召，没有解除佩刀进入东上阁。尚书右仆射封德彝，认为守门校尉没有察觉，其罪应当处死；长孙无忌误将佩刀带进去，责罚二十斤铜。皇上同意了。

戴胄反驳说："校尉没有察觉和无忌带刀进入，都是失误啊。臣子对于君王，不能够以失误为借口，法律上说：'供奉君王汤药、饮食、舟船，有所失误没有按照法令的人，都处死刑。'陛下如果考虑到长孙无忌过去的功劳，（不加治罪）那就不是司法部门该管的事了；如果按照法律处理，罚铜并不恰当。"

太宗说："法律，不是我一个人的法律，是天下人的法律啊，怎么能够因为无忌是皇亲国戚，就要屈法顺情从轻处理他呢？"责令重新定议。德彝仍然执行原来的判决，太宗将要同意这个判决。

戴胄又说："校尉是因为无忌的失误才获罪的，按照法律，他的罪过应当比无忌要轻。若论失误，他们的情形是一样的，可是一生一死，轻重悬殊。我冒昧地坚持自己原来的请求。"太宗赞许他，终于免除校尉死刑。

案例二 唐太宗贞观元年，在全国范围内公开选拔人才，有人借此机会冒充名门贵族，采用弄虚作假的办法骗取官职。唐太宗下令让这些人自首，并表示如不自首就要处以死刑。不久，大理寺查出一个假冒的人来，大理寺少卿戴胄依法将其判处流刑。唐太宗非常愤怒地对戴胄说："朕下令要对不自首的人处以死刑，你却只判流刑，这就等于向天下表示朕的命令不足为信了！难道你要抗旨吗？"

戴胄回答说："陛下如果在查出人犯后立即处死，那我就没办法了。现在既然交付大理寺查办，我就必须依法办事。"唐太宗反问道："你要按法处理，难道不顾及天子的威信么？"戴胄回答："法律是国家在全国树立威信的大事情，陛下是一时发怒而下令。现在已经知道判处死刑是不合法的，就应当按照法律规定判处流刑，这样做才是维护国家法律的尊严。"唐太宗听后说："你的做法是正确的，朕的命令确实不够妥当，你能帮助改正过来，朕感到很欣慰！治理国家，法律的威信确实比君主的权威更为重要。"

【点评】 中国古代社会认为法必取信于民，法律一旦设立，必须严格遵守，听讼断狱必须依法而断。戴胄不畏君威，依照法律断案，就是最佳诠释。在企业管理中，常有这样的现象：规章制度出台之后，在具体实施过程中，例外原则往往层出不穷，特别是涉及企业高层管理者时，经常作为个案进行特殊处理。须知，要确保"法"的效力，例外原则切勿滥用。

二、法家思想与人事管理

人事管理即人力资源管理,是指企业运用现代管理方法,对人力资源的获取(选人)、开发(育人)、保持(留人)和利用(用人)等方面,所进行的计划、组织、指挥、控制和协调等一系列活动,最终达到企业发展目标的一种管理行为。在法家思想中,将人力资源管理归于"术"的范畴,对人才的选拔、任用、考核提出了独到的见解。

(一)对于人才的选拔,要依靠制度

做君主的亲自考察百官,一是时间不够,二是精力不足。而且,如果君主用眼睛看,臣子就修饰外表;君主用耳朵听,臣子就修饰言辞;君主用脑子想,臣子就夸夸其谈。可见,不但时间、精力不够,而且很可能受蒙蔽。而如果仅靠下属的举荐,那么臣下就会背离君主而在下面紧密勾结,容易造成下属结党营私。因此,法家提出:臣民中有贤能、有不好的人,不要按自己的喜好和憎恶来决定任用;臣民中有愚蠢、有聪明的人,不要去诽谤和赞誉。可见,人贤与不贤是实际存在的,但不能根据个人的好恶进行判断。愚和智是客观存在的,但不能根据别人的诽谤或赞美来确定。要依靠制度选拔人才,尽量减少选拔中的主观因素。

(二)对于人才的使用,要依靠监督

作为管理者,应该"无为而无不为"。明君的原则是,使聪明人竭尽思虑,

君主据此决断事情，所以君主的智力不会穷尽；鼓励贤者发挥才干，君主据此任用他们，所以君主的能力不会穷尽；有功劳则君主占有贤名，有过失则臣下承担罪责，所以君主的名声不会穷尽。作为管理者，应该让下属去做其职责范围内的事，任命聪明的下属去考虑，任命贤能的下属去发挥才能，管理者只需起到监督考核的作用，不用直接干涉下属的事务。

(三) 对于人才的考核，要依靠目标

管理者首先要根据下属的言论、判断其应该达到的目标，然后考核其实际是否达到该目标。让群臣陈述其言，按照其言让他办事，按照其事责其成功。如果大臣功效卓著，言行一致，就对他赏赐；如果功效甚微，言行不一，就对他惩罚。根据考核结果，对其进行奖惩。这样，下属就不敢言过其实，立下不切实际的目标，而一旦立下目标就会竭尽全力去完成。

在考核的过程中，管理者要保持中立。让他们自己去条分缕析，然后再加以了解；是非一起集中上来，君主并不卷入。只有管理者置身事外，不参与争论，冷静观察，才能得出客观公正的结论。

法家思想，站在统治者的立场以"社会与体制"为本体，以"管理与实效"为根本。这对于任何管理，都是大有裨益的。

所以，法家是基础，要先用法家的思想把人的行为规范好，再用儒家的思想来导正人性，接下来才是道家的无为而治。法家、儒家和道家思想适用于不同境界的管理，在初级发展阶段管理不规范，用法家的思想规范人的行为是基础；发展到一定阶段，人的思想觉悟提高到一定层次，可以用儒家的思想来导正人性；管理发展到高层次，人的素质和品德都很高，管理就达到了无为而治的境界。

用人有秘诀，识人有艺术

炎炎夏日的一个午后，曾国藩收到学生李鸿章的一封书信。在书信里，李鸿章向恩师推荐了三个年轻人，希望他们能在老师的帐前效力。曾国藩放下学生的书信，照例出去散步。

黄昏时分，曾国藩刚回府邸，家人立刻迎了上来，低声告诉曾国藩，李大人推荐来的人已经在庭院里等候多时了。曾国藩在离他们不远的地方停了下来，暗暗观察这几个人。只见其中一人不停地用眼睛观察屋内的摆设，似乎在思考着什么；另外一人则低着头规规矩矩地站在庭院里；剩下的那个人，相貌平庸，却气宇轩昂，背着双手，仰头看着天上的浮云。

曾国藩继续观察了一会儿，胸有成竹地回到房间。很快，曾国藩召见了这三个年轻人，与他们攀谈起来。渐渐地，曾国藩发现，不停打量自己客厅摆设的那个年轻人和自己谈话最投机，自己的喜好习惯他似乎都早已熟悉。相形之下，另外两个人的口才就不是那么出众了。不过，那个抬头看云的年轻人虽然口才一般，但对事对人都很有自己的看法，只是说话比较直，让曾国藩有些尴尬。

出人意料的是，曾国藩并没有把和自己谈得最投机的年轻人委以重任，而是让他做了个有名无权的虚职；很少说话的那个年轻人则被派去管理钱粮马草；最让人惊奇的是，那个仰头看云，偶尔顶撞自己的年轻人被派去军前效力，他还再三叮嘱下属，这个年轻人要重点培养。

在大家实在想不通时，曾国藩说出了用人的秘诀："第一个年轻人，在庭院里等待的时候，便用心打量大厅的摆设，刚才他与我说话的时候，明显看得出来他对很多东西不甚精通，只是投我所好罢了，由此可见，此人善于钻营，有才无德，不足托付大事。第二个年轻人，遇事唯唯诺诺，沉稳有余，魄力不足，只能做一个刀笔吏（掌管文书的小官吏）。第三个年轻人，不焦不躁，竟然还有心情仰观浮云，就这一份从容淡定便是少有的大将风度，更难能可贵的是，面对显贵他能不卑不亢地说出自己的想法而且很有见地，这是少有的人才啊!"曾国藩一席话,说得众人点头称是。"不过,他性情耿直,很可能会招来口舌是非。"说完,曾国藩不由得一声叹息。

那个仰头看云的年轻人,没有辜负曾国藩的厚望,在后来的一系列征战中迅速脱颖而出,并因为战功显赫被册封了爵位。不仅如此,他还在垂暮之年,率领台湾居民重创法国侵略军,从而扬名中外,他就是台湾首任巡抚刘铭传。

【点评】 俗话说:"稻谷的外壳去掉后,就成了没有多大用途的谷糠,但稻谷的精华——大米却成了有用的食粮,它不会因为外壳的失掉而被丢失。"这个精华,用在人身上,就是一个人的内在精神状态和不卑不亢的风度。

三、法家思想与领导艺术

法家思想的"势",是指权势与权力。法家推崇建立中央集权制国家,认为"事在四方,要在中央,圣人执要,四方来效"。意思是,天下四方有事件发生,而要害在中央之地,圣人(对帝王的尊称)把持着要害之所,四方的诸侯都会来朝拜。对于一个组织来讲,法家推崇的是直线制或直线职能制结构,强调身处中央的领导者要强势控制组织的运行。作为领导者来讲,要有足够的权威,要让下属对自己有足够的敬畏,只有这样,才能强力推行法治,才能达到法治应有的效果。

(一)增强法治理念,完善管理机制

韩非子在管理学上给我们留下了宝贵财富——企业管理应当建立成熟、完善、可操作性强的管理机制。他在主张法治的同时,还倡导法治的"公平、公开、公正"地执行,王子犯法与庶民同罪。在中国历史上秦国之所以能灭六国

而统一中国，正是运用韩非子所主张的"法治"才获得成功。

下面，我们以扬子空调有限公司为例，从企业目标、组织架构、管理模式等方面，来详细阐述法家管理思想对现代企业管理的积极影响。

扬子空调有限公司，自2001年1月改制以来，一直将"成为业界最有价值和最受尊敬的企业之一"作为组织的远景目标，同时，每一个战略年度，公司都会制定出一个详细的年度经营目标，其涵盖销售收入指标、产量指标、产品研发指标、工程设计指标、成本控制指标、利润指标、员工收入指标、文化建设指标等方面。正如法家所言：治强才是管理的目标，企业只有通过发展才能强大，只有强大才能逐步实现组织的远期目标。

扬子空调有限公司成立之初，采取的是直线式管理模式，其最大的好处是决策层能够亲自掌控企业运行的每个环节，没有过多的中间管理环节，减少多余的层级，快速反应、高效运行，这在企业初期取得了良好的管理效果。但随着企业的不断发展壮大，公司所要经营的业务范围越来越宽泛，原有的组织架构就无法满足管理的需求。从2008年起，企业大胆尝试对组织架构进行改革，从原来的"直线式管理模式"变革为"事业部制管理模式"，成立了五个事业部，在所有事业部之上，成立一个纯粹的职能管理机构——扬子空调总公司，对全公司的人、财、物进行统一管理和分配。

事业部制的建立，从根本上形成了公司内部的市场化运作机制，做到了通过组织的分工与协同、实现经营的灵活性和有效性，促成了总体管理目标的实现，为企业的健康发展打下良好的基础。

2010年，在原有五个事业部的基础上，又成立了农业人工环境事业部，更进一步实现了专业化的分工和精细化管理。

一个理想的足以控制全局的组织结构，必须要有一个能决定和支配整个系统的控制中心，设立这样一个控制中心的组织系统，是实现对组织有效控制与管理的根本保障。企业的运营，仅有目标和组织结构是远远不够的，必须要有完善的制度作为保障。

（二）既要依赖人治，更要执行得力

中国人受儒家思想的影响根深蒂固，因此，在企业管理过程中过分夸大或过于依赖"人治"，是不现实的。所谓德才兼备，是一种理想化的人才标准。那种企图靠人的"忠诚"来维系企业管理的想法，在物欲横流的今天，在人变得越来越浮躁的今天，的确需要继续努力。而韩非子所主张的"法治"——结合企业实际，建立建全一套成熟的完善的可操作性强的管理制度，再假以不折不扣的执行力，或许是当下企业管理者需要反思与笃行的。

或许当下的企业尤其是中小企业，也许不缺"法治"的环境或基础，但缺失的是所谓的"执行力"。所谓执行力，可以理解为"有法可依，有法必依，违法必究，执法必严"。如果能做到像商鞅执法一样"王子犯法与庶民同罪"，公平、公开、公正的执法，或许企业的执行力自然就有了。当然，在执行的过程中也要因地制宜，在不违背原则的前提下讲究执行的艺术性、灵活性，或许身为执行者才不至于落得像商鞅一样"作法自毙"。

（三）治吏不治民，管理"管理者"

基于"为君主进言献策"这一特定政治目的，《韩非子》所论述的管理对象，是各级政府官员及君主的亲属、侍者，而不是普通民众。韩非子经过一番论述，最后得出的结论是："明主治吏不治民。"意思是说，英明的君主只管治理官吏，而不去直接治理百姓。他强调，只要最高统治者能够选准、用好各级官吏，就可以借助他们而管理控制好众多的百姓，形成"臣下恪尽职守、百姓安分守己"的局面。如此，君主便能安坐于朝廷之上，悠闲自得于闲暇之中，即使清净无为，也能把国家治理好。

韩非子对管理对象的界定,对现代管理具有重要的启示与借鉴。

20世纪,管理学家称之为管理的世纪。世纪之初,经泰罗、法约尔等早期管理学家的努力,管理学作为一门学科得以萌芽、诞生,并进入科学管理时代;进入20世纪70年代前后,随着各种新的管理学理论不断提出,管理学进入了丛林时代,管理学理论的发展可谓蓬蓬勃勃、枝繁叶茂。

进入21世纪之后,学者们却蓦然发现,整个20世纪人类在管理学研究对象界定方面出现了重大缺失,只看到对工人和普遍民众的管理,而将越来越多的"管理者"置于管理的视野之外。于是不少学者提出,21世纪是管理"管理者"的世纪。相比之下,早在战国时期,韩非子就已在实质上提出了管理"管理者"的思想,并就此提出了大量管理之术。这些思想、技巧对解决当前人类面临的管理"管理者"的世纪难题,无疑具有重要的启示、借鉴和参考。

管理分权责,越权为犯禁

战国时期,韩国昭侯在位期间,一次醉酒酣睡于地板上。典衣(掌管衣服的人)恰好不在,典冠(掌管帽子的官员)担心昭侯受寒,取下衣服为昭侯盖上。昭侯醒后发现身上覆盖的衣服,问左右何人所盖。左右说是典冠,于是昭侯下令斩典冠,重罚典衣。

昭侯重罚典衣无可厚非,因为典衣的失职导致君主受寒,在君权时代这是大罪;但昭侯为何下令处斩典冠呢?典冠是使昭侯免于受寒的功臣,如此"功臣"不仅得不到奖赏还要掉脑袋,难道果真是"伴君如伴虎"吗?

细细想来,昭侯的处理,很符合现代管理的精髓。国家的管理和公司的运营一样,组织的有效运转依赖于制度的执行和赏罚分明。典衣被处罚,原因很简单,他没有坚守岗位履行自己的职责,导致昭侯受寒而无人照顾;典冠是负责掌管昭侯帽子的官员,超出任何权限的活动均可视为越权。尽管他出于对昭侯的关心,在没有任何授权的情况下,做了超出职权的事情,"杀鸡儆猴"成为昭侯选择的必然结果。

【点评】 韩非"循名责实"的刑名之术，体现了他的刑名思想和法治思想的紧密结合。他的刑名思想同时也是推行法治的工具，体现了为社会服务的功能。在现代企业管理中，也会出现类似的现象，例如某岗位主管离开后，部门工作无法正常展开等情况。从昭侯醉酒的故事中，可得到对日常管理工作的启迪，以更好地促进组织的运作。就故事而言，从人性的角度看，应该是奖典冠、罚典衣；从管理的角度看，越权比失职更可怕。如果说典衣的行为可通过制度和规范进行约束，那么，典冠的行为则更需要通过操守、道德和文化进行约束。

四、法家思想对建立企业文化的启示

商鞅、慎到、申不害是法家三个代表人物，商鞅重法，慎到崇势，申不害推术。在法制落实方面，商鞅重视对人民思想教化的作用。他认为：接受教育一方面可以开发民智，另一方面又可以画地为牢。教育的作用，既可以解放思想，又可以禁锢思想，通过禁锢思想达到禁锢行为。这二者的区别在于，教育者的动机和目标。

1. 关于企业的文化建设。 商鞅认为，作为实现组织目标的工具，统一思想是统一行为成本最低的方式。严刑峻法毕竟是来自外部的压力，为了保障实施效果，需要大量的监督成本。但思想教育、文化建设却可以让百姓产生自我约束和自我驱动力。不仅可以节省监督成本，还可以起到示范作用。有助于培养统一的心智模式和行为模式。当心智模式和行为模式趋同的组织一旦建立起来，巨大的协同效应即告产生，这样的组织就是一架高效的生产机器。秦国的统一验证了商鞅的理论。实践是检验真理的唯一标准，自此以后，诸子凋零，百家黯然。

上述的启示是，文化建设必须服从于管理需要！治国如此，企业亦然。

国际公认的企业文化，是沙因先生在《组织文化与领导》中的定义：群体在解决其外在适应性与内部整合的问题时，学得的一组基本假定，因为它们运作得很好而被视为有效，因此传授给新成员作为当遇到这些问题时，如何去知觉、思考和感觉的正确方法。

如果把春秋时期的七个国家（秦、齐、楚、燕、韩、赵、魏）比作七个公司，每个公司都有自己的企业文化和治理理念，企业文化本身没有优劣之分，有的讲仁爱，有的讲和谐，有的讲以人为本。在当时，齐国的富庶反应商业文化的精明，楚国的高贵体现贵族文化的传承。这七个公司在当时属于寡头垄断，竞争不太激烈。大家理念不同，实践各异，各色管理咨询师奔波在向大客户兜售各类公司治理方案的路上，都有听众，都能获得掌声。

到战国时期，情况起了变化，一个没什么文化的秦国，他们的企业文化简单粗暴而有效：耕战！公司内部制度设计和治理结构，都围绕这个主题进行。约束很多，激励目标很直接：种好地、多斩首，就能获得奖赏。当所有的七个公司被迫面对生死竞争的局面时，能不能赢，就成了评判各自企业文化优劣的唯一标准。当"赢"是所有成员唯一的最终目标时，能帮助企业达到这个目标的企业文化就是好的企业文化。

2. 关于企业的强势原则。商鞅认为：弱势的国家一定完蛋，强势的国家才能不断扩张。用现在的话说就是，搞不定成员的企业连生存都成问题，更不用说持续发展了。

我们常用"管理有方"来形容组织高效，殊不知，只有强势的企业才能让员工做到训练有素。强势文化的企业不一定是成功的企业，但成功的企业一定是强势文化的企业。生存环境的恶劣、竞争环境的严酷是催生强势企业文化的外因，但一个具有强势性格的领导作为领导核心，无疑具有决定性作用。乔布斯之于"苹果"，柳传志之于"联想"，任正非之于"华为"，无不如此。这些领导人严格而专注、甚至偏执，对组织行为强调执行和效果几乎冷酷无情，但很奇怪，这样的企业员工对其认同感反而高于平均水平，产生的组织绩效有目共睹。可见，员工只会对强势的企业产生信赖和依靠，威的力量要远远大于爱的力量。

那么，如何使约束和激励的关系达到平衡呢？

商鞅认为，激励必须建立在约束基础上才能真正发挥作用，在企业内部，约束是永恒的普遍的，而激励是偶尔的稀缺的。

只有把严格约束作为日常管理行为的组织，激励的效果才能最大化，一个组织普通人多而优秀的人少，对普通人持续而严格的约束，可以保障让普通人达到合格的标准，对优秀的人奖赏可以让他们为组织做出超常贡献。

至于约束和激励的比例关系，商鞅认为最佳的比例是九刑（惩罚）一赏（奖赏），其次是七刑三赏，再次是一半激励一半约束。这个比例是怎么计算出的不得而知，但商鞅强调的重点在于：约束是常态，激励是非常态，要奖励那些特别突出的优秀行为和个人。

激励的另外一个原则是激励必须和目标对应，如果目标过于分散则会削弱激励的效果。激励的方向太多，就等于没有激励。作为关键绩效指标的精髓在"关键"二字，如果指标过多，就无法起到行为引导作用。有的企业家不明白这个原则，既想鼓励员工竞争，又想鼓励员工合作，这样，无论竞争还是合作，都做不好。

3. 关于企业的低智化。 中国历史上，中原高级文明形态多次被北方游牧少数民族打败，五胡乱华，蒙元灭宋，满清灭明，世界历史上蒙古大军横扫欧洲，哥萨克骑兵捣毁金帐汗国，野蛮的哥特人灭亡了文明的罗马帝国，历史已多次证明，高智商的未必战胜低智商的社会形态。文明并非必然战胜野蛮。低智化在一定条件下甚至成为某种优势。

改革开放以来，大量本土企业经过野蛮生长在市场上站稳脚跟，赢得消费者的信任，其组织内部并没有什么高深的管理理论和复杂的管理体系。做好工作，完成组织任务就是员工本分。

一位咨询师到山东某企业进行企业文化咨询，给员工大讲自我价值的实现和自我驱动理论，结果，培训完之后员工都想去创业了，要不就和企业谈自我实现的条件，这样的咨询对员工个体完成了高智化启蒙，但动摇了企业的军心,搅乱了队伍的思想,人心一旦涣散再收可就难了。成员的低智商并不妨碍组织的高效率,听上去如此刺耳的话,被历史与现实一遍一遍地证明过。

就是这些犀利的咨询方案让秦国完成了统一,建立起强大的中央集权帝国,但这些方案过于犀利,缺乏包装,结果被秦二世所亡。后世感叹商鞅"知其为秦开帝业,不知其为秦致亡道。"意思是说,只知道商鞅为秦朝开创了帝业,却不知道给秦朝招致了亡国的原因。虽然实施落地时出了点问题,做死一个大客户,但商鞅方案的基本指导原则还是正确的,汉承秦制,"项目建议书"改个名字继续用,这个客户比较聪明,虽然实施的还是同样的体系建设项目,但增加了一套温情的文化识别说辞,正所谓"罢黜百家,独尊儒术"是也。从此完善了整个方案,形成了"儒表法里"的基本治理框架。一用就是两千年,才有了后人评论说:"中国两千年之政,秦政也。"

自秦以后的帝王,袭秦政,奉荀学。至于孔孟的儒家,老庄的道家,还有后来传入中国的佛教,都是用来加强法家统治的辅助手段,是整个管理大厦最外层的装修。而这座大厦的基石和主体框架,两千年以来从未改变。

当今中国的经济发展没有成例可循,经历了初期的探索犹豫之后,成功的现代企业大部分找到了在管理上把西方的管理科学与中国传统的治理思想有机结合发展自己企业文化的道路,而这种传统的治理思想,就是商鞅所代表的法家思想。

商鞅变法,徙木立信

公元前361年,秦国的新君秦孝公即位。他下决心发愤图强,首先广泛搜罗人才。他下了一道命令,说:"不论是秦国人或者外来的客人,谁要能使秦国富强起来,就封他做官。"

秦孝公的号召,吸引了不少有才干的人。有一个卫国的贵族公孙鞅(即商鞅),在卫国得不到重用,来到秦国,经人引见,得到秦孝公的接见。

商鞅对秦孝公说:"一个国家要富强,必须注重农业,重视奖励将士;要把国家治理好,必须有赏有罚。只有有赏有罚,朝廷才有威信,一切改革也就容易进行了。"

秦孝公完全同意商鞅的主张,可是,秦国的一些贵族和大臣却竭力反对。秦孝公一看反对的人这么多,自己刚刚即位,怕闹出乱子来,就把改革的事暂时搁了下来。过了两年,秦孝公的君位坐稳了,就拜商鞅为左庶长(秦国的官名),说:"从今天起,改革制度的事全由左庶长拿主意。"

商鞅起草了一个改革的法令,但是怕老百姓不信任他,不按照新法令去做。于是,就先叫人在都城南门竖了一根三丈高的木头,遂下命令说:"谁能把这根木头扛到北门去,就赏他十两金子。"不一会儿,南门口围了一大堆人,大家议论纷纷。有的说:"这根木头谁都拿得动,哪儿用得着十两赏金?"有的说:"这大概是左庶长成心开玩笑吧。"大伙儿你瞧我,我瞧你,就是没有一个敢上去扛木头的。

商鞅知道老百姓不太相信他下的命令,就把赏金提到五十两。没想到赏金越高,看热闹的人越觉得不近情理,仍旧没人去扛。正在大伙儿议论纷纷的时候,人群中有一个人站出来,说:"我来试试。"他说着,就把木头扛起来,一直打到北门。商鞅立刻派人赏给扛木头的人五十两金子,一分不少。

这件事情成了爆炸性新闻,一下子轰动了秦国。老百姓争相传说:"左庶长的命令不含糊。"

商鞅知道,他的命令起了作用,就把起草的新法令公布了出去。新法令赏罚分明,规定官职的大小和爵位的高低以打仗立功为标准。贵族没有军功的就没有爵位;多生产粮食和布帛的,免除官差;凡是为了做买卖和因为懒惰而贫穷的,连同妻子儿女都罚做官府的奴婢。

秦国自从商鞅变法以后,农业生产快速发展了,军事力量很快强大。这就是"南门立木"或"徙木立信"典故的由来。

【点评】 现代企业,如果管理者对企业政策朝令夕改,对承诺言而无信,在困境中轻言承诺,之后又轻言毁约,以为员工不能怎样,那么优秀员工流失,企业人才匮乏就会成为常态。反之,不轻易承诺,不轻言毁诺,言出必行,不但可以取信于员工,取信于客户,取信于市场,更能形成一种良好的文化习惯,在企业的发展壮大中不断强化成企业文化基因。

五、法家思想对企业发展的影响

韩非子作为法家思想的集大成者,他主张以法治国、用术御臣、以势制人,将"法""术""势"三者有机结合在一起,使其成为不可分割的整体。

在赏罚上,他主张"法治",反对"人治"。认为人人皆在赏罚的控制之中。由于人都是趋利避害的,因此,没有人会选择刑罚,也不会有人愿意主动放弃利益。于是,赏之所在及利之所在,也即是令之所在与行之所在;而罚之所在及害之所在,也即是禁之所在与止之所在。所以,只有赏罚分明,才能政令畅通,各就其位,各司其职。

(一) 法家思想对企业管理的作用

法家思想对企业管理的作用,主要表现在以下几个方面。

1. 以法治国的运用——加强刚性管理。 我国企业管理起步时间较晚,管理也未形成有效的模式。"人治"管理极大程度的体现在现代企业管理之中,重感情而轻制度,重礼教而轻法治,企业管理者凭个人喜好办事的现象比较严重。严格说来,我国企业管理中存在着德行管理有余,刚性管理不足的现象,即制度与规则、管理与执行不足。

法家以法治国的思想,非常值得现代企业管理者借鉴,即依照严格的制度、完善的机制来管理企业,使企业做到权责利明确,制度简洁清晰,便于有效的贯彻执行。"国无常强,国无常弱。奉法者强则国强,奉法者弱则国弱"。

这是韩非子总结当时各国进行的经济、政治与法制改革的经验与教训得出的结论。这个结论，对秦以后的历史发展起着重要的警示作用。历史经验证明，当秦以法治国时，国富兵强统一天下。秦二世以后，毁法滥刑，转瞬而亡。

隋初厉行（严格实行）法制改革，制定了著名的《开皇律》，使得经济发展、国家强盛。但至隋炀帝时"宪章遐弃"，不以"官人违法为意"，结果"人不堪命，遂至于亡"。

弃人治、重法治，建立起一套科学的决策机制，健全企业管理制度并实行依法经营管理，是我国企业走向成熟稳定与健康可持续发展的一条必由之路。

2. 以术御臣的运用——对人优化管理。对人力的管理，在现代企业管理中是非常重要的组成部分。随着经济发展，市场竞争愈加激烈，人力成本在企业中的比重越来越高，成为企业挖掘潜力、获得先机的根源。现代企业流动性最强的是具有一定学历与专业技能的管理人员和技术骨干。这部分人才可谓企业中的精英，拥有较高的教育背景、掌握了一定管理知识或比较核心的技术，有较大的择业范围和发展空间，极易被其他企业挖走。而且企业人才的大量流失，会导致员工士气低落、效率下降、人心涣散，对企业的负面影响是很大的。这个时候，如果企业的人力资源管理存在缺陷，员工情绪积累严重，就有可能发生员工集体离职潮，祸及企业的正常运行与未来发展。而人才流失的原因，除了对本企业薪酬不满或者其他企业提供更高的报酬之外，企业高层管理人员管理水平不高也是一个重要原因。人才层次越高，越看重企业的发展前景、文化氛围和发展空间，如果人才与高层管理人员在理念等方面分歧严重，会加速人才的离职跳槽。

有的企业对人才所持的是功利价值观，片面追求人才使用的成本最小化，一味在降低人力成本上下功夫，而忽视了人才自身的个人价值实现、发展和受尊重等需求，所以才无法留住人才、激励人才和吸纳人才。而法家则相当重视官吏的选拔和使用，韩非子也认为得人才者得天下，"治吏"的问题解决好了，"治民"进而"治国"的目的就不难实现。他明确指出：把政事交给什么人，是国家存亡治乱的关键，如果没有手段任用人，无论怎样都会失败。所以，任贤使能是富民强国不可忽视的治国之道。纵观历史，凡是走向衰亡的朝代，其中最重要的一条就是所用非贤。唐太宗曾告诫他的大臣说："为官择人不可造次，用一君子则君子皆至，用一小人则小人竞进矣。"（《资治通鉴·唐纪十》）在选拔官员时，一定要慎之又慎，不可马马虎虎、草率从事。用一个德才兼备的贤能之人，所有的贤良俊杰都会不约而同地聚集到朝廷为国效力；反之，用一个小人，所有的小人都会如蝇逐臭一样争先恐后地钻进官场。

法家学说的理论基础是"人性好利和君主至上"。法家强调人性好利、道德教育是徒劳的，因此，需要运用强权和刑法来统治人民。韩非子认为，君臣之间也是充满着利益关系的，君臣不是父子那样的亲属关系，而是从计算利害出发的。所以，在这"人人皆自为之心"的社会里，只有用"爵禄"才能鼓励群臣去做有利于君主的事。所以说，韩非子的法术，在人性上找到了支点。鉴于人人自私自利，君主就可以运用赏罚来驾驭群臣，同时赏罚必须分明。而作为君主，需要循名责实、审核言论、明辨是非。韩非子在《奸劫弑臣》中曰："循名实而定是非，因参验而审言辞。"即要遵循思想和实际是否一致，来判断"是"还是"非"；要通过"参验（检验，验证）"，来审查言辞是否正确。意思是应当根据名和实是否一致，来判定一个人的言论是非；需要通过比较和验证，来判定一个人的言论是否正确。

(二) 法家思想重法律而轻道德

现代社会，距韩非子的时代已经过去几千年了，几千年来，社会发展日新月异，法家思想也必然会有与之不相容的局限性。

法家主张，以严刑峻法（严酷峻刻的刑法）来推动政策的实施，轻视甚至否定道德感化的作用。后期法家甚至将法治发展到了极端：重刑轻民（重视刑事诉讼而轻视民事诉讼）。这种极端的思想，对现代企业发展是有消极作用的，在现代生命力旺盛的优秀企业，必然有自己优秀的企业文化和良好的道德氛围，一旦企业管理者将管理重心完全放到企业规章制度的制定与实施对员工的惩罚上，而忽视了企业文化、企业道德，那么也会阻碍企业的有效发展。

进入 21 世纪，国际竞争日益激烈，现代企业已经发展到了核心竞争力的竞争。我国在借鉴西方发达国家现代企业管理理论，确实促进了企业的发展，但是中西方巨大的文化差异以及不同的具体国情，建立在我国优秀传统文化基础上的企业管理理念，才是真正的核心竞争力所在。法家管理思想，是我国传统文化的宝贵财富，通过对其理性分析、合理提炼，对现代企业管理具有积极的借鉴意义。

秉公执法，连理挡驾

楚庄王规定，大臣百官及诸公子的车辆，都不能驶到茅门（王宫五门之一）。有一次，楚庄王紧急召唤太子，因天刚下过雨，平地积水难行。太子把车子直接驶到茅门，这时连理（人名，茅门警卫）挡驾，举起兵器刺伤马匹。太子跑进朝堂向父王哭诉，最后，楚庄王让太子由后门离去了。这件事过去之后，楚庄王只晋升了连理的薪俸，未因此而升连理的官职。

茅门是楚庄王专门用来办公的特区，为了保障楚庄王的安全和干净整洁的办公环境。结果，因为下雨、积水等变数而发生了故事中的事情。

其实，等太子哭诉之后，楚庄王还对太子说了以下的话："我是快要退位的老王，你是马上要上任的新王，连理这样做，难道是因为他笨吗？他就不怕因此得罪了你，等你继位后招来祸患吗？这些他肯定知道，但是他为了保护老王而得罪马上就任的新王，其实是很了不起的，你懂吗？"为了避免太子为难连理，楚庄王专门让太子从后门出去了。

【点评】 法有弹性，是一定要树立的一个观念，要想使事情圆满，还要学会在这个弹性之内坚持衡情论理（衡情论理：根据实际情况进行折中调和）。讲究情理，就是坚持衡情论理，也就是要在法的范围内同时考虑情。圆满就是大家都有面子，故事中的结局弄得大家都没有面子，太子首先没有面子，奉旨见父却被搞得灰头土脸；楚庄王也没有面子，召见自己的儿子，还会出现这样的局面；连理也没有面子，奉公守法，结果落到这个下场。就是因为缺乏变通，致使这样不好的结局产生。天下事没有不能变通的，如果不能变通，只有一个原因——那就是"用错人了"。

第五章　兵家思想与企业管理

兵家智慧被运用到企业管理之中，成为企业管理者制定战略的宝贵财富。军事管理与现代企业管理，虽然对象不同，原理大同小异。在军事上，根据形势制定战略，选择良将，排兵布阵，是为了打胜仗；在企业里，根据市场环境制定发展规划，选择适当的管理者，组织各个部门和所有员工共同努力，是为了占领市场。所以，军事管理和企业管理的目标、原理和方法都是相通的。

兵家思想对企业管理的决策、计划、组织、指挥等都有重要作用。兵家的谋断、运筹、统帅和约束职能，相当于企业管理中的决策、计划、组织、指挥和控制职能。兵家对这方面的论述与思想，均可运用到企业管理中。

一、兵家思想与企业行政管理

《孙子兵法》被誉为"世界古代第一兵书""兵学圣典",如今日益受到企业管理者关注,而日本企业家又将《孙子兵法》的思想应用于企业管理之中,堪称一大智举。这部生于本土、源于本土、高度浓缩和体现大智慧的传世杰作,其影响已超出军事领域,已深入政治、经济等社会生活的各个方面。在加速推进我国企业管理现代化的进程中,作为身逢盛世的现代企业家和经营者,借鉴《孙子兵法》中关于管理艺术的思想方法,具有重要的时代价值。

(一)把握全局,择人任势

孙子在《势篇》中讲道:"故善战者,求之于势,不责于人,故能择人而任势。"意思是说,善于指挥打仗的将帅,他的主导思想应放在依靠、运用、把握和创造有利于自己取胜的形势上,而不是去苛求手下的将士,因此,他就能从全局态势的发展变化出发,选择适于担当重任的人才,从而使自己取得决定于全局性胜利的主动权。这是孙子对领导艺术所做的一个高度精辟的概括和论述。深入领略"择人任势"的思想,对今天企业领导者而言,具有丰富而深刻的内涵。

孙子所讲的"势",是指由一个方向向另一个方向发起军事挑战或进攻,由此形成使双方或多方面临的军事"战势"。把它引用到企业经营中,企业谋划的某一重大经营决策,或在市场竞争中所展现的某种如科技进步、产品开发、营销策划等竞争态势,由此形成各种面临的"商势"。但不论是"战势"或"商势",都有一个作为"求之于势"的问题。按照孙子的思想,求势的根本是"取势",即在充分把握势态发展变化中,实现制胜的战略目的。

若要"取势",必先"识势"。所谓"识势",有两层含义,一是对形势的发展和趋向变化,要有超前认识的目光和谋断能力;二是对自己是否具有取势的条件和实力,要有清醒的认识。因此,"识势"是"求势"的前提条件。正因如此,世人才把"识时务者"称为俊杰之才。但是,如果一个统帅者,虽有"识势"的战略眼光,身边也有能担重任的人才,如果不能充分使用,最终还会落入"失势"的境地。这是在市场竞争中,企业经营成败的一个关键问题。

著名汉相诸葛亮,对街亭战略地位的卓识、对抢占天时地利方面的远见,都胜过司马懿,只因关键时刻错用马谡为将,结果造成全军溃败,幸亏事先采取了一些保护措施,才避免了全军的灭顶之灾。由此可见,在对形势的利用和把握中,"择人而任"是决定事业成败的关键。同时也体现出不同的人才,只有在适合于发挥其才能的位置上,才能产生创造性的能量。所以,卓越的统帅者,只有对人才善于因势而用、放手使用,才能依势造势、保证战略意图的贯彻实施,牢牢把握制胜权。

孙刘联合破曹之后,诸葛亮料定曹操必败走华容道。派谁去担当此任,事关重大。诸葛亮从大局考虑,此时若把曹操杀掉,局势必将更加混乱,将会变得难以收拾,不利于"三分天下"战略方针的实现,于是定下"捉而放之"的战略意图,但又不能明言。关羽是"忠义"之杰,诸葛亮派他去守关,收到了"一举两得"之效,若换上张飞,就会坏了大事。由此可见,善于"择人任势"的一举之妙,可以创造决定未来全局战略的时势。

一个人往往在某一方面有突出的才干,而最适于某项特定的工作,扬其所长,用其所能,可成人才;抑其所长,用其所短,则成庸才。一个统帅者,倘若埋没了一个人最有价值的长处,就是对人才的摧残和毁灭,同时也是对国家事业的摧残和毁灭,是最大的不仁不道。由此可见,善于识才用才者,就是大德大才者。在实际用人中,不能量才使用、择人任势者,除其品德素质之外,就是在人才的效益思维上存在盲点。由于人的才能越大、特长越突出,其显露的缺点也越多、越明显,领导者常常对引人注目的缺点看得多、听得多,乃至将其缺点与优势的个数相加减，结果得出人才价值的负值。殊不知，一个人最大的长处在数量上可能只有一个，但其产生的价值效益却是无可估量。

三国时，刘备出于为关羽、张飞之死雪恨，举70万大军伐吴，吴国的形势岌岌可危。由于孙权力排众议，大胆起用了一个胸怀雄才大略的"书生"陆逊，火烧蜀军连营700里，使吴国转危为安。美国南北战争时期，林肯曾用过三四位将领，标准是无重大过错，结果都被南方将领击败。他接受这一教训后，决意起用嗜酒贪杯却能运筹帷幄的格兰特担任总司令，当时有人极力劝阻。林肯却说："如果我知道他喜欢什么酒，我倒应该送他几桶，让大家共享。"后来的事实证明，正是对格兰特的任命，使南北战争发生了根本性转折。管理学家杜拉克有句名言："人的长处，才是一种真正的机会。"大凡高明的领导者，无不深明其意：要以人的长处运用为机会，识察人的长处，择人任势，就能不失时机地赢得事业的成功。这正是今天企业领导者，需要学习、汲取的用人之道。

（二）令之以文，齐之以武

《孙子·行军篇》中说："故令之以文，齐之以武，是谓必取。"意思是说，要用"文"的手段即用政治道义教育士卒，用"武"的方法即用军纪来统一步调，这样的军队打起仗来就必定胜利。"令之以文，齐之以武"体现了孙子文武兼施、德威并重的治军思想和治军原则。这一思想和原则，也同样适用于企业管理。

孙子所讲的"文、武"之道，也就是现代企业的"硬性"与"弹性"管理。企业管理是一个过程，是管理者向被管理者施加影响和控制的过程。同时，管理又是一种艺术，决定这一过程和艺术的对象是人，核心也是人。对人的管理和协调，既可以借制度约束、纪律监督、强制手段等进行刚性（硬性）管理，也可以依靠感召、启发、诱导和激励与奖惩等方法进行弹性（柔性）管理。其中，组织管理的战略、体制、结构等是硬管理，依据员工思想、企业文化和共同的价值观，进行的人性化、人格化管理是软管理。

在孙子的"文治"思想中，值得现代企业借鉴的有以下几个方面。

1. 施以仁爱、尊重和关心。这是"文治"思想的本源。他在《地形篇》中说：把士兵当成小孩照顾，和他们一起共赴深溪（喻危险之地）；把士兵当成自己的儿子看待，和他们一起作战。这种仁爱士卒的思想，是古今名将治军成功的一个共同原因。今天，企业管理中仁爱员工的思想，已有崭新的时代内涵。例如，为了强化企业特有的凝聚力和竞争力，日本企业十分注重塑造"人和""人贵"的企业文化。日本企业管理的特色之一就是"家族主义"，当职工受雇于某个企业时，就像加入了一个家族一样，企业领导者好比家长，部门主管好比兄长，所有员工都是企业大家族的成员。在这个企业中，员工像家庭成员一样，晚辈要听从长辈指导，长辈要关心爱护晚辈。家庭成员之间更要互相爱护、互相帮助。每个家庭成员都应爱护这个家，积极参与家庭活动。在日本企业中，经理往往能叫得出全厂职工的名字，十分熟悉每个员工的情况。企业还会经常组织运动会、联欢会、纳凉会、恳亲会、野餐会、忘年会等，全体员工甚至家属都参加，以此形式，员工将感情、利益与企业的命运融为一体，把企业当作自己的家。

2. 激励下属实现自我价值。激励是管理的重要职能，及时而科学地表彰先进和激励优秀，关系到组织活力的营造。在企业管理中，对有功者给予物质奖励固然重要，而给予精神激励更为重要。W·曼彻斯特指出："一个人不会把自己的生命出卖给你，但却会为了一条彩色的绶带而把生命奉献给你。"由此可见，精神激励在激发人的工作积极性方面，能收到巨大的效果。正是这样，日本企业的管理者都特别重视精神激励。日本一家钢管厂的一个工人，发明了一种新的焊接方法，使每次焊接时间从 5 分钟减至 3 分钟，仅此一项创新，每年可为企业节省 10 亿日元。这个工人得到的不是一大笔奖金，而是最高荣誉奖章，但这一殊荣却使这位工人感到比得到奖金更为自豪和满意！这是因为他的自我价值得到了充分的尊重和实现。

柔性管理，在现代企业管理中具有很强的激励作用，采取柔性管理的方式，主要是满足员工的高层次需要，特别是自我价值实现需要的成就感。随着社会经济、科技、管理和现代文明的发展进步，作为管理主要对象的人，经历了从古典理论的"经济人"向现代理论的"社会人"转变，更加重视社会的心理因素，受人尊重、自我价值的实现和群体士气，成为员工的高级需要和追求，也成为影响工作积极性及组织工效高低的关键因素。因此，海尔集团公司在强化建立目标系统、日清日高系统等硬性管理的同时，不断进行创新激励，实行优秀员工、合格员工和试用员工的"三工并存、动态转换"政策，实行合格班组、免检班组、自主班组的"班组升级"制度，并通过设立海尔奖、海尔希望奖、员工合理化建议奖和以员工名字命名的小改革等形式，对职工进行精神激励，使每个员工都感到自身价值的存在，使企业形成了浓郁的尊重科学、激励上进、奋发进取的文化氛围，由此推动企业飞跃发展。

3. 加强职工教育，统一上下思想。柔性管理强调组织共同价值观的培育与塑造，通过构造适宜的良好的组织气氛，创造先进的思想和积极的态度，这就需要加强思想教育。有战略眼光的企业领导者无一不把职工教育，尤其是职工思想教育置于企业发展的首位，目的在于培养一支高素质的有竞争力的员工队伍。

当今，职工教育已成为企业发展的一项重大战略，现代企业家首先应成为善于施教于人、懂得营造人才的教育家。这不仅是时代的呼唤，也是市场竞争的需要，更是管理科学和领导艺术。

孙子所讲的"文、武"之道，即企业管理的软管理与硬管理，这两者之间既相互区别，又相互渗透、相互影响、相辅相成。硬管理是软管理的依托和基础，对软管理的实施往往具有决定性的作用；失去硬管理的支撑，软管理难以收到理想的效果。软管理则是硬管理的"导向器""润滑油"和"催化剂"，能起到硬管理不可替代的作用。只有实现二者的结合——文武结合、软硬结合，才能在竞争中制胜，并取得最佳效果。

企业是现代化生产经营的场所，具有极其复杂的经营管理系统，包括计划、生产、技术、质量控制、营销、财会等，企业职工众多，分属各个系统，各有不同的职责范围。要使整个系统像一台机器一样,要达到快速高效、协调运转,就必须建立健全科学严密的组织与管理机构、完备的规章制度和严格的管理法则。同时,还必须有一个共同的价值观、企业文化和精神氛围,只有这样,才能使职工的创造潜能得到充分发挥,思想步调向同一目标前进。

(三) 知胜之术,上下同欲

《孙子·谋攻篇》中讲道:知胜有五,其中之一是"上下同欲者胜"。意思是说,官兵同心同德,上下齐心协力,就可以夺取战争的胜利。这是孙子提出的分析决定战争胜负的一个最根本的条件。那么,怎样才能使上下同欲呢?一是目标一致。以信仰与正义使官兵同仇敌忾、全力以赴,或以利益使上下齐心协力。二是荣辱与共。君主、将帅要与士兵同甘苦共患难,才能激励士兵奋不顾身。请看田单攻打狄邑的故事。

齐国名将田单在即墨之战中,曾用火牛阵大破燕军,收复失地70余城。

公元前279年,田单准备攻打狄邑。临行前,去向齐国谋士鲁仲连告别。鲁仲连却对田单说:"将军此次攻打狄邑,难以取胜。"田单听后,不悦道:"我在即墨作战时,曾以老弱残兵大破拥有兵车万乘的强大燕国,收复了齐国失地70余城。如今齐国兵强车盛,声名赫赫,难道连小小的狄邑之地都不能攻克吗?"说完,上车不辞而别。

田单发兵攻打狄邑,把狄邑围困得如铁桶一般。但却如鲁仲连所预料的,三个月都没有攻下来。齐国的童谣唱道:"大冠若箕,修剑柱颐。攻狄不能下,垒枯骨成丘。"意思是说,戴的官帽像簸箕一样大,身上挎的长剑能抵到腮帮子,可是带兵攻打狄人却不能取得胜利,我方死难将士的枯骨都快垒成山丘了。听到国人唱歌谣讽刺自己,田单感受到了社会舆论的巨大压力。

田单此时才醒悟过来,就去向鲁仲连请教。鲁仲连说:"将军在即墨，虽贵为主帅，但坐下来就与士兵一起编织草袋，站起来同士兵一样拿锹干活。当时，将军有必死的决心，士兵也同样如此，听到你的号令没有不挥泪振臂纷纷请战的，上下同心，这是打败强敌燕军的原因。如今，将军东有夜邑的租赋供奉，西有淄上可寻欢作乐；金带围腰，驱车跃马于淄、渑之间；已无昔日决死的雄心，所以就不能打胜仗了。"田单拜谢道："谢谢先生教诲。"他回到部队后，如同换了一个人。他亲自巡狄邑城防，站在炮石如雨之处，挥槌擂鼓，激励士气。士兵勇气大增，冲锋陷阵，很快就攻下了狄邑。

所以，要使军队能"上下同欲"，就要将帅与士兵能共患难、同安危，以一人之心争取万人之心，这样全军上下才能团结一致，共同奋战。

"上下同欲者胜"的谋略，同样可以用于现代企业。企业要在竞争中取胜，关键是能否调动职工的积极性，而职工积极性的调动，很大程度上取决于管理者与被管理者目标和利益是否一致。

美国得克萨斯州一家电器公司，因经营不善濒临倒闭，董事会决定聘请日商管理。日本人走马上任后，一连使出三招，使该企业面貌焕然一新。

第一招是清扫环境。日本经理将职工召集在一起，请他们喝咖啡，还每人赠送一台半导体收音机。日本经理说："你们看看这么脏的环境，怎么能搞生产呢？"于是大家一齐动手，清扫环境，粉刷厂房墙壁，面貌大为改观。

第二招是增进感情。经理一反资方与工会对立的传统，主动拜访工会负责人，希望能"互相协作，多多关照"。此举使工人消除了戒备心理，在感情上与公司靠近了。

第三招是加强信任。工厂需要增加劳动力，经理没有招聘社会上的青壮年劳动力，而是把以前该厂解雇的老职工全部请回来，重新雇用。这样一来，工人们对公司很信任，生产效率急转直上。

因此，优秀的高层管理者，都把主要精力和智慧用于企业的经营思想、经营理念和经营战略上，并始终把战略决策置于企业经营的首位，以此保证企业不断走向兴旺发达，以此焕发全体员工忠于职守、肝胆相照、休戚与共的献身精神和创业热忱。这正是今天的企业管理者学习、借鉴《孙子·谋攻篇》中"上下同欲者胜"的本质思想之所在。

太宗开明，与民同利

唐太宗是位开明的皇帝，一反历史上许多帝王与民争利、向民夺利的做法，提出了"与民同利"的思想。

贞观初年，天下大旱，关中百姓有的卖儿卖女。唐太宗李世民为了社稷安定，曾祈求上天，可上天仍不赐雨，唐太宗又要开渭河引水灌溉，但遭到大臣的反对，大臣们说，开渭河会像隋炀帝开运河那样累及百姓，使天下怨声载道，请太宗慎思。

唐太宗李世民慎思之后，再次上朝，面对众臣说："前日上朝，诸位爱卿担心朕将如隋炀帝那样，开渭河累及百姓，使天下怨声载道，劝朕慎思。朕慎思再三，辗转反侧，夜不能寐……朕终于想通了。古时大禹开山治水，跟从他的百姓历尽艰辛，无一人怨恨，那是因为大禹与自己的百姓同苦同利。隋炀帝开运河，修建奢侈的宫殿，图的是一己私欲，损害的是天下臣民，所以百姓揭竿而起，推倒了风行万里的大隋。今日朕开渭河，为的是百姓，图的是五谷丰登。朕不敢说与大禹同举，但朕愿效仿大禹，与百姓同苦同利！"

朝臣无言地看着唐太宗。唐太宗对众臣说："今日，朕身体力行，亲往渭水开河。朕不诏命你们，愿跟从朕的，朕欢迎，不愿跟从的，朕也不责怪。"

【点评】 唐太宗"与民同利"的思想，与孙子的"上下同欲者胜"，有异曲同工之妙。管理企业亦是同样的道理，尤其是发展中的企业，如果在前进中坚持了"上下同欲"的原则，那么企业就会生机昂然，蒸蒸日上了，企业发展的内在动力，将会使企业持续发展，财源滚滚。

二、兵家思想与企业信息管理

无论是过去还是现在,信息对管理具有重要影响,因为信息是决策的基础,是预测和判断的依据,是及时纠偏、防止失败或减少损失的前提。先秦兵家军事论著中,对此有较成熟的思想,特别重视信息管理在用兵作战中的决定性作用,其中著名的论断有:"知己知彼,百战不殆;不知彼而知己,一胜一负;不知彼,不知己,每战必殆。"(《孙子·谋攻篇》)意思是说,在军事纷争中,既了解对方,又了解自己,百战都不会有危险;不了解对方而只了解自己,胜败的可能性各占一半;既不了解对方,又不了解自己,结果只能是每战都有危险。

《孙子兵法》开篇即说:"兵者,国之大事,死生之地,存亡之道,不可不察也,故经之以五事,较之以计而索其情。"意思是说,战争是国家的头等大事,是关系民众生死的所在,是决定国家存亡的途径,不能不认真加以考察、研究。所以应该以五个方面的情实为纲,通过具体比较双方的基本条件,来探讨战争胜负的情形。所谓"索情",就是掌握信息。兵家认为,高质量的索情必需具备两个特征——客观真实性和全面精细性。

客观真实性,是指在索情活动中,应该摒弃任何带有主观色彩的方法或手段。孙武明确反对三种"索情"方法:一是占卜问神,二是对信息作经验主义的模拟揣测,三是运用陈旧方法对信息作教条主义的演绎、验证。正确的"索情"方法应该是不掺杂主观成分,这样才能确保信息的客观与真实。

全面精细性,是指应当搜集所有相关信息。唐代著名军事家李靖说:"料敌者,料其彼我之形。"他所说的"彼我之形",就包含了将吏、主客、排甲、器械、教练、地势、城池、骑畜、粮储、工匠、资货等。而孙武将影响战争胜负的诸多信息归纳为五事:"一曰道,二曰天,三曰地,四曰将,五曰法。""道",是指敌我国情、政情;"天",是指各种气象情况;"地",是指各类地形、地物;"将",是指将帅统领军队、训练士卒、提高战斗力的才能;"法",是指军队管理、后勤供应的制度与法令等。可以说,与军事有关的方方面面的信息,都在搜集之列。其实,不唯军事谋略如此,政治、外交、商战等谋略的成功,都离不开全面掌握信息。

收集到信息之后,兵家还主张要进行分析。因为搜集到的信息,往往是零碎的、杂乱的,仅凭这些信息素材,仍然无法形成正确决策,因此,重要的工作是对信息的分析,即孙子所说的"较计"。"较计"包括整理、分析、比较诸方面的内容。剔除与军事无关的信息,从而使表面上互不相关的信息素材系统化、条理化,从中找出有利用价值的信息,比较敌我双方的优劣长短。孙子就"五事"相对应地提出了"七计",即双方君主哪一方施政清明、哪一方将帅更有才能、哪一方拥有更好的天时地利、哪一方军纪严明、哪一方兵力强大、哪一方士卒训练有素、哪一方赏罚分明。通过这些分析比较,就能判断谁胜谁负了。分析比较的目的,在于以己之长,克彼之短。

孙子名言"知己知彼,百战不殆",是战争中的真理。对于企业管理者来说,也是行之有效的至理名言。说起"知己知彼",其中"知己"是取胜的根本条件,"知彼"是取胜不可或缺的因素。只有"知彼"才能获得先机和主动权,才能有针对性的排兵布阵,从而大大提高获胜的概率。"知己知彼"要求企业领导者必须掌握两方面的情况,即企业外部信息管理和企业内部信息管理,二者缺一不可。

(一) 企业外部信息管理

要加强企业外部信息管理,应做好以下几个方面。

一是自然条件信息。如气候、地理、水文、资源等,对企业选址的影响。

二是政治动态信息。如国家形势,政策政令等,对经营者的限制和要求。

三是社会风尚信息。如消费者的文化水平、宗教信仰、风俗习惯、审美观与价值观等。

四是经济状况信息。如国家经济制度与发展趋势，消费者收入水平与消费方式等。

五是科学技术信息。如世界科技发展现状与动态，企业生产所需技术设备等信息。

六是市场需求信息。如目前何种产品短缺或过剩，消费者的购买力和需求状况的分析等。

七是竞争对手信息。如主要竞争对手、潜在竞争对手的相关情况等。

（二）企业内部信息管理

要加强企业内部信息管理，应做好以下几个方面。

一是企业综合信息。即所拥有的物质条件，包括资金、设备、生产及运输工具等可用资源。

二是企业销售信息。销售信息包括销售范围、销售渠道、销售方式、销售人员队伍等。

三是经营管理信息。经营管理信息包括领导班子的结构、能力和责任意识、企业管理体制、组织法规制度、目标和计划等。

四是未来发展信息。企业的未来发展信息包括经营战略、研发技术、开发新工艺、新产品能力、危机处理能力等。

只有对上述信息了如指掌，才能行动起来不会迷惑，战术变化不会穷尽；才能扬长避短，提高决策的自觉性，减少盲目性，使企业沿着正确的方向前进。在实践中，"百战百胜"并不算是好中之好的战争指导、高明中之最高明的用兵之法，只有不通过直接交战而使敌人屈服，才算是好中之好、高明中之最高明的用兵之法。

企业竞争，虽然不像诸侯争霸那样惊心动魄，但"不战而屈人之兵"的方略,同样有其实用价值。有效的竞争,虽然能够胜出,但须付出成本,如果"不争"就能取胜,显然更胜一筹。"不战而屈人之兵"的方略,强调企业对竞争对手的威慑力,企业通过不断增强自身实力,使对手不敢轻易发起进攻,甚至让竞争对手不得不屈服于自己。

做企业的目的,是顺利地经营,得到利润的回报。但是在企业竞争过程中,往往会出现不自觉地把打败竞争对手变成主要的目标。这样一来,就会面临一个问题,最后往往是"惨胜",而不是"全胜",企业和市场都有损"健康",这是不同的竞争境界。

总之,要想达到"不战而屈人之兵"的目的,最明智的方法,就是不费一兵一卒,从而取得胜利。在企业开展并购的过程中,这一方略经常被运用。一方面企业在市场竞争中,摆出大举进攻的阵势,不断向竞争对手施加压力;另一方面积极与竞争对手进行沟通,表现出并购竞争对手的强烈意愿。两者相互配合,促使并购谈判顺利推进,并获得更优惠的并购条件。

重视信息管理,不战屈人之兵

魏国安釐王三十年(前247年),信陵君无忌返回魏国,联合山东诸国合力进攻秦国,在河外击败了秦将蒙骜。随后联军一路西向,声势浩大,秦军初战不利,节节败退。此时,秦国君臣经过认真的分析发现,信陵君和安釐王虽为兄弟,但安釐王一直很忌惮信陵君的才能和势力,又因"窃符"之事使得二人之间矛盾更加激化,如今只是迫于秦国的外在威胁,安釐王才不得不允许信陵君在外领兵,以解燃眉之急。因此,秦国针对这一矛盾,展开了积极的"谋攻"行动,一方面派出细作(细作:间谍,密探),将"秦国不敌山东联军,只得被迫尊信陵君为魏王"的示弱言论散布出去,制造舆论;另一方面善待在秦国作人质的魏国太子增,以此缓和秦魏间的矛盾,并离间信陵君和安釐王之间、魏国与山东各国之间的关系。

这一"谋攻"举措果然奏效,安釐王在秦军威胁减弱的情况下,唯恐信陵君得势后取代自己,故而解除了信陵君的兵权;山东联军,也由于魏国和秦国的暧昧关系而相继罢手撤兵;信陵君在返回魏国后,为了自保,只得终日沉迷于酒色,很快也病故了。

战国时期,最后一次声势浩大的合纵攻秦,就这样烟消云散了,"谋攻"的作用由此可见一斑。

【点评】 "不战而屈人之兵",既是境界,又是手段。作为境界,它倡导兵不血刃,击败对手,获得全胜,复国家以安定,还民众以和平;作为手段,是以绝对的军事优势、充足的物资保障和强大的战略态势作为基础,综合运用政治、经济和外交等一切非军事手段,辅助必要快捷的军事打击,旨在击垮对手的信心和瓦解对手的斗志,在避免直接交战或将交战行动降至最低的情况下,迫使敌人屈服,以尽可能小的代价获得尽可能大的胜利。可见,"不战而屈人之兵"中的"不战",并非不战,而是知己知彼,"战而不战、不战而战"。

三、兵家思想与企业人事管理

能否对人才、精英进行有效管理,关乎事业成败得失。对此,古代兵家把能否选拔任用贤才能士,看作关系事业能否顺利进行的头等大事,甚至国家的强弱兴衰也与此密切相关。

(一)人事管理的甄选

孙子认为,一个优秀的领导人才,必须具备"智、信、仁、勇、严"的品格,强调优秀的管理者应具有领导智慧,决策智谋,以诚治众,以仁怀人,勇于负责,办事果敢,严明纪律,赏罚分明等品质。人事管理的甄选方法如下。

1. 《六韬·论将》中有"将有五材（材：通"才"，下同）十过"之说。所谓五材者：智、仁、信、勇、忠也。"智"者不乱，"仁"者爱人，"信"则不欺，"勇"则不犯，"忠"则不二心。作为将帅，应该具备这五材，然后才可以成为将帅。所谓十过者：即有勇敢但轻视生命的，有急人之困但草率行事的，有不自满但贪求私利的，有仁爱之心但妇人之仁的，有智慧但胆小怕事的，有信任但过于相信别人的，有清廉高洁但不珍惜别人的，有智谋但行动滞后的，有坚韧的毅力但刚愎自用的，有儒雅但不知人善用的。

2. 《淮南子·兵略训》中有"将者必有三隧、四义、五行、十守"之说。所谓三隧，是指将帅必须上知晓天道、下熟习地形、中体察人情。所谓"四义"，是指将帅为国家利益而不是依仗兵权谋私，为君王尽忠而奋不顾身，面对危难而不怕牺牲，处理疑难问题时不怕承担责任。所谓"五行"，是指将帅能柔软但不卷曲，能刚强但不折断，秉仁慈但不可侵犯，有信誉但不容欺骗，具勇敢但不可凌辱。所谓"十守"，是指将帅神志清澈而不混浊、谋略深远而不易仿效、节操坚定而不迁移、智慧明达而不受蒙蔽、不贪钱财、不沉溺于物欲、不贪求花言巧语、不贪图名声、不易被引逗喜悦、不易被激怒。

3. 诸葛亮有"五强八恶"之说。五强是指高风亮节，可以改变风俗；敬长爱幼，可以扬名天下；守信用、讲义气，可以广交朋友；深思熟虑，可以容纳众人；身体力行，可以建功立业。这是将领的五项过人之处。八恶是指虽能谋划，却不能分清是非；虽重礼仪，却不能任用贤能之人；虽有法制，却不能公正执掌刑法；虽然富裕，却不能接济穷困之人；虽有智慧，却不能防患于未然；虽能深思熟虑，却不能防止细小问题发生；虽然官运亨通，却不能举荐所了解的人；虽然仕途不顺，却不能没有怨言谤语。这是人在德行上的缺陷。

4. 兵家有"举贤授能"之说。如《六韬》就提出了"六守八征"。"六守"即君主必须谨慎地做到选拔人才的六条标准：仁爱、正义、忠诚、信用、勇敢、智谋。"八征"即选拔将帅有八种检验方法：一是用言语对其试探，来看他的言辞优劣；二是用问题与他辩论，来看他的应变能力；三是在他身边安插间谍，来看他是否诚实；四是遇事明知故问看其有无隐瞒，来观察他的德行；

五是用财货进行试探，看他是否廉洁；六是用女色进行挑逗，看他是否保持贞操；七是将他置于危难境地，看他是否勇敢；八是用美酒将他灌醉，看他酒后的醉态。这是观人知人之法。

5. 诸葛亮提出"知人七道"之说。他认为了解人的本性可从七个方面入手：一是在是非曲直之间观察他的志向，看他是否有远大理想；二是与他深入辩论来判断他的应变能力，看他是临危不惧，还是惊慌失措；三是向他询问计谋来了解他的谋略与见识，看他是运筹帷幄，还是胸无点墨；四是告诉他大难临头，看他是威武不屈，还是束手就擒；五是让他喝醉酒，看他是否酒后失态失言；六是用利禄去打动他，看他是不为利所动，还是利欲熏心；七是让他去完成一项任务，看他是讲求信义还是言行不一。诸葛亮坚信，只要如此去做，其本性便会淋漓尽致地表现出来。

兵家强调考察人才，不仅要听其言，而且要观其行，不仅要识其才，而且要辨其德，不仅要在日常工作生活中考察，更要通过特定环境来辨识人才的高下优劣，唯其如此，才能达成"举贤授能"的目标。

（二）人事管理的激励

对人员的激励，可以分为正激励和负激励，即赏与罚，兵家对此有精辟的论述。《尉缭子》提出：奖赏公正，惩罚严格。奖励好人好事，要像高山那样坚定不移；惩罚坏人坏事，要像溪水那样通行无阻。《孙膑兵法》认为，赏赐是提高士气，使得官兵誓死忘生作战的办法；处罚是严明军纪，让官兵对上畏服的手段。除此之外，兵家还总结出一套行之有效的激励手段，对现代人力资源管理很有借鉴意义。

1. 榜样激励。《尉缭子·战威第四》说：将帅指挥作战，必须用自己的表率行为来激励部队，这样才能像"头脑指挥四肢"一样的灵活自如。战斗意志不加激励，士兵就不会为国效忠，士兵不为国效忠，部队就没有作战能力。这里主要阐释，只有将帅身先士卒，才能使士卒听从指挥。

2. 关怀激励。《孙子兵法》说：对待士卒像婴儿一样呵护，士卒就可以和他一起去跳急流深谷；对待士卒像爱子一样关怀，士卒就可以和他一起去战场赴死。只有真正关心爱护士卒，才能使之赴汤蹈火。常言说："打虎全凭亲兄弟，上阵还靠父子兵。"说的也是这个道理，只要将帅关心部下，他们就会在沙场上奋力作战。

3. 士气激励。这是古代兵法中特有的一种激励模式。《孙子兵法》提出：用兵作战首先要设法削弱敌人的士气，扰乱和动摇敌将的决心，从而可使其丧失斗志。敌人早朝初至，其气必盛；陈兵至中午，则人力困倦而气亦怠惰；待至日暮，人心思归，其气亦衰。所以善于用兵的人，当敌之气锐时就避开它，趁其士气衰竭时才发起猛攻。这就是正确运用士气的原则，这些说明了士气在作战中的重要。

4. 投险激励。《孙子兵法·九地篇》写道：将帅赋予军队任务，要像登高而抽去梯子一样，使他们有进无退。率领军队深入诸侯国土，要像击发弯弓射出箭一样，使其一往直前。烧掉船只、砸烂军锅表示必胜决心，像驱赶羊群一样赶过去、赶过来，使他们不知道到底要到哪里去。聚集全军士卒，置于危险境地，使他们拼死奋战，这便是将军的责任。这种投险激励与现代管理学中的"救灾式管理"很相似，即利用灾难的现实情况，来激发管理人员与全体员工的危机感与责任感，最大限度地发挥其内在的潜力、产生特殊的效能。

（三）人事管理的组织

战争指挥者肩负组织领导、指挥协调军队的责任。然而，即使是三军统帅也和普通人一样，能力有限。研究认为，一个人能直接有效指挥下级的数目，一般是六个，这就是管理幅度原则。

孙子说："治众如治寡，分数是也。"意思是说，要做到领导许多人像领导几个人一样。办法是将众人按人数划分一定的组织结构，例如，形成"旅—营—连—排—班—组"的结构。这就解决了领导者有限管理幅度和被管理者人数众多的矛盾。

但是这样的组织结构有个缺陷，即信息的传递是不及时的，于是在实际作战管理中，选择当时最佳的信息传递工具——金鼓和旌旗，用来排除指挥员和战斗员之间的障碍。

坚持以人为本，完善规章制度

贾厂长是2010年调任上海液压件三厂的。他原是上海高压油泵厂厂长，治厂有方，使该厂连获"行业排头兵"与"优秀企业"称号，已是颇有名望的管理干部了。这次是他主动请求调到问题较多的液压件三厂来的，局里对他能迅速改变液压件三厂的落后面貌寄予厚望。

贾厂长到任不久，就发现原有厂纪厂规中确有不尽合理之处，需要改革。但他觉得先要找到一个能引起震动的突破口，并能改得公平合理，令人信服。

原来厂里规定，本厂干部、职工，凡上班迟到者，一律扣当月奖金一元。他觉得这规定貌似公平，其实不然。因为，干部们发现自己可能迟到了，便先去局里或公司"办点儿事"再来厂，有个堂而皇之的借口而免于受罚，工人则无借口可依。厂里400来人，近半数是女工，家务事多，早上还要送孩子上学或入幼儿园，有的甚至抱着孩子来厂入托。本厂未建家属宿舍，职工散住在全市各地，迩的途中要换乘一两趟车；还有人住在浦东，要摆渡上班。若碰上塞车或停渡，尤其雨、雪、大雾天气，尽管提前出门，仍然可能迟到。有的干部提醒他，切莫轻举妄动，如果此禁一开，一发不可收拾；又说别的厂还设有考勤钟，迟到一次扣10元，而且是累进式罚款，第二次罚20元，第三次罚30元。我厂才扣一元，算个啥？

贾厂长斟酌再三，觉得这条一定得改，因为一元钱虽少，但工人觉得不公、心气不顺，影响工作积极性。于是，在3月末召开的全厂职工大会上，他正式宣布，从4月1日起，工人迟到不再扣奖金，并说明了理由。这项政策的确引起了全厂的轰动，职工们报以热烈的掌声。

不过贾厂长又补充道:"迟到不扣奖金,是因为常有客观原因。但早退不可原谅,因为责在自己,理应重罚;所以,凡未到下班时间而提前洗手、洗澡、吃饭者,要扣半年奖金!"半年奖金相当于几个月的工资啊。贾厂长觉得这条补充规定,跟前面取消的原规定同样公平合理,但工人们却反应冷淡。

新厂规颁布不久,发现有7名女工提前两至三分钟去洗澡。人事科请示怎么办,贾厂长断然说道:"照厂规扣她们半年奖金,只有这样才能令行禁止嘛。"于是,处分告示贴了出来。次日中午,贾厂长路过厂门,遇上了受罚女工小郭,问她道:"罚了你,服气不?"小郭不理而疾走,老贾追上几步,又问。小郭悻悻然扭头道:"有什么服不服?还不是你厂长说了算!"她一边离去一边喃喃地说:"你厂长大人可曾上女澡堂去看过那里像个啥样子?"

贾厂长默然。他想:"我是男的,怎么会去过女澡堂?"但当天下午趁澡堂还没开放,他跟总务科长与工会主席一块去看了女澡堂。原来这里低矮狭小,破旧阴暗,共有12个淋浴喷头,其中3个是坏的。贾厂长心想,全厂194名女工,分两班也有近百人,淋一次浴要排队多久?下了小夜班洗完澡,到家该几点了?明早还有家务活儿要干呢。她们对早退受重罚不服,是有道理的。看来这条厂规,当时制定时,对相关情况欠调查了解……

下一步怎么办?处分布告已经公布了,难道又收回不成?厂长新到任刚定的厂规,马上又取消或更改,就等于厂长公开认错,以后还有啥威信?私下悄悄撤销对她们的处分,以后这一条厂规就此不了了之,行不?……

贾厂长皱起了眉头。

【点评】 改革不合理的厂纪厂规,有助于调动职工的积极性。贾厂长取消迟到罚款的规定受到了工人的好评,这说明在这个问题上,贾厂长尊重职工,关心他们的疾苦,在管理中考虑到人的因素。但在制定新的规章制度时,没有了解工人为什么会出现早退的现象,就做出了早退罚款的决定,这说明贾厂长只想用经济杠杆来加强管理。鉴于上述问题,贾厂长应该改变原有的领导方式,在充分与工人讨论协商的情况下,制定公平合理的、行之有效的规章制度。为解决工人洗澡排队的问题,厂里应彻底改造女澡堂。这样,就扫清了新规定执行的障碍。

四、兵家思想与企业项目管理

按照《周易》思想,项目管理就是把企业的每个项目组织看成一个小宇宙,保持阴阳平衡是项目成功的根本法则,以此提出现代项目管理的三个原理:自强和奉献,沟通和融合,损益和利益。

政治家、军事家管子说道:"夫霸王之所始也,以人为本,本治则国固,本乱则国危。"意思是说,开始称王治国的时候,把人民作为国家的根本,人民顺服则国家就安定,人民作乱则国家就危险。

管子是一位不可多得的天才——华夏第一相、法家先驱,他是春秋时代齐国的"项目经理",帮助齐桓公以"尊王攘夷"为口号,"九合诸侯,一匡天下",使齐国成为春秋时期第一个称霸的大国。

(一)管仲论相——精选项目经理

《六韬》曰:将帅是国家的辅佐,为历代君王所重视,因而任命将帅就必须认真考察。由此可见,将帅关系国家的存亡,军队能否打胜仗,需要将帅的治军能力、指挥能力和运筹帷幄的谋略智慧。

对于企业而言,每个项目的开展,就相当于战争中战役的开展,而这个项目能否成功,关键在于项目经理的领导能力和智慧。竞争是企业的大事,关系企业的生死存亡,而企业的命运就掌握在每个项目经理手中。项目经理是企业的辅佐,为企业主管所重视,因而任命项目经理必须认真考察。

话说管仲,是齐桓公最重要、最信任的"项目经理"。齐桓公是一个知人善任，用人不疑的君王。他即位后，不计前嫌，任用曾向自己射箭的管仲为相，诚心接纳管仲之计谋。后来，有人进谗言中伤管仲，齐桓公不仅加以驳斥，而且对管仲更加信任，并尊为"仲父"，明确"国有大政先告仲父，次及寡人，有所施行，一凭仲父裁决"。这样，使得管仲能够施展他的聪明才智，做出一番事业。在君权至上的时代，士人想要有所作为，成就非凡事业，关键在于君主的知与不知、用与不用。齐桓公宽宏大量，不计前嫌，忘却一箭之仇，深知管仲才干而委以重任，并且虚心纳谏，而管仲也真能洞悉齐桓公的心性，勇于进谏，多方劝说，以端正齐桓公的言行。从而成就了齐桓公显赫的霸业。可见，管仲这位项目经理，之于齐国集团，之于齐桓公这位大老板，是多么的重要。

请看管子病榻论相的故事。

一日，管仲病得很重，齐桓公作为齐国集团核心管理团队的最高主管，亲往探视，其中，谈到如何用人的问题。下面是他们对话的一部分，从中可见他们对用人的重视。

桓公问道：群臣之中，谁可为相？管仲答曰：知臣莫如君。

桓公问道：易牙如何？管仲答曰：易牙烹其子讨好君主，没有人性。这种人不可接近。

桓公问道：竖刁如何？管仲答曰：竖刁阉割自己伺候君主，不通人情。这种人不可亲近。

桓公问道：开方如何？管仲答曰：开方背弃自己的父母侍奉君主，不近人情。况且他本来是千乘之封的太子，能弃千乘之封，其欲望必然超过千乘。应当远离这种人，若重用必定乱国。

桓公问道：鲍叔牙如何？管仲答曰：鲍叔牙为人清廉纯正，是个真正的君子。但他对于善恶过于分明，一旦知道别人的过失，终身不忘，这是他的短处，不可为相。

桓公问道：隰（xī）朋如何？管仲答曰：隰朋对自己要求很高，能做到不耻下问。对不如自己的人哀怜同情；对于国政，不需要他管的他就不打听；对于事务，不需要他了解的，就不过问；别人有些小毛病，他能装作没看见。不得已的话，可择隰朋为相。"

从这些对话中，可以深刻理解到：在一个团队里，作为企业最高主管和项目经理，应该如何知人善任，深入了解每位成员的长短处，用其长而避其短，特别是项目经理这个关乎企业成败的岗位，是团队的核心，千万要慎重择人，但企业主管应如何挑选项目经理？项目经理必须符合什么样的条件？怎样才能做到知人善任并营造出团队的凝聚力和战斗力？这些问题，一直困扰着许多企业主管，是目前许多企业亟待解决的问题。

《孙子兵法·始计》曰："将者，智、信、仁、勇、严也。"意思是说，所谓将领，就是那些具备智慧、诚信、仁爱、勇敢、严明品质的人。这是对将帅的素质要求，智就是智谋才能，信就是赏罚有信，仁就是爱护士卒，勇就是勇敢果断，严就是军纪严明。这五个字就是兵家所说的"五德"，是对将帅素质的要求，只有符合这"五德"，才能任命为将领。

同样，这也是对项目经理的要求，在挑选项目经理时，只有结合这"五德"进行考核，才能更准确、更全面地判断谁来担当这个职务能起到更大的作用，为企业带来成功的硕果。

（二）吴起治军——严格团队管理

兵家吴起，对治军经验的最高概括是"以治为胜"。治理好军队才能打胜仗，而不在兵多。所谓治理，就是平时要守纪律，作战时锐不可挡，后退时速不可追，前进后退都有节度，左右移动听从指挥，虽被隔断仍能阵势不乱，虽被冲散仍能恢复行列。

魏武侯问吴起："军队究竟靠什么取胜？"吴起答道："以严格治理为制胜前提。"魏武侯又问："不在乎人的多少吗？"吴起回答："如果发令不明，赏罚无信，鸣金而不止，击鼓而不进，虽有百万之众，又有什么用处呢？"

吴起认为，军队平时守纪律，战时有威势，进退依章法，行动听指挥，上下共安危,用这样一支经过精心治理之师作战,"役之所往,天下莫当"。吴起的这句话,直接把治军的优劣与军队战斗力的强弱以及战争的胜负联系在一起,体现了古人对治军的高度重视。

这个思想不仅对项目管理,而且对企业所有治理工作都有启示作用,那就是只有治理好了企业里的所有员工,才能发挥出强大的竞争力,才能在激烈的市场竞争中立于不败之地。对于军队来讲就是一个团队,在这个团队里需要严格的治理,要求团队成员必须遵守纪律,听从指挥,战而有强大的拼搏力,退而有迅速的行动力,不管进退都有严明的纪律性和强烈的向心力,不管是被隔断还是被冲散,都能凭借平时培养起来的凝聚力形成强大的战斗力,这才是军队取胜的关键。

对于执行某个"战役任务"的团队来讲,每个项目的成败都关系到企业的兴衰存亡,而每个团队成员都是这个项目是否顺利进行的关键因素。战斗虽然不在于兵的多少,但还得靠兵来打,散兵游勇是打不了胜仗的。所以,对于一个团队来讲,也是同样的道理,一个团队的成员不在于多少,而在于是否有强大的战斗力,而这种战斗力就是在项目经理的领导下,逐渐培养出来的向心力和凝聚力。

(三)孙子庙算——严格项目计划

孙子所说的"庙算",就是作战之前预测战争前景,比较敌我情势,制订作战方针,预见战争结局。曹操将其解释为:"选将,量敌,度地,料卒,远近险易,计于庙堂也。"意思是说,打仗要先进行庙算,庙算就是要权衡敌我强弱。可见,将帅的智慧谋略在战争中是何等的重要。

孙武(约前545—前470),字长卿,春秋末期齐国乐安(今山东省北部)人。中国春秋时期著名的军事家、政治家,尊称兵圣或孙子(孙武子),被誉为"百世兵家之师""东方兵学的鼻祖"。

阖闾三年(前512年),吴国国内稳定,仓廪充足,军队精悍,吴王阖闾心生向西进兵攻伐楚国的打算。当时急需一位合适的将帅，于是，伍子胥向阖闾推荐了孙武。他介绍孙武的家世是吴国人，并称赞孙武是个"文能安邦、武能定国"的盖世奇才。最后，阖闾决定与孙武会面。孙武带着自己的《兵法》，经过一番交谈，阖闾暗自赞叹，遂任孙武为吴将。

吴王阖闾七年（前508年），吴国采用孙子的"伐交"战略（伐交：是指当矛盾显现时，动员所有力量以显示决心，造成压倒优势，辅之晓以利害，经过折中妥协，达到不不战而胜，实现战略目的）。策动楚地桐国（桐国：今安徽桐城县北，周置桐国，为楚附庸），使其背叛楚国。然后，又指使舒鸠氏（舒鸠：今安徽舒城）充当说客，诱致楚师出来。并欺骗楚人说："楚若以师临吴，吴畏楚之威势，可代楚伐桐。"结果，使楚对吴消除顾忌，于是，吴人一面伪装为楚伐桐，把战船显现于豫章附近的水面上；一面又潜师攻巢（今安徽巢县东北）。十月，吴军乘楚不备，击败楚师于豫章；接着又攻克巢（巢：古国名，今安徽巢湖），活捉楚守巢大夫公子繁。

吴王阖闾九年（前506年），吴军采取孙子的"因粮于敌"策略（因粮于敌：从敌人那里求得补给），吃了楚人的食物而继续追赶。最后在孙武和伍子胥的直接指挥下，经过五次大战，只用了十几天工夫，就攻入了楚都郢（郢：春秋战国时楚国都城）。

阖闾去世后，由夫差继位，他立志要报仇雪恨。孙武和伍子胥等大臣继续辅佐夫差，努力积蓄钱粮，充实府库，制造武器，扩充军队，经过三年时间，吴国的国力得到恢复。

作为企业管理也是一样，会不断地遇到新的问题，在处理遇到的问题时，智慧越多就处理得越好。凡事不动脑筋，必然处处碰壁，所以古人云："凡事应三思而后行。"

法国酿酒公司为了拓展美国市场，在美国前总统艾森豪威尔 67

岁生日时，声称为其祝寿，将法国人窖藏 67 年的白兰地酒送给艾森豪威尔作为生日礼物。这个礼物，一时引起了美国民众的极大兴趣，人们抱着极大的兴趣想一睹珍藏 67 年白兰地的芳容。礼物运抵美国之日，民众纷纷前往观看，白兰地因此在美国具有了极大的影响力，法国酿酒公司借此机会成功地将白兰地推向美国市场。这说明，"庙算"能够创造奇迹，往往比竞争对手更能轻易地取得制胜先机。

兵书《虎钤经》上说："用兵之要，先谋为本。"意思是，指导战争的关键，以先做好谋划为根本。"先谋为本"是中国古代战争指导原则的一个重要思想，也是千古不变的客观规律。古代兵家始终把"胜兵先胜"作为军事斗争的前提，"先胜"就是在战争之前就使自己具备制胜的条件。军事行动必须"先胜而后举"，而"先谋"正是实现"先胜"的先决条件，由此可见，"先谋"是一个基本的指导原则，是一切军事行动的前提。

一个项目的确立，要在规定的时间内，利用有限的资源，保质保量地完成。项目成败与否，犹如一个战役，如何在资源与时间有限的情况下顺利取得成功呢？这就需要先有"庙算"，把现有的资源规划好，项目运作计划好，并规定时间进度，以保证项目顺利进行。

"先谋为本"的原则，在企业运作、项目管理上仍有现实意义。许多项目的失败，就在于缺乏周全、严密的计划和项目管理工具的运用，从而导致许多企业因失去一个项目而失去了在市场上立足的能力。

（四）"分粥"方法——项目管理体制

《孙子兵法》曰："主孰有道，将孰有能，天地孰得，法令孰行，兵众孰强，士卒孰练，赏罚孰明？吾以此知胜负矣。"意思是说，哪一方的君主是有道明君，哪一方的将领更有能力，哪一方占有天时地利，哪一方的法规法令更能严格执行，哪一方资源更充足、装备更精良、兵员更广大，哪一方的士兵训练更有素，哪一方的赏罚更公正严明？通过这些比较，我就知道了胜负。

有七个人曾经住在一起，每天的伙食是一大桶粥。重要的是，一大桶粥每天都不够食用。开始他们分粥，每人各轮一天。这样每周下来，每人只有一天吃的饱，就是自己分粥的那一天。后来，他们推选一个道德高尚的人来分粥。强权产生腐败，于是有人挖空心思去讨好他、贿赂他。然后，他们组成三人分粥委员会和四人的评选委员会，但常常互相攻击，等到扯皮结束，吃到嘴里的粥全是凉的。最后，他们制定了一个分配制度：轮流分粥。但分粥的人，要拿最后一碗。为了不让自己吃亏，人人尽量分得公平，就算不太公平，也能心甘情愿。结果，大家快快乐乐，和和气气，日子越过越好。

同样是七个人，不同的分配制度，就会有不同的风气。所以，一个团队里如果有不好的习气，一定是机制问题，一定是没有做到公平、公正、公开，没有严格的奖勤罚懒。如何制定这样一个切实可行的制度，是每个项目经理必须考虑的问题。

制度在一个组织中的规范作用、控制作用和创造力是很大的。《尉缭子·制谈》中谈到：凡是军队，必须先定好制度，制度确立了，士卒就不会散乱，刑罚就会分明，号令一下，部属就能奋勇战斗。

制度对一个团队的控制意义，是非常重要的。许多项目的失败往往是一个小问题的控制疏忽所致。因此，要让每个项目得以顺利开展并充分发挥员工潜能，必须先从项目的控制做起，做到既严谨科学控制，又有效凝聚团队，最大限度地发挥每个组织成员的潜能，使项目在有计划的控制下高效运转、有序进行。

项目管理中所确立的制度是静止的，而项目经理的控制手段和方法则是灵活的，在实际操作中，控制远比制度重要，所以，项目管理控制方式的创新，直接影响到对项目人员积极性和潜能的发挥，影响项目进度和风险的掌控，一般来说控制住了风险也就把握住了成功。所以说，好的控制是成功的前提，因此必须对项目管理中的控制方式进行创新，以保证企业资源的低投入、高产出。

在项目执行中，为了保障项目在预期内完成，必须严格执行项目计划，尽量避免项目需求变更和人员变更。如果出现不可预知的因素导致项目变更,必须及时调整项目目标、项目计划,并通知对方,由对方签字确认。

项目控制的主要任务是项目进度控制,按不同管理层次可分为三类:一是项目进度总控制,由项目经理负责。二是项目主进度控制,由各项目部门负责。三是项目详细进度控制,由各作业单位负责。在项目出现进度变更时,要及时提交变更报告,包括变更对进度安排的影响和要求。

作为项目经理,应根据项目计划的关键路线图安排具体工作,在项目执行过程中密切关注关键路线的执行情况。针对项目变更情况,及时采用补救、更新措施。

(五)"五事"兼备——项目管理操作

孙子认为:决定项目(战争)成败的因素主要有五个方面:即道、天、地、将、法。所谓"道",就是政治体制和指导思想,它是决定战争胜负的首要条件。"天"指气候条件,也可理解为不可控的意外条件,因而强调危机意识和危机管理。"地"指企业所处的地理环境和项目进行的客观状况,是项目计划所必须考虑的条件。"将"就是项目经理,强调要具备多谋善断,赏罚有信,爱护项目成员,勇敢顽强,明法审令等品质,这是项目成败的关键。"法"所强调的就是法纪、编制、管理制度等。

孙子所说的"五事",包含了项目准备阶段的各种因素,只要搞清企业本身五个方面的情况,就大体上可以预知项目执行的成败了,所以,在项目管理操作上,应具备高超的战略思想,立足于企业核心竞争力、企业优势的可持续性发挥,不断促进企业的稳步快速发展。

精心谋划,背水一战

秦朝灭亡后,项羽和刘邦又展开了一场战争,这就是历史上的楚汉相争。

刘邦手下有一员大将，名叫韩信。韩信是淮阴人，项梁起兵以后路过淮阴，韩信去投奔他。项梁死后，韩信又跟了项羽，项羽见他比一般兵士强，就让他做个小军官。

韩信几次向项羽献计献策，项羽没有采用，韩信感到失望。等到汉王刘邦到南郑去的时候，韩信就投奔了刘邦，后被刘邦拜为大将。为了打败项羽，夺取天下，他向刘邦详细分析了楚汉双方的条件，认为汉王发兵东征，一定能战胜项羽。刘邦越听越高兴，直后悔没早点发现这个人才。从此以后，韩信就指挥将士，操练兵马，东征项羽的条件渐渐成熟了。

公元前205年，韩信偷袭魏王豹，灭掉魏国。当年十月，刘邦又派他与张耳率几万军队向东继续挺进，攻击赵国。韩信的部队，要通过一道极其狭窄的山口，叫作井陉口。赵王赵歇和赵军统帅陈余，立刻在井陉口聚集20万重兵，严密防守，严阵以待。

赵王手下的谋士李左车，对大将陈余说："韩信这次出兵，一路上打了很多胜仗，可谓一路威风，现在他又乘胜远征，企图攻下赵国，其势锐不可挡。不过，他们运送粮食需经过千里之遥，长途跋涉。现在，井陉山路狭窄，车马不能并进，汉军的粮草队伍必定落在后面。这样，你给我三万人马，从小道出击，拦截他们的武器和粮草，断绝他们的供给，汉军不战死也会饿得半死。你在这里坚守要塞，不与他们交战，他们前不能战，后不能退，用不了几天我们就可活捉韩信。"但大将陈余不听，仗着兵力优势，坚持要与汉军正面作战。

韩信了解到这一情况，非常高兴。他命令部队在离井陉三十里的地方安营，到了半夜，让将士们吃些点心，告诉他们打了胜仗再吃饱饭。随后，他派出2000轻骑从小路隐蔽前进，要他们在赵军离开营地后、迅速冲入赵军营地，换上汉军旗帜；然后，韩信又派出一万人沿着河岸背水摆开阵势。背水历来是兵家绝地，一旦背水，非死不可。陈余得知消息，大笑韩信不懂兵法，不留退路，自取灭亡。

到了天明时分，韩信率军发动进攻，双方展开激战。不一会儿，韩信、张耳假装败退，向河岸阵地靠拢。陈余则指挥赵军，拼命追击。这时，韩信命令主力部队出击，背水布阵的士兵，因为没有退路，于是猛扑敌军。这时，韩信埋伏的2000轻骑兵，见赵军倾巢出击，立即飞奔驰入赵营，拔掉赵军的军旗，换上汉军的旗帜。

赵军无法取胜，正要撤军回营，忽然发现军营插遍汉军旗帜，于是四散奔逃。这时汉军两面夹击，赵军大败。士兵们杀死了陈余，抓获了赵王。在庆祝胜利的时候，将领们问韩信："兵法上说，列阵可以背靠山，前面可以临水泽，现在您让我们背水排阵，还说打败赵军再饱饱地吃一顿，我们当时不相信，然而竟然取胜了，这是一种什么策略呢？"韩信笑着说："这也是兵法上有的，只是你们没有注意罢了。兵法上不是说'陷之死地而后生，置之亡地而后存'吗？如果是有退路的地方，士兵都逃散了，怎么让他们拼命呢！"

这就是成语"背水一战"的来历，这个成语多用于军事行动，也可用于比喻有"决战"性质的行动，表示在没有退路的情况下，与"对手"决一死战。

【点评】 韩信作为汉初三杰的军事家，这场以少胜多的经典战例，充分体现了他的惊世才华。其行军谨慎，准备充足，用计别具一格，因势利导，不拘泥于传统战法，奇计奇效。对于管理者而言，面对难啃的硬骨头，"躲不开、绕不过、拖不得"的情况下，必须上下同心，敢拼才会赢得。作为领导者，必须以"舍我其谁"的担当精神、"时不我待"的责任意识、"敢为人先"的创新勇气，去谋划和推动企业的发展与壮大。

第六章　纵横家思想与企业管理

纵横家是战国时以从事政治外交活动为主的一派，是诸子百家之一，创始人为鬼谷子，杰出代表人物有孙膑、庞涓、苏秦、张仪。纵横家主要理论是纵横，纵为合众弱以攻一强，横为事一强以攻诸弱。纵主要以连为主，利用外交手段联合团结；横主要以破为主，利用矛盾和利益制造裂痕。他们知大局，善揣摩，通辩词，会机变，长谋略，能决断。纵横家能够以说辞不战而胜，以较少的损失获得最大的利益，他们对大局的把握、对战略的思考、对语言的斟酌、对环境的应变，以及对决策的选择，对现代企业管理具有积极的指导意义，优秀的管理者均应深思、学习、借鉴，以促进企业更好地发展。

一、纵横家的特殊管理思想

在战国百家争鸣中,有很特殊的一家,即纵横家。相对于诸子百家的其他学者而言,纵横家显得很有特点。他们依赖"三寸不烂之舌"游说诸侯,纵横捭阖,左右兼并战争的方向和进展,以充当策士出使列国而知名。按照《汉书·艺文志》的说法,纵横家起源于外交官。孔子说:熟读诗经三百篇,派他出使国外不能独当一面,学了又有何用呢?

《汉书》记载的纵横家有很多,但具有代表性的人物是苏秦和张仪。值得注意的是,大名鼎鼎的鬼谷子并未在班固的著作中出现。司马迁认为,《苏秦传》有些内容不过是传闻,后人往往把纵横家事迹归在他的名下。不过,作为纵横家的代表,不管相关事迹是不是苏秦本人的,都反映了时代特色。

"纵横"表示方位走向,南北曰"纵"(史籍多写作"从"),东西曰横。战国所说的"纵横"已经形成特定指称,凡是与秦国结盟,形成由西向东的联合,分别击破关东各国,称为连横;凡是六国(燕赵齐魏韩楚)结盟,形成南北方向的联合,共同抗秦,称为合纵。战国是纵横家最得意的时代。刘向在《战国策》中说:在战国时代,君主的品德浅显单薄,为他出谋划策的人,不得不以权势为资本,根据"时势"来谋划。所以,谋臣扶持危机、防止颠覆,为一切权衡之人,虽然不可以教化天下,但可以救兵戈之急。有能力的高才秀士,考虑当时君主的处境,使出奇异特殊的策略智慧,扭危机变安全,去危亡得生存,也是可喜的事,都有可欣赏称道的地方。这里的"高才秀士"指的就是纵横游说之士,他们"因势""据时"为君主"出奇策异智",使君主及所辅之国"转危为安,运亡为存",使百姓得安宁。

在《战国策》中,刘向记载了纵横家的机智善辩、聪明智慧,使人如临其境,如闻其声。纵横家在当时的社会大舞台,演出了一幕幕生动感人、有声有色的活剧。正是因为纵横家有太多的权谋色彩,所以,刘向认为,纵横家仅仅具有谋略意义,可以用来应急而不可以用来教化,可以用来出奇而不可以用来守正。刘向的这种观点,为后来大多数人所接受。

从文献记载看,儒家实为纵横家之祖。儒家有言辞一科,正对应后来的纵横家。孔门高足(高足:成绩优异的学生)子贡,以其辩才,开了纵横谋略之先声。《论语·子路篇》记载:孔子是用《诗》,来提高弟子的外交能力的。子贡有好的先天条件,加上孔子的培养和在实践中磨炼,使他成了好的外交人才。按照时间顺序,有如下突出事例。

一是鲁哀公六年(前489年),孔子和他的弟子"在陈绝粮"时,孔子派子贡至楚,请求楚国出兵营救,结果是"楚昭王兴师迎孔子,然后得免(脱身)"(《史记·仲尼弟子列传》)。这是子贡在外交方面的第一次胜利。

二是鲁哀公七年(前488年),吴国为了称霸,兴师北上,向鲁国征百牢(牛、羊、猪各一百),鲁哀公亲自到鄫地(今山东枣庄附近)去会见吴人。而吴人叫掌实权的季康子参加会见,这时季康子就派子贡去辞谢吴人,子贡说了一套季康子不能去的理由,说得吴人哑口无言。这又是一次外交的成功。

三是鲁哀公十一年(前484年),吴国的军队伐齐得胜后,吴王赐给鲁国叔孙氏甲、剑等物,一时间叔孙氏不知如何言语答谢,而跟随叔孙氏的子贡就出来应酬,从而圆满地结束了这一外交场面。

四是鲁哀公十二年(前483年),鲁、卫等国君会见吴国人,吴人把卫侯扣留,还是子贡说服了吴国的太宰,而把卫侯释放。

五是鲁哀公十五年(前480年),子贡在齐、鲁媾和的会上,说服齐国把它以前占据的鲁国的"成"地归还鲁国。这又是子贡在外交活动上的一个成就。所以,学界认为,后来的纵横学派,实由子贡开其端。

子贡的纵横之术,是以保全孔子的父母之邦鲁国为宗旨,而不是为了自己的富贵名声。到了战国时期,形势与春秋相比有了很大变化。

纵横家的目的是出人头地,得到赏识。谁赏识他们,他们就会为谁出谋划策；只要能达到目的，甚至不择手段。就拿苏秦来说，他本是穷苦人家的孩子，但素有大志，曾跟随鬼谷子学习谋略之术多年。学习期满后，就游说天下，推行纵横之术。他在秦国没有受到重用，于是就到燕国。当时燕国刚刚遭受齐国的侵略，百废待兴。苏秦认为，燕国欲报强齐之仇，必须向齐表示屈从，将复仇的愿望掩饰，赢得振兴燕国所需的时间。然后鼓动齐国不断进攻其他国家，以消耗其国力。为此，他劝说齐王伐宋，合纵攻秦。公元前285年，苏秦到齐国，挑拨齐国和赵国的关系，取得齐愍王的信任，被任为齐相，但暗地里仍在为燕国谋划。齐愍王不明真相，任命苏秦率兵抗御燕军。齐燕交战时，苏秦有意使齐军失败，五万人死亡。他使齐国群臣不和，百姓离心，为乐毅五国联军攻破齐国奠定了基础。之后，苏秦又说服赵国联合韩、魏、齐、楚、燕攻打秦，赵国国君很高兴，赏给苏秦很多宝物。于是苏秦到韩国游说韩宣王，到魏国游说魏襄王，到齐国游说齐宣王，到楚国游说楚威王。诸侯都赞同苏秦之计划，于是六国达成联合盟约，苏秦为纵约长，并任六国相。回到赵国后，赵王封他为武安君。秦国知道这个消息后大吃一惊，竟有十五年之久不敢越涵谷关雷池半步。《史记·苏秦列传》记载："秦兵不敢窥涵谷关十五年。"

从苏秦的活动可以看出，纵横家唯一要做的就是实现自己的价值，证明自己的才能。甚至有的纵横家不讲道德，多行卑鄙之事，这在张仪身上表现得最为突出。

公元前313年，秦惠王想攻伐齐国，但忧虑齐楚结盟，便派张仪入楚游说楚怀王。张仪利诱楚怀王说："楚诚能绝齐，秦愿献商於之地六百里。"楚怀王听信此言，与齐绝交，并派人入秦受地，张仪对楚使说："是六里，不是六百里。"楚使把张仪的话告诉了楚怀王，楚怀王一怒之下，兴兵攻打秦国。秦兵大败楚军，从此，楚国元气大伤，逐渐衰落。

司马光在《资治通鉴》中说：德才兼备，才算是真正的人才。有德无才，或者有才无德，都不能算真正的人才。甚至，"有才无德"比"有德无才"更可怕！

扬雄在《法言》中是这样评价纵横家的，有人问：张仪、苏秦学习鬼谷子的谋略智慧，推行合纵连横之术，各自使中国得到十几年的安定。是这样吗？扬雄回答说：四处骗人，行不义之事，圣人很厌恶这样的人。有人问：读孔子的书而做张仪、苏秦那样的事，怎么样呢？扬雄回答说：这就好比有凤凰般的嗓音却长着凶鸟的羽毛，糟糕透了！有人问：然而孔子的弟子子贡不正是这样干的吗？扬雄回答说：子贡为的是排难解纷，张仪、苏秦为的是谋取富贵，游说的目的不同。有人问：张仪、苏秦能不蹈前人旧辙，也算是卓越的人才吧！扬雄回答说：上古时，舜帝对奸佞之人加以拒斥，能说不考虑才干吗？那种人倒是有才，但不是我们所认可的才干！

这就提醒人们，必须注意管理思想与情境的关系，纵横之术，只有在社会失序、道德失范、人心失诚、国家失衡的丛林态势下，才会大有用武之地。

管理失信誉，烽火戏诸侯

公元前781年周宣王去世，他儿子即位，就是周幽王。周幽王昏庸无道，到处寻找美女。大夫越叔带劝他多理朝政，周幽王恼羞成怒，革去了越叔带的官职，把他撵出去了。这引起了大臣褒响的不满。褒响来劝周幽王，被周幽王一怒之下关进监狱。褒响在监狱里被关了三年，其子将美女褒姒（sì）献给周幽王，周幽王一见褒姒，喜欢得不得了，这才把褒响释放了。

褒姒却老皱着眉头，连笑都没有笑过一回。周幽王便想尽法子引她发笑，虢石父对周幽王说："从前为了防备西戎侵犯我们的京城，在翻山一带建造了二十多座烽火台。万一敌人打进来，就一连串地放起烽火来，让邻近的诸侯瞧见，好出兵来救。这时候天下太平，烽火台早没用了。不如把烽火点着，叫诸侯们上个大当。娘娘见了这些兵马一会儿跑过来，一会儿跑过去，就会笑的。您说我这个办法好不好？"周幽王眯着眼睛，拍手称好。

烽火一点起来，半夜里满天全是火光。邻近的诸侯看见烽火，赶紧带着兵马跑到京城。听说大王在细山，又急忙赶到细山。没想到一个敌人也没看见，也不像打仗的样子，只听见奏乐和唱歌的声音。大家我看你，你看我，都不知道是怎么回事。周幽王叫人去对他们说:"辛苦了,各位,没有敌人,你们回去吧!"诸侯们这才知道上了大王的当,十分愤怒,各自带兵回去了。褒姒瞧见这么多兵马奔来跑去,于是笑了。周幽王很高兴,赏赐了虢石父。

时隔不久,西戎人真的打到京城来了。周幽王赶紧把烽火点了起来。这些诸侯又当是在开玩笑,全都不理他。烽火点着却没有一个救兵来,京城里的兵马本来就不多,只有一个郑伯友出去抵挡了一阵。可是他的人马太少,最后被乱箭射死了。周幽王和虢石父都被西戎人杀了,褒姒被掳走。

【点评】 烽火戏诸侯,只是一个借喻而已,只要天子失信的话,诸侯就大有可能因此而自大、争霸。对于企业管理而言,何尝不是这样?管理者如果具有高尚的品德,员工就会产生敬意,从内心里拥护他。相反,即便管理者拥有显赫的职位,掌握很大的权力,如果品德败坏,员工就会弃之而去。松下幸之助曾经说过,一位经营者不需要是万能的,但却需要是一位品德高尚的人,因为后者往往更能吸引人才。

二、纵横家的管理技巧与智能

战国时期,纵横家在列国纷争中,如鱼得水。他们特别强调进取,以发展求生存。在具体策略上,他们具有明显的机会主义特征,追求"四两拨千斤""空手套白狼",并由此形成比任何学派都要细密的游说技巧。

(一) 赵高与李斯捭阖术之运用

捭阖(baǐ hé)术是一种与人论辩的方法和态度,往往言利以劝说,此为长术;言害以威吓,此为短术,此即捭阖术的别名——"长短术"之由来。

一捭一阖，一阴一阳，其中蕴含了传统文化中"动静结合"的哲理。秦始皇去世后，赵高更改了遗诏，说服了胡亥，即刻去见李斯。李斯久经官场，对秦始皇忠心耿耿，而且掌握着军政大权。赵高问李斯："皇上赐遗诏给长子，叫他赶来参与丧事，到咸阳会齐，准备嗣位为帝。可是遗诏还没发出去皇上就驾崩了，现在只有你我知道，只要我们口径一致，就可改立胡亥为太子，你看怎么样？"

对于这些试探的话，李斯故作惊讶地说："你怎么能说这些罪及灭族的话？"赵高对李斯了如指掌，知道他比胡亥精明百倍，只有点中他贪恋权力的死穴才会有效果。于是他问道："您的才能和蒙恬相比怎么样？您的功劳和蒙恬相比怎么样？您的谋略和蒙恬相比怎么样？您的人气和蒙恬相比怎么样？您和扶苏的关系和蒙恬相比怎么样？"

李斯想了想说："这五样我都比不上蒙恬，但你为什么对我如此苛求责备呢？"赵高继续逼迫李斯彻底坦白："我原本不过是宫禁一个奴隶，因娴熟狱法，侥幸得以进入宫廷，掌管事务二十多年了，从来没有看到被罢免的丞相或功臣，能两代相继为官的，最终都是被诛戮而死。长子扶苏刚强果断，威武勇敢，肯相信人，又善用人。他继承皇帝位后，必定任命蒙恬当丞相，这样一来，你还想带着通侯的印绶回家享福吗？"

李斯由于得到秦始皇的赏识，不仅官运亨通，他的子女也都跟着沾光，长子李由做到三川郡守，其他子女也都与帝室联姻，所以他自然不想失去现有的荣华富贵。赵高针对李斯的心理猛击一掌，可以说是"恰到好处"。

但是，李斯仍然不肯轻易就范，接着说道："我李斯原不过一介百姓，承蒙皇上提拔做了丞相，他把国家存亡安危的重担交托给我，我怎能忘恩负义呢？肝胆相酬的忠臣，不会因为怕死就冒险，请你不要再说了。"赵高继续说："我听说聪明人处世，凡事灵活变化，不会固执不通，能够抓住局势变化的关键，顺应潮流；看到事物的细枝末节，就能知道它根本的方向；看到事物发展的动向，就能知道它最后的结果。现在天下的权威和命运都掌握在胡亥手中，我有办法实现这个计划。"

李斯这才说出了自己的忧虑："晋献公废太子申生、改立庶子奚齐，招致三代政局的不安定；齐桓公和他的弟弟公子纠争夺王位，后来公子纠被杀了；商纣王杀了叔父比干，不听臣子劝谏，因此国都变成一片废墟，国家也灭亡了。这都是违背天理的事，弄得宗庙没人祭祀。我和他们几个不是一样的人，你又何必与我商量呢？"赵高看透了李斯的飘忽不定，于是趁热打铁使其安心与自己同谋："上下同心协力，就可长保富贵；如果互相应和，事情自然顺手，不致有何差错。你要是听我的，就可以长享侯爵，还可传给子孙。而且你也可以有像王子乔和赤松子两位仙人那般的长寿，像孔子和墨子两位圣贤那样的聪明智慧。现在，你舍弃这个好计策不肯听从，那么连你的子孙都不免遭殃，我实在很替你担心。一个善于自处的人，是能因祸而得福的，你打算如何安置自己呢？"

李斯终于听从了赵高改立胡亥为太子的计谋，篡改秦始皇所赐的遗诏，杀了扶苏和蒙恬。

在整个过程中，赵高一个人穿针引线，先后运用捭阖的游说方法，软硬兼施，使胡亥和李斯两个人，都老老实实地表露出贪图富贵权力的真实想法，并且参与到阴谋中去。"下下人有上上智"，赵高的说服技巧，值得我们认真研究。

（二）纵横家的武器——舌头的力量

中国古代有"三寸不烂之舌，强于百万之师"的说法，就是对舌头具有战斗力的经典评价。活跃于战国时代的纵横家，就是这种人的代表。俗话说，乱世出英雄。靠动嘴皮子吃饭的英雄，同样生长于乱世。战国时期的纵横家，是当时的活跃人物，各国诸侯敬之如贵宾，畏之如蛇蝎，因为他们有实实在在的改变时局、翻云覆雨的能量，其中的杰出人物有佩六国相印的苏秦、向秦王献"连衡"毒计的张仪。

苏秦和张仪同为谋略家鬼谷子的门生，两人一明一暗，一个唱红脸，一个唱白脸，左右时局数十年。当年苏秦年轻时，游手好闲，搞得家里人对他很是不满,后来他异想天开,去游说秦王,没有成功,回家后妻子不让他进门,嫂嫂不给他饭吃,老父不认他这个儿子。他痛定思痛,发誓要成功,于是"头悬梁,锥刺股",天天苦读学本事,日日诵习纵横术,一年之后,自感学成,开始了向秦国复仇的大计,终于促成了六国合纵的局面,使秦国十五年不敢向六国进攻。

张仪的天分,要比苏秦高。一天,张仪在楚相令尹家里饮酒,席散后,令尹发现身上佩戴的玉璧不见了,于是有人说张仪游手好闲、不务正业,玉璧定是他偷了,于是,令尹找人把张仪痛打了一顿。张仪被抬回家后,问他妻子说:"你帮我看看,我的舌头还在不在。"他妻子又好气又好笑,说:"还在。"张仪大舒了一口气说:"舌头在就好,我还可以报仇。"后经苏秦帮助,张仪到秦国得到了权位,后来,他通过"连横"计策,使秦国很快攻下了楚国,以后连破六国,攻城掠寨如秋风扫落叶。

(三)下属才能的发挥,取决于老板的智能

对管理者来说,为谁工作、做什么工作和与谁一起工作,同样重要。

秦朝末年,一时豪杰并起、英雄辈出,每个人都在为自己的前程细加思量,在这样的情况下,对老板的选择无疑是很值得慎重的,有才能的人都明白,如果跟对了人,即使不能裂土分疆,也能功成名就,名满天下。如果跟错了人,不但自己要招来杀身之祸,而且还会给家族带来灭顶之灾。激烈的竞争与不断兼并的结果,造成了刘邦与项羽两强对峙的局面,选哪一个"老板",选哪一个阵营,是个艰难的抉择。项羽实力占优,地盘广大,兵精粮足,号称西楚霸王,出道以来战必胜、攻必取,同时,他重感情、有魅力。

刘邦从许多方面比不上项羽,但他有一个长处是项羽赶不上的,这也是刘邦最终成功的原因:刘邦会用人。刘邦敢用人,且乐于用人。项羽不会用人,不敢用人,也不太乐于用人。刘邦将成绩归功于自己的手下,他说:在大帐之内出谋划策,在千里之外一决胜负,我不如张良;平定国家,安抚百姓,保障

军饷,不断绝粮食供应,我不如萧何;联合众多的士兵,打仗一定胜利,攻占一定取得,我不如韩信。这三个人都是豪杰,我能够用他们,这是我取得天下的原因。由此可见,刘邦的成功是团队合作的结果,而项羽的失败是个人英雄主义的结果,既使双方实力差距较大,个人也干不过团队。是的,从个人单兵作战能力上看,刘邦这边不是项羽的对手,即使最善于打仗的韩信,也不敢与项羽正面作战;从谋略的层面上看,范增也不逊于张良、陈平之辈,项羽和范增本来能组成强强合作,可惜了,由于项羽不懂授权,造成了最终的失败,让后人千古作叹!

刘邦的成功,是因为他是一个很好的老板,也甘心做个老板,而项羽之所以失败,是由于他不仅要做一个老板,而且还要做一个做事的人。

管理智与巧,杯酒释兵权

宋太祖(赵匡胤)即位后不出半年,就有两个节度使起兵反对宋朝。宋太祖亲自出征,费了很大劲儿,才把他们平定。为了这件事,宋太祖心里总不大踏实。有一次,他单独找赵普谈话,问他说:"自从唐末以来,换了五个朝代,没完没了地打仗,不知道死了多少百姓。这到底是什么道理?"赵普说:"道理很简单,国家混乱,藩镇权力太大。如果把兵权集中到朝廷,天下自然太平无事了。"宋太祖连连点头,赞赏赵普说得好。后来,赵普又对宋太祖说:"禁军大将石守信、王审琦两人,兵权太大,还是把他们调离禁军为好。"宋太祖说:"你放心,这两个人是我的老朋友,不会反对我。"赵普说:"我并不担心他们叛变。但是据我看,这两个人没有统帅的才能,管不住下面的将士。有朝一日,下面的人闹起事来,只怕他们也身不由己呀!"宋太祖敲敲自己的额角说:"亏得你提醒一下。"

公元961年,宋太祖在宫里举行宴会,请石守信、王审琦等几位老将喝酒。酒过几巡,宋太祖命令在旁侍候的太监退出。他拿起一杯酒,先请大家干了杯,说:"我要不是有你们帮助,也不会有现在这个地位。但是你们哪儿知道，做皇帝也有很大难处，还不如做个节度使自在。不瞒各位说，这一年来，我就没有一夜睡过安稳觉。"石守信等人听了十分惊奇，连忙问这是什么缘故。宋太祖说："这还不明白？皇帝这个位子，谁不眼红呀？"石守信等听出话音来了。大家着了慌，跪在地上说："陛下为什么说这样的话？现在天下已经安定了，谁还敢对陛下三心二意？"宋太祖摇摇头说："对你们几位我还信不过？只怕你们的部下将士当中，有人贪图富贵，把黄袍披在你们身上。你们想不干，能行吗？"石守信等听到这里，感到大祸临头，连连磕头，含着眼泪说："我们都是粗人，没想到这一点，请陛下指引一条出路。"宋太祖说："我替你们着想，你们不如把兵权交出来，到地方上去做个闲官，买点田产房屋，给子孙留点家业，快快活活度个晚年。我和你们结为亲家，彼此毫无猜疑，不是更好吗？"石守信等齐声说："陛下给我们想得太周到啦！"酒席一散，大伙各自回家。第二天上朝，每人都递上一份奏章，说自己年老多病，请求辞职。宋太祖马上照准，收回他们的兵权，赏给他们一大笔财物，打发他们到各地去做节度使。历史上把这件事称为"杯酒释兵权"。

公元969年，又有一些节度使到京城来朝见。宋太祖在御花园举行宴会。太祖说："你们都是国家老臣，现在藩镇的事务那么繁忙，还要你们干这种苦差，我真过意不去！"有个乖巧的节度使马上接口说："我本来没什么功劳，留在这个位子上也不合适，希望陛下让我告老回乡。"也有个节度使不知趣，唠唠叨叨地把自己的经历夸了一番，说自己立过多少功劳。宋太祖听了，直皱眉头，说："这都是陈年老账了，尽提它干什么？"第二天，宋太祖把这些节度使的兵权全部解除了。宋太祖收回地方将领的兵权以后，建立了新的军事制度，从地方军队挑选出精兵，编成禁军，由皇帝直接控制；各地行政长官也由朝廷委派。通过这些措施，新建立的北宋王朝开始稳定下来。

【点评】 在合理授权的同时，要有效监控老员工，以免出现封地为王、难以管理，或者因为老员工的离开，给公司带来巨大的损失。譬如联想的杨元庆，每隔一段时间就要轮换高层。马云亲自操刀集团八大高管换班，杯酒释兵权。当TCL手机业务总经理万明坚、电脑总经理杨伟强的风头盖过集团总裁李东生时,即使他们在 TCL 工作年限都要近十年,负责的业务部门曾有过辉煌的业绩,也免不了被辞职的结局。

三、纵横家思想在企业管理中的应用

在中国源远流长的历史长河中,在体现人类巅峰智慧的诸子百家中,鬼谷子的政治理论和智慧,堪称旷世超群。无论从历史观点还是现代应用,都证明了他在应对危机、走出困境方面所体现出的华夏文明与智慧,鬼谷子因而被尊称为"乱世谋圣"。现代企业管理者完全有理由、有能力运用鬼谷子"纵横捭阖"的智慧,应对企业遭遇的危机,使企业在激烈的竞争中消除不利影响,顺利走出困境。

所谓"纵横捭阖",是指战国时策士为推行合纵或连横策略而进行游说的手段。后来,形容在政治、外交上,进行分化瓦解或拉拢结盟的手段。纵横捭阖起于鬼谷子,发扬光大于苏秦和张仪。

鬼谷子认为:人或国家无论处在优势还是劣势,都有取胜的可能。可以联合众多弱小形成强势,攻击强者;也可以联合一个强者,攻击众多的弱者。因此,鬼谷子被称为"纵横家的创始人"。

在当今企业管理中,如果能够准确地分析单位及个人在从政、经商中的实力优劣,运用纵横之术,就能够在竞争激烈的官场、商场和复杂的人际关系中攻守兼备、左右逢源,立于不败之地。

(一) 纵横家是从事外交活动的谋略家

在现代社会,领导者和企业家既要处理上下关系,又要处理内外事务,还要处理左右矛盾,这样,就形成了纵横捭阖的态势。因此,领导者和企业家其实就是现代的纵横家。只有成为纵横家,才能在错综复杂的社会关系中纵横驰骋、左右逢源。

纵者,合众弱攻一强也。就是在自己处于劣势或者不够强大的时候,联合几个或多个同样弱小的单位或个人,形成一种合力,从而完全可以与强者或对手进行抗衡或相持,以此来保护自己或战胜对手。譬如,单位或个人在自己还不够强大的时候,遭遇类似金融危机的情况时,那么,就可以联合几个和自己有着同样命运和处境的单位或个人,以增强抵御危机的能力,最终战胜危机、顺利渡过难关。

合纵派的代表人物——苏秦,就是采用这种方法,保护了六个当时尚属弱小的国家,致使当时强大的秦国在十五年之间未敢越过涵谷关一步,赢得了战国时期唯一的那段和平年代。

横者,用一强攻众弱也。就是在自己强大的时候,再与一个强大的伙伴结盟,形成强强联合,处于更加优势的地位;或是在自己还不够强大的时候,找一个强大的伙伴作为靠山,借人之势,壮大自己。譬如,在金融危机中,为了分担风险、增强竞争力,找一个强大的合作伙伴作为依托,是减轻危机风险、增强抵御危机能力的有力措施。

连横派的代表人物——张仪,就是采用这种战术,借着强秦的实力,以远交近攻、各个击破的谋略,帮助秦国最终实现了统一,将诸侯割据、分崩离析的中华大地实现了统一。

综上所述,鬼谷子纵横术的核心,就是在危急时刻,要对各个集团的综合实力进行认真细致的分析,确定联合与合作的战略战术,继而通过联合与合作,或合纵或连横,壮大自己的力量,增强自己的实力,从而使自己在艰难困苦的环境中左右逢源。

(二)纵横术在经济战略和商战中的应用

从社会发展的趋势看,国家之间、社会利益集团之间的冲突,更多地表现在经济领域的冲突、调整和竞争。鬼谷子作为战国时代纵横家的鼻祖,其学说在经济领域的运用涉及许多方面,企业管理者,可以运用鬼谷子的谋略智慧,从其方法和技巧中受益,取得理想的效果。同时,还可以从鬼谷子学说中领悟出许多理念、原则和精神,将其融汇到经济活动中,从而产生巨大的影响,改变思维方式,改变人的价值取向,具体有以下几个方面。

1. 积极入世的人生态度。 无论是鬼谷子的学说,还是纵横家的行为风范,都是积极入世(入世:投身到社会里)的,他们是一批有知识、有抱负的人物,学识渊博,足智多谋,能言善辩,有雄才大略,洞察天下大势,知晓风云际会,个个积极入世,人人不甘寂寞,对人生、对社会抱有深重的使命感,怀有"经纬天下,舍我其谁"的政治抱负。与那些士人中规避乱世、明哲保身、甘居林泉的隐逸之士相比,其人生志趣、价值取向,有着天壤之别,不可同日而语,高低贵贱可谓泾渭分明。

我们看鬼谷子的弟子们的行为风范,就可以充分看到胸怀天下、施展抱负的精神特征。他们一旦选定可以依附的君主之后,就会"以死任事",视政治生命高于自然生命,国家利益高于一切。苏秦后半生立志为燕国向齐国复仇,他三次入齐从事反间活动,每次时间长达数年,同时游走于赵、魏、宋诸国之间,历尽坎坷磨难,忍辱负重,然而他矢志不移。"毛遂自荐"中的毛遂,也是鬼谷子的门徒,从其"自荐"中也可以看到纵横家积极向上的人生态度。

企业家应学习纵横家以下行为风范:一是积极追求,施展抱负;二是登高望远,洞察全局;三是注重功利,讲求实效;四是目标明确,意志坚定;五是料事在前,灵活应对;六是因事制宜,用智用谋。同时,应把自己的经济活动放到全国、全球大趋势中考虑,以社会为己任;遵纪守信,合法经营;不畏艰险,永不言败;关注慈善,回报社会。

2. 用心用脑的策略手段。 "心机创造商机",心机是智慧、是谋略;心机诱发商机,商机反过来又刺激经营者心智的变化。在生意场中拼搏,很多经营者都会遇到"惨淡经营"的事情,面对这种情况,应该怎么办?一家水果店做出了如下明智的选择。

在"二战"经济大萧条时期，美国有许多中小企业纷纷破产，大多数企业关门大吉，一些水果商店也遭到了如此厄运。有一家水果店的老板不甘心就此失败，他在苦苦地思考着对策。

一天，他派人到苹果产地订购了一些苹果。在苹果成熟之前，用标签贴在苹果上，当苹果完全变熟之后，他揭下标签纸，苹果的表面就会留下一片空白。然后他再从以往客户名单中挑选出大约200名过去订货较多的客户，把他们的名字用油性笔写在透明的标签纸上，请人一一贴在苹果的空白处，然后送给客户。结果，几乎所有的客户，都为水果店的举动大为感动，因为客户们认为商店真的把他们放在心上，奉为上帝。很快这家水果店的销售量大增，顾客盈门，水果店度过了最困难的时期。

经营要不要策略、计谋、技巧，这是不言而喻的。但是，一些传统观念却不怎么提倡用心用脑，有的人把运用策略手段，与"耍心眼""费心机"联系到一起，"实心眼""老实巴交"成了褒义词。"大智若愚"是人们追求的高境界，但是，时时刻刻追求它，就掉进了"迂腐"的陷阱。《鬼谷子》旗帜鲜明地提倡用智谋，教人"揣情摩意，量权谋虑"。意思是说，依据利害和欲恶（欲望和好恶）去辩证取舍，洞悉利害和欲恶去谋划思考。

3. 信息至上的决策原则。鬼谷子学说中，大量篇幅在讲获取真实情况与搜集信息的重要性，可资借鉴。《鬼谷子》十二篇，篇篇都有观察对方、揣测实情、衡量实力、试探虚实的阐述，鬼谷子讲述的谋略与方法，统统是建立在了解实情、获取信息的基础之上；同样，他讲情报的获取，不是被动的、接受式的，而是主动地运用多种智谋和技巧，获取尽可能多、尽可能全、尽可能真、尽可能准的信息。

4. 因时顺势的应对能力。做事、做决策，以什么为准绳？是以固有的规定、框框或概念为标准，还是以实际情况、面对的现实为依据？鬼谷子学说始终贯穿的思想，就是调查了解、分析对象，观察、揣摩面对的形势和局面，"变生事，事生谋，谋生计"。事物是变化的，根据变化的事物产生谋略，根据谋略进行计划思考。实行忤合之术（忤合：忤中求和，即用蒙蔽、模糊的方法逆向求和），如果运用到天下，一定要先衡量天下的情况再制定实施措施；把它运用到一个诸侯国，必定依据诸侯国的情况来制定措施；把它运用于封地，必定衡量封地的实际情况来制定实施措施。

5. 出神入化的谈判技巧。《鬼谷子》特别重视语言技巧、谈判技巧。有人称《鬼谷子》是语言修辞宝典，其中第九篇"量权"更是专门研究技巧，比较透彻地从游说的角度讨论了语言修辞的重要性：一是要实现游说目的，就必须善于修饰言辞；二是要善于辨别各种虚假的言辞；三是言辞要特别谨慎，说话要选择对象；四是要善于借用别人的长处，避免自己的短处；五是讲多种非常态的言辞；六是根据不同的对象，选择不同的态度和方法。认真修研语言，对经营管理、商业谈判大有裨益。

6. 开放严谨的管理理念。《鬼谷子·符言第十二》讲君主治国平天下必备的修养，用于今天的经营管理，也是非常贴切实用的。鬼谷子的管理理念是开放的，要明察天下，要广泛听取意见，要信息畅通，追求和谐；鬼谷子的管理理念又是严谨的，要公正守信，掌握好赏赐与刑罚，要因势利导，遵循名分，等等。既要使眼睛看得远，又要使耳朵听得远，还要使心里洞察一切。能够了解千里之外的情况，了解隐秘微小的事情，这就叫洞察。如果能够洞察一切，天下为非作歹的人就会暗暗地改变自己的行为。

总之，鬼谷子学说在经济领域的运用，可以涉及许多方面，有的东西可以在实际工作中自己总结、领悟，但是，如果学习掌握了前人的理论，那么就会更自觉地、更主动地、更清醒地处理面临的矛盾和问题。

陆贾巧言劝说，尉佗称臣降汉

汉朝时，尉佗在南越称王谋反，高祖派陆贾给他赏赐印绶，封为南越王，并令他向汉朝称臣，服从汉朝的约束。陆贾到南越后，尉佗没有出郊迎接，且态度傲慢地接见了他。

陆贾不卑不亢地对他说:"你是中原人,亲戚、兄弟、祖坟都在真定(今河北石家庄东),现在你违反天常人伦,脱下汉服而穿胡服,企图拿小小的南越同天子抗衡,你离祸患不远了。秦朝政治混乱,天下诸侯豪杰全都起兵反抗,只有汉王先入武关,据守咸阳。项羽背弃契约,自立为西楚霸王,诸侯都归附他,可以说是很强大的了,但是汉王从巴蜀兴起,横扫天下,制服诸侯,灭掉项羽。五年的时间里,四海平定,这不是人力所能办到的,而是上天的旨意。天子听说大王称王南越,不助天下人诛除暴虐的秦朝,本来是要动兵诛杀你的,但天子怜爱百姓近来劳苦,所以暂且休兵,派我授予你印绶。我作为天子的使者,大王您应当出郊迎接我,向北称臣。假如您想凭新近建立而羽翼未丰的南越独立为国,不归顺汉朝,汉人定会挖掘你先人的坟墓,灭了你的宗族,并派兵攻打南越,南越的人民也会杀掉您归降汉朝,这是易如反掌的。"

听到这里,尉佗赶忙站起身来,向陆贾道歉。

【点评】 陆贾劝南越王尉佗降汉的一番话里,正邪兼备,颇可玩味。南越王割据一方,拥兵自重,如果他真把汉朝的军事实力放在眼里,岂不早就归顺了?陆贾的高明之处,在于说了这句话:"会挖掘你先人的坟墓,灭你的宗族。"如此做法,刘邦不怕,南越王却深以为忧,因而归降。

人在立身行事时,不能只考虑自己,还有父母兄弟、妻子儿女等,南越王就是因为顾及这些才臣服的。这就是古人常说的"有所不忍者"。也就是说,每个人在心理上都有弱点,都有其割舍不掉的东西。这个东西有时是亲情,有时是友情,有时是自尊。不过,不论是什么,都可以作为对其进行操纵的武器。

第七章　杂家思想与企业管理

杂家是战国时代末期至汉代初期的哲学学派，以博采众家之所长与"兼儒墨，合名法"为特点，于百家之道无不贯通。杂家著作，以秦代《吕氏春秋》、西汉《淮南子》为代表，分别为秦相吕不韦和汉代淮南王刘安，招集门客集体所辑，对诸子百家兼收并蓄。可以说，杂家代表了当时社会文化融合的趋势，符合了时代的特征和需求。

正是因为杂，它才无法很好地传承下来，而又是因为杂，才能够使它很好地符合了时代的趋势，更好地迎合了当时社会的需求，满足了当时历史条件下的统治者的目的。

一、杂家思想与人事管理

吕不韦（约前290—前235），战国末年卫国濮阳（今河南濮阳西南）人，古今中外第一风险"投资商"，杂家代表人物。他以投机商业的手段投机政治，由经商而经国，曾辅佐秦始皇登上帝位，任秦朝相国，其气魄之大、眼光之远、心计之深、创意之妙、谋划之周、收效之丰，真可谓前无古人，后无来者。

刘安（前179—前122），汉高祖刘邦之孙，淮南厉王刘长之子，是杂家另一位代表人物。文帝八年（前172年），刘长被废王位，在旅途中绝食而死。文帝十六年（前164年），文帝把原来的淮南国一分为三封给刘安兄弟三人，刘安以长子身份袭封为淮南王，时年十六岁。他才思敏捷，好读书，善文辞，乐于鼓琴。他是西汉著名的思想家、文学家，奉汉武帝之命所著《离骚体》，是中国最早对屈原及其《离骚》作高度评价的著作。曾"招致宾客方术之士数千人"，集体编写了《鸿烈》（后称为《淮南鸿烈》或《淮南子》）一书。

吕不韦和刘安这两位代表人物的著作，都不是自己独立完成的，而是让其门客集体编写、汇编而成的，因此可以说，杂家的代表作是我国古代劳动人民智慧的结晶。

杂家所蕴含的管理学原理，包括以下几个方面：一是取儒家的德治，弃其烦礼；二是取道家的君道无为，舍其放诞踰闲；三是取法家的任法重赏，避其刻薄寡恩；四是取墨家的强本节用，遗其兼爱；五是取名家的正名审分，弃其坚白异同之辞；六是取农家的树艺五谷之技，弃其君民并耕之说；七是取兵家的兵以义动，弃其救守偃兵之论；八是取小说家的规讽之旨，弃其致远恐泥之道；九是取阴阳家的顺天授时，弃其卜筮方士之术；十是取纵横家的捭阖弛张之术,弃其背义尚诈之事。

自古以来,就有人把美玉当成顽石,将沙石当成黄金,良莠不分,忠奸不辩。对企业管理者来说,选拔人才总希望能淘汰劣才,抛弃佞才,远离奴才,却退歪才,发现人才。举才思想是《吕氏春秋》的一大亮点,应用于现代企业管理中,有利于发现人才、选拔人才。

(一) 举才与识才,关键是知才

如何"知才",在《吕氏春秋》中多有论述,现代企业主管及人力资源管理者,应知人晓事,只有"知才",才能"举才"。

中国有句古话:"耳听为虚,眼见为实。"然而,有时亲眼所见,也并非就可信。有一次,孔子看到弟子伸手抓锅里的饭粒吃,以为是偷吃,之后才明白,是弟子将沾了烟灰的饭粒挑出来,因舍不得扔掉而吃了。孔子不禁感叹:自己所相信的是自己眼睛所看到的,所依仗的是自己的心,但是心一样不可靠,想要了解别人是不容易的。可见,知人难也。企业人力资源管理者在"识人知人"过程中,也必须有这样的意识,真正认识一个人不能凭一时一事、一个印象而下结论,这样可能会做出错误的判断。

施耐庵在《水浒传》中说:"画虎画皮难画骨,知人知面不知心。"意思是外表易画,骨相难描。可谓人心难测,如何"知人"历来是一个难题,留下了许多教训。

《吕氏春秋·论人》中列举了如何考察和识别人才的方法,提出了"八观六验"之法。其中,"八观"就是通过观察一个人在不同的环境下的行为表现,来判断他的基本素质及才能。"六验"就是通过"高兴、快乐、发怒、恐惧、悲哀、困苦"等,来检验一个人的"节操、邪念、气度、品行、仁爱、意志"等。这些方法经过变通之后,用于现代企业管理,用于检验衡量、认识选拔企业员工,无疑也是一种行之有效的方法。

"知人之法"已不限于单凭相貌与言谈举止,而是通过内外两个方面,运用于现代企业人力资源管理的实践中,据此方法选择人才,对正确选拔人才具有重要意义,若能正确运用,持之以恒,一定能正确考察、识别人才,一定会选出真正的有用之才。

(二)选拔与培养,关键是用才

《吕氏春秋》记载,商汤占领了夏朝的天下后,夏桀已经逃跑了,在这时,商汤发扬仁慈的美德以抚恤百姓,一反夏桀的所作所为,选举夏朝的贤人,顺应人民的意愿,远近的人都归附了他,所以商汤称王天下。周武王打败商纣王后,武王把贤人提拔到显贵的位置,举荐殷朝的遗老,询问人民的愿望,行赏及于禽兽,惩罚不避天子,亲近殷朝的士民百姓就像亲近周朝的士民百姓一样,看待别人就像看待自己一样,天下赞美他的德行,万民喜欢他的仁义,所以武王立为天子。商汤与周武王都能做到所有土地、财产都是皇帝的,所有地上的民众都是皇帝的臣属。因不举人唯亲,方成就其帝业。然而,与之相反的如项羽,因其不善用人、举人、任人,不善听取谋士良言,所以不能称王天下。

人才有不同的类别、不同的层次、不同的年龄,每个人都有自己的特征,企业需要各类人才,要唯才是举,唯才是用,只要能为企业发展出谋献策,积极贡献力量者,都在选拔之列,所以企业可以从自己潜在对手、破产对手、现实对手中选拔对本企业有用的人才,只要能做到像商汤、周武王那样,只要能做到像刘邦选韩信、陈平那样,像唐太宗选魏徵那样,何愁企业业绩上不去呢!

随着知识经济时代的到来,"知识是无价之宝"的论断越来越广泛地被现代企业管理者所接受,国家之间、企业之间的竞争,实际上就是知识的竞争,知识的竞争体现在人才的竞争,人才的竞争归根结底是学习、教育和培训的竞争。对现代企业而言,要使自己比竞争对手学的更快更好,从而获得真正持久的优势,至关重要。诚如《财富》杂志所言,未来最成功的企业,将是那些学习型的企业,而学习型的企业文化表现为:使员工不断学习,企业奖励进步,大家共同分享所学的知识、并用其创造新的商业机会使每个人受益。一些著名的大企业都是不断增加对员工的培训与人力资源开发的投资。《吕氏春秋》中的育才思想,对现代人力资源开发具有重要意义。

《论语·述而》曰:"我非生而知之者,好古敏以求之者也。"意思是说:我并不是生来就有知识,而是喜好古代文化,勤奋学习得到知识的。知识不是生来就有的,知识需要通过学习来获得,当今不断学习知识显得更为重要。目前,很多企业都非常重视教育培训,并愿意投资培训,有些企业甚至规定每一个员工每年必须参加多少培训,这都是一种很好的倾向。

《吕氏春秋·孟夏纪·尊师》指出:上天创造人类,让人的耳朵可以听声音,如果不学习,他就算能听见也如同聋子;让人的眼睛可以看见东西,如果不学习,他看见了东西也如同看不见;让人的嘴巴可以说话,如果不学习,他说话也是胡言乱语;让人的心田可以感知,如果不学习,他的感觉也是荒谬的。所以凡是学习,并非能够给人增加什么好处,但是能够使人通达天性,只是能够保全上天所赐予的本能而不败坏它们,这就叫作善于学习。可见,善于学习关键在于天性通达即融会贯通,而不是原原本本,一成不变地学习,只有理解后才能创新,创新是源泉、是动力,在知识经济时代,企业人力资源开发,值得借鉴这个道理。

(三)信任与尊重,关键是留才

企业人力资源开发,除了认识、选拔、培养人才外,必须创造一个能使人才留得住、有作为的氛围。现代企业在经营过程中必须尊重员工,员工都有一种被尊重的需要,这样有利于留住人才。那么,怎样发挥员工的才能,留住员工呢?《吕氏春秋》的丰富内容值得借鉴。

1. 正名审分。正名审分是指国王要设立百官并使其职权相符,同时要求各司其职,各尽所能。《吕氏春秋·审分》说,依照实际审察名称,以便求得真情,听到言论要考察其所行之事,不要让它们彼此悖逆。若以牛为马、以马为牛,都是名分不正啊。名分不正,君主就忧愁劳苦,百官就混乱乖逆了。所以，国家大治需要做的事情，在于辨正名分。名分辨正了，君主就不受忧愁劳苦了。对于现代企业，首席执行官必须根据企业具体情况建立完善的组织机构，根据企业人才素质与能力，做到人尽其才，才尽其用。总而言之，每个人的才能都有质的区别，不同性质的人才不能相比，同一性质的人才能力也有大小之分，所以现代企业必须根据不同的岗位对人才性质、能力的不同需要，选用具有相应性质、能力的人才，并保持有机而动态的协调。只有这样，企业管理才能循序渐进，有条不紊。

2. 无为而治。领导者事必躬亲，不利于下属发挥聪明才智。《吕氏春秋》强调"无为而治"，是讲领导者不要越俎代庖，侵夺臣权，要自知其能与不能，自己不能亲自办到的事，要善于指挥百官"尽其巧，毕其能"。《吕氏春秋·勿躬》指出：没有狗就不能捕获兔，兔如果变得和狗一样，那就无兔可捕了。君主如果喜欢做臣子该做的事，就与此相似了。领导者不必"事必躬亲"，而要知人善任。该文中还以管仲为例，管仲相齐桓公，"十年九合诸侯，一匡天下"，成就了齐国霸业，功在管仲，而管仲治理齐国，并非每事躬亲。企业主管也不必凡事躬亲，由于每个人的才能、专长有限，这样做不但累了自己，还不一定有利于企业的发展。明智的企业主管都知道用强过自己的人，员工某方面的能力只有强过自己，企业才有成功的希望，如果使用方方面面都比自己差的人，那什么都甭谈了。

3. 严明制度。俗话说："国有国法，家有家规。"对于企业来讲，应该厂有厂规，企业的有效运作离不开规章制度的约束力，规章制度能让员工感到有法可依，有章可循，自己规范自己的行为。

著名化妆品企业家玛丽·凯·阿什说："要想管理一家规模宏大的公司，制定一套政策和制度往往是必要的，但政策必须具备公平性，人们是会遵守公平的政策。"所以，企业若能有一套严明的制度且在使用过程中赏罚分明、执法如一，则为本企业在同行业中立于不败之地奠定了良好的基础。

综上所述，我们清楚地看到《吕氏春秋》的内容十分丰富，对现代企业管理具有一定的实践意义，通过不断挖掘整理，把其中优秀的、有用的部分运用到现代企业人力资源开发中,既可充实现代企业人力资源理论,又可促进现代企业人力资源工作,还可举一反三,得到有益的借鉴与参考。

吕氏春秋,一字千金

战国末期,秦国大商人吕不韦,在赵国经商时,曾资助过秦庄襄王(名子楚),又把他的妾赵姬送给子楚为妻,待子楚接王位后,他便被封为文信侯,官居相国。庄襄王在位仅三年便病死了,由他十三岁的儿子政(赵姬所生)接王位,便是历史上有名的秦始皇,尊吕不韦为仲父,行政大权全操在吕不韦和赵姬的手中。

当时,养士之风甚盛,有名的战国四公子都有门客数千人,吕不韦也养了三千门客,作为他的智囊,想出种种办法来巩固他的政权。这些门客,三教九流应有尽有,他们各有各的见解和心得,都提出来写在书面上,汇集成了《吕氏春秋》,又叫《吕览》。是先秦时期一部百科全书式作品,全书20余万字,分为"八览""六论""十二纪"。吕不韦就把这部书,作为秦国统一天下的经典。当时,吕氏把这部书在秦国首都公布,并悬了赏格,说有人能在书中增加一字或减少一字者,就赏赐千金(合黄金一斤)。

后来的人,根据这个故事,引申成"一字千金"成语,用来形容一篇文章的价值很高,或称赞一篇文章在修辞上特别出色,字字珠玑,不可多得。

【点评】 吕不韦的"一字千金"炒作手法,其实就是现代的"零差错"宣传手段。此后,"零差错"成了古代书商宣传新书时的一个噱头。在近代社会中,样样都成了商品,文章也不例外,比如某著名作家的一篇文章,稿费价格之高,相当于"一字千金"。不过,通常还是用来形容文章的价值或修辞的美妙比较妥当。

二、杂家思想与企业管理

一代名相吕不韦,有关他的功过得失,历史上一直争论不休,但从企业管理的角度上讲,他的功绩,他的谋略,即使是两千多年后的今天,仍然闪烁着耀眼的光芒,成为今天企业家的典范。

《吕氏春秋》从内容上看,包括了战国诸子的各种观点,综合百家九流,泛论天地人物,涉及自然、社会的各个方面,兼收并蓄,无所不有。然而,这种"杂"并非无序,更不混乱,蕴含着自身的内在逻辑。《吕氏春秋》所揭示的企业管理思想,主要体现在以下几个方面。

(一)杂家思想之商机管理

吕不韦靠自己的惊天策划,改变了自己的命运,也改变了历史的面貌。"以史为鉴,可以知兴替"。吕不韦不仅为后人留下了一段旷古传奇,也为今天的商界留下一个极好的案例和教材。吕不韦虽然是个商人,但对各国的政治极为关注,而且为人出手大方,"遍交天下有识之士",信息来源甚广。所以,虽然身处资讯不发达的时代,但他对各国的政治依然了如指掌。因而,在遇到异人之后,他能马上意识到"此奇货可居",并马上冒出了一个立主定国的宏伟计划。试想,如果他对秦国的政治不了解,不知道安国君最宠幸的华阳夫人偏偏无嗣,不知道继承人还未确定等关键信息,他是断不可能意识到眼前的异人是"奇货",也许他像别人一样,与之不屑一顾。所以,善于把握商机的前提条件,是善于掌握关键信息。

把握关键信息,是成功的前提。在当时,关心各国政治的人很多,知道这些信息的也大有人在，但却没人能够将这些信息跟眼前的质子异人联系起来，只有吕不韦做到了。他不仅能够敏锐地分析出上述信息与异人的联系，而且也发现了一个改变自身命运的机会。因而他才敢于"倾家荡产"资助异人，最终他成功了。所以，把握商机的能力，就是把握、分析和利用信息的能力。

（二）杂家思想之"八观六验"

《吕氏春秋·论人》中，提出了"八观六验"的识才方法。

八观是指依据人在不同环境的表现来识才。具体表现如下。

通则观其所礼。即其有了地位之时，看其是否趾高气扬。

富则观其所养。即其富足起来后，看他结交什么样的人。

听则观其所行。即听其当面所言，看其背后做得如何。

止则观其所好。即看他业余时间，追求崇尚什么。

习则观其所言。即看他身为亲信，怎样出谋划策。

穷则观其所受。即其在穷困之时，是否接受非分之财。

贵则观其所进。即其任要职之时，看其推荐什么样的人。

贱则观其所为。即其在贫贱之时，看其是否做非义之事。

六验是指依据人的情感来识才，具体表现如下。

喜之以验其守。即使之得意，看其是否忘乎所以。

乐之以验其僻。即使之高兴，看其是否能持操守。

怒之以验其节。即使之发怒，看其是否自我约束。

惧之以验其持。即使之恐惧，看其是否意志坚定。

哀之以验其人。即使之失败，看其是否自制自强。

苦之以验其志。即使之困苦，看其是否胸怀大志。

（三）杂家思想之智巧变化

吕不韦是个聪明的商人，他的用心是追求暴利，政治与权力也是他眼中的利润。一次他问父亲:"耕田所得的利润是成本的几倍?"吕父答:"十倍。"又问:我采购金银珠宝,然后销售出去所得的利润是成本的几倍?"吕父答:"百倍。"再问:"如果扶立一个国家的君王,借此掌握国家政权,其利润是成本的几倍?"吕父答:"不可胜计矣!"这一问一答,蕴含着吕不韦的战略谋划在里面。于是,他确定了自己的目标:扶立国家君主,掌握国家政权。

1. 把目标设定在在赵国为质子的子楚身上。对于子楚这个"奇货"有四种战略可用,即市场渗透战略、产品开发战略、市场开发战略和多样化战略。如果采用市场渗透战略,就要得到更多的市场份额,市场份额是秦国最高统治者的支持率。子楚现在的市场份额几乎是零。安国君不喜欢这样的产品。如果采用产品开发战略,子楚本身是王子,没有开发的必要,是现成的产品。如果采用多样化战略,多找几位王子包装后,向安国君销售的话,王位只有一个,竞争者多了,反而事与愿违。唯一可采用的是市场开发战略。从需求入手,让子楚当华阳夫人的儿子,取得华阳夫人势力的支持,再向安国君销售。吕不韦把营销战略锁定在市场开发上面,他把这次商业贸易活动与子楚比喻成"奇货可居"。吕不韦的经营方法是把少有的货物囤积起来,等待高价出售。现在他想独占子楚作为资本,等待时机,以捞取一本万利的名利地位。

对于子楚的情况,吕不韦了解得一清二楚。于是,找了个时间去拜访子楚。接触方式是直接沟通,单刀直入地说明来意。沟通的目的是说服王子,得到一个双赢的结局。吕不韦分析当前形势,指出秦昭王年老体衰,生命迟早枯竭。安国君作为第一继承人将继承王位。安国君最宠信的妻子华阳夫人,按照继承方式,第一顺序继承人是华阳夫人生育的孩子,这是立嫡。但是华阳夫人没有生育子女,立嫡自动失效。安国君共有二十多个儿子,子楚又不是最大的儿子,年龄排在众兄弟的中间。安国君又不喜欢子楚,子楚又在赵国做质子。在竞争中,是难以取得继承人目标的。吕不韦第二阶段计划是为子楚谋取竞争优势,这个竞争优势就在于华阳夫人需要儿子来巩固自己的地位,子楚需要有支持他成为合法继承人的权贵势力。这种需求与供给,是互补与互利的。吕不韦要的是不但具备创造高的绝对价值的能力,而且还要有相对于其他竞争者更低的成本优势。

2. 将子楚打造成高价值、高利润的"奇货"。

第一步营销策略：把竞争优势转化为顾客优势。由于安国君潜在继承人子楚，具有可以过继给华阳夫人做儿子这一竞争优势。吕不韦接下来的工作，就是把这种竞争优势转化为杠杆优势，最后再转化成顾客优势。任何竞争优势都必须转化为顾客优势。吕不韦也必须着力建立顾客优势，用这种成功带动高的顾客价值与满意，从而创造高的利润率。这背后的超级顾客就是安国君与华阳夫人。让超级顾客满意，是得到"王位继承权"这一高额利润的基础。

子楚曾对吕不韦说过，如果像您说的那样，我愿与您共治秦国。于是，吕不韦用货币资本500金作为子楚的生活费用与人际交往费用。又专程到秦国，用货币500金采购秦国比较稀缺的奇珍异宝，通过华阳夫人的姐姐转交给华阳夫人。吕不韦通过面对面与顾客打交道的销售方式，打了一场睿智的广告战：一是树立的品牌形象是子楚有能力、很聪明。吕不韦在华阳夫人面前夸赞子楚贤智。二是树立的品牌形象是子楚很会培育人际关系，构建了广泛的人际关系网络，证明子楚很会为人处事，很得人心。吕不韦在华阳夫人面前宣传子楚广结诸侯，宾客满天下。三是树立的品牌形象是子楚很孝顺，很重感情，子楚把华阳夫人放在很重要的位置。吕不韦强调华阳夫人在子楚心目中有特殊地位是跟其他人有明显区别的。对于安国君与华阳夫人，子楚是日夜泣思。他非常想念这两位重要的亲人，所以，天天以泪洗面。

吕不韦很清楚广告作为营销工具的功能与效用。他通过表明产品的身份使其与其他产品进行区别。华阳夫人觉得在安国君二十多个儿子中，也只有子楚这个王子挂念着她，重视她。吕不韦这次情感营销比较成功，已经在华阳夫人心目中建立了一种价值与品牌偏好，以及对子楚这个品牌的忠诚度。

接下来，吕不韦紧紧抓住时机，唆使华阳夫人的姐姐为妹妹识别不同的利益细分市场和它们的市场规模：一是色衰爱弛，女人的美貌与青春不会永驻的，君王的宠爱也不会长久的（这个占15%）。二是作为未来的王后，没有子嗣是不能巩固自己后宫地位的（这个占15%）。三是在安国君二十多个儿子中找一个喜欢的做儿子，并且确立继承人地位，将来自己就是王太后（这个占 30%）。四是把子楚作为王位第一顺序继承人，则华阳夫人永世有宠于秦（这个占 40%）。以上分析，让华阳夫人很清楚地认识了立子楚为嫡的重要性，以及能带给个人与家族的最大化利益。这时的华阳夫人便成了坚定的忠诚者，始终不渝地购买子楚这一品牌。营销的绩效让所有人皆大欢喜。子楚成为安国君合法的继承人而且名盛诸侯，同时，吕不韦还赢得了重奖激励——成为王室的老师。

第二步营销策略：操纵美女经济，是吕不韦的亮点，也是他的新创意。由于子楚刚确立为秦国未来王位的合法继承人，还没有时间与精力去蓄养美女，解决个人需求。所以，吕不韦要销售出去的美女产品是没有竞争者的。他利用机会与子楚互动，通过高明促销方法把怀有身孕的美女赵姬销售出去。促销的渠道与方法是请子楚到他家里饮酒，安排美女与之见面。促销很成功，子楚见到美女魂不守舍，想要吕不韦让这个美女给他。吕不韦假装生气，最后还是把怀有身孕的美女让给了子楚做妻子。赵姬生下了一个儿子，叫嬴政，就是后来统一六国、平定天下的英明神武的秦始皇。

公元前251年，秦昭王去世，太子安国君嬴柱继承王位，史称秦孝文王。秦孝文王寿命不长，只执政一年就离开人世。王位转移到现任太子子楚身上。登上秦国政治顶峰的子楚，史称秦庄襄王。这个统治者不但是个高盈利产品，而且还是高盈利顾客。吕不韦从新统治者利益中，得到的回报是"丞相"的职位，"文信侯"的爵位，食河南洛阳十万户。比起以前做商业贸易的经济收入，不知高出多少倍。

公元前247年五月，秦庄襄王驾崩。吕不韦的亲生儿子嬴政继位，尊吕不韦为"仲父"。权力是一种个人影响他人的能力，由于嬴政年幼，实际上秦国的政治权力与影响力都由相国把持。吕不韦参照魏国信陵君、楚国春申君、赵国平原君、齐国孟尝君的做法。养食客三千多人，形成一种势力不小的联盟。这个非正式群体，为他出谋划策，鞍前马后，立过不少功劳。吕不韦还借此为自己积极塑造良好的公众形象，还组织著作《吕氏春秋》，这些行为，无不为他的政治影响力与地位的巩固，起着强化剂的作用。

吕不韦做事很有分寸,从不鲁莽。在执行过程中,他收集信息与扫描环境。安排专门的人员收集营销情报,收集秦国的政治制度、权势人物的信息、安国君的妻妾与众子女的详细资料、秦王朝的军事动态与政治动态、诸侯国的力量对比与外交关系情况,等等。当然最重要的是,了解子楚的爱好、兴趣、处境、婚姻状况、能力水平、价值观体系等。吕不韦把这次商业贸易活动与子楚比喻成"奇货可居",最终大获成功。吕不韦在成功中不断成长、成熟,不愧为千古第一奇商。

"亲眼所见",未必是真

《吕氏春秋》记载,春秋时代后期,孔子为宣传自己的主张,带一些弟子在陈、蔡两国之间游说,其中一段时间被困,三餐以野菜果腹。

一天,颜回讨回一点米来,连忙生火给老师做饭。饭快煮熟时,孔子看到颜回用手在锅里抓起米饭往嘴里放,孔子感到纳闷但没有声张,也没有去问为什么这样。过了一会儿,颜回请老师用餐。孔子若有所思地说:"我刚才梦到祖先来看我,我想用干净的米饭,先来祭祀祖先!"

忠实的颜回赶紧说:"不行,饭不干净!方才有烟灰掉进锅里,我怕扔了可惜,就抓起来吃了。"孔子听后恍然大悟,叹了口气对弟子们说:"我还以为可以相信自己的眼睛呢,看来眼睛看见的事也是不足以信赖的;原来以为自己的思想应该是可以信赖的了,可是思想也是不足以信赖的。你们要记住,真正了解一个人是一件多么不容易的事情啊!"

【点评】 在现时生活中,确有因"亲眼所见"而误解了不该误解的人和事,甚至有的人还以"眼见为实"而固执己见,不知道自己"看错了"。所以,真正了解一个人很难,需要点点滴滴累积;而误解一个人则很容易,有时就是一件事、一句话,甚至一念之间。这样的事情在企业管理中屡见不鲜,所以,我们遇事要多往好处想,多往长远想,多从自身找原因,将心比心设身处地,用真心待人、善心为人、忍让与人的标准看待、处理身边的人和事。

三、杂家思想在企业管理中的应用

杂家作为"九流"之一,在诸子中是很鲜明的一派,因为以"兼儒墨,合名法"为特点,于百家之道无不贯通。杂家虽集合众说,兼收并蓄,然而通过采集各家言论,贯彻其政治意图和学术主张,所以可称为一家。

(一) 通过杂家思想,透视企业管理

《吕氏春秋》之所以能够流传千年,自有其独特的价值,书中的诸多言论,经过时光的洗礼,依然熠熠生辉,透过《吕氏春秋》来看现代企业管理,亦不乏裨益。

1. 建立企业制度。 常言说:"无规矩不成方圆。"大到国家管理,小到企业运行,制度是根本。一个合理的制度,可以使一个企业蒸蒸日上,走向成功;一个不合理的制度,可以使一个企业节节败退,直至倒闭。

《吕氏春秋·孟春纪第一·本生》曰:"天子之动也,以全民为故者也,此官之所以自立也,立官者以全生也。"意思是说,天子的作为是保全天性和生命,这是设立官职的原因,设立官职是用来使万物的生命得以保全。同理,一个企业的制度,是为了保障企业全体员工的利益;一个企业的发展,是由企业全体员工共同协作完成的。因此,一个好的企业制度,必须是公平公正地约束与维护企业全体人员的。

一个好的企业制度亦不是一成不变的,它必须随着企业的发展而变化。一个以维护员工利益为目的,以公平公正公开为原则,不断推陈出新,随着企业发展而变化的企业制度,是一个企业兴旺发达的有力保障。

2. 形成企业文化。企业文化是一个企业核心凝聚力之所在，企业形象之所在，它决定着一个企业软实力的强弱。

《吕氏春秋·仲夏纪第五·适音》有云：政治清明的时代，考察它的音乐就可以知道它的风俗了，考察它的风俗就可以知道它的政治了，考察它的政治就可以知道它的君主了。这是什么原因呢？因为大凡音乐，是从人的内心产生出来的。心中有所感受，就会在音乐中表现出来，音乐表现于外而化育于内。因此，听到某一地区的音乐就可以了解它的风俗，考察它的风俗就可以知道它的志趣，观察它的志趣就可以知道它的德行。这里虽然是论音乐，但可引申至企业文化。企业文化代表着一个企业的形象，体现着一个企业的风气，企业员工的心态，同时也影响企业内在的风气、企业员工的心态和企业外在的形象。

健康向上的企业文化，易于被员工接受，在增强企业凝聚力的同时，也能呈现给社会一个健康良好的形象，在无形中提升企业的社会地位，增强企业的软实力，为企业的发展奠定良好的基础。相反，不良的企业文化很容易影响企业的外在形象。

那么，如何才能营造一个良好的企业文化呢？建立健康向上的企业文化，必须从小事做起，从点滴做起，形成了一个良好的开端，根据企业自身特点，制定特有的企业文化，经过上下共同努力，营造良好的企业文化氛围。

3. 落实企业决策。一个成功的决策，能带领企业走向辉煌，企业的决策左右着一个企业的兴衰。因此，企业决策者的素质能力至关重要。《吕氏春秋》中谈论的一些君主之道，用于现代企业决策者身上，亦是十分合适的，作为一个君主，"容人、纳谏、人尽其用"是必须具备的，企业决策者亦然。

作为君主应有海纳百川的胸襟，容人所不能容，不偏私，不专治。作为企业的决策者，就应该虚怀若谷，宽容待人，这样才能在人才济济、竞争激烈的现代社会招揽人才，留住人才。当然，所谓容人，不是是非不分，而是能容可容之人，亲贤远佞。

俗话说："智者千虑必有一失，愚者千虑必有一得。"作为一个企业决策者，必须做到虚心听取下属意见，尤其是在分工日益细化的今天，听取专业人士的意见是非常必要的。这样才能全面地考察实情，总揽全局，站在整体的角度进行决策。

明白治国方略的君主，关键是懂得管理百官，所以，自己做事情少而国家太平。作为决策者，并非一定事事亲为，而是根据下属的优长，安排适当的职务，做到人尽其用。这样，不仅让下属的才能得以充分发挥，更提高了工作效率，同时减少了自己的工作量。

（二）杂家思想在企业管理中的应用

杂家的出现是顺应时代潮流的产物，其博采众家所长的思想，是现代企业管理应借鉴的地方。中外企业各不相同，但其管理方法必有相通之处。现代企业家，应借鉴杂家思想，学习中外管理理念，取人之长，补己之短。

杂家提倡贵公去私，政在得贤，法德并举，君虚臣实。他们认为君主治国的根本出发点，是利民而不是自利，治理好国家的根本在于招贤纳士，管理国家要把法治和德治结合起来，君主应虚闲无为，臣子则应充实忙碌。这些管理思想在现代企业管理中有很大的用武之地，主要体现在以下几个方面。

一是贵公去私。企业管理者肩负企业责任，要以企业发展目标和企业利益为己任，不能贪图私利，否则会给企业带来重大损失，影响整个企业文化，使人心涣散，不利于团结，也不利于管理者自身的发展。

二是政在得贤。企业的前景，取决于是否有一批德才兼备的人才，如能招揽和培养优秀的人才，则企业兴旺指日可待，如果做不到任人唯贤，企业将会坐失良机。

三是法德并举。企业制度就是内部法律，这是刚性管理，而管理者的影响力、被管理者的主动服从都来自于德行，这是柔性管理，只有做到法德并举，刚柔相济，才能深得人心，才能管理好企业。

四是君虚臣实。企业高管和总裁，不应埋头于琐碎的工作，而应把这些工作交给胜任的下属，高管应广泛地收集信息，吸取知识，为企业的战略规划做出决策与部署。

杂家的思想主张，不止上述几条，在企业管理中的应用也不止这几个方面。根据中国五行管理学的相生相克关系，只要原理清晰，符合现状，都可以灵活变通地应用于企业管理中，而不能局限于哪个学派的思想或哪个方面的管理。

如果把秦国看作一个大公司，秦王就是董事长，而吕不韦可以称得上是秦国最成功的 CEO！他不仅为后人留下一段旷古传奇，也为现代商业社会留下许多管理学方面重要的启示。

（三）杂家思想对企业管理的启迪

杂家思想对企业管理的启迪，主要有以下几个方面。

1. 重复他人的投资是不会发财的。 在现代企业管理理论中，美国股神巴菲特有一条著名的定律：在其他人都投了资的地方去投资，你是不会发财的。这条定律的内涵是，要善于走自己的路，走别人没有走过的路。因此，要有确定自己目标的魄力和勇气，要有商人敏锐的投资眼光和独特的洞察力。吕不韦就是一个成功的案例。

秦始皇的父亲异人在赵国当质子时流离失所，穷困潦倒，境况甚是凄凉。所谓质子就是各国签订和约的人质，为了保证和约得到严格履行，各国相约以自己一王子或王孙作为人质，一旦对方毁约发动战争，人质就可能被诛杀，当时秦国就派了王孙异人质押赵国邯郸。异人在储君安国君的诸多儿子中排行居中，他的母亲得不到安国君的宠幸，更让异人伤心的是，秦国无视他的生死，三番五次与赵国开战，所以，他惶惶不可终日，担心自己的性命难保。按照一般常理，这样一个落难的王孙是没有什么利用价值的。然而，吕不韦却不这么认为。他初见异人，即认定这是可以屯积起来卖好价钱的奇货！于是就前去拜见异人，异人觉得此人见识非凡，乃引密室相商。吕不韦跟异人分析道，现在在位的秦昭襄王年事已高，将不久于人世，异人的父亲安国君将会很快继承王位，安国君继位后将新立太子，安国君最宠幸的是华阳夫人，而华阳夫人膝下无子，如果能够在华阳夫人身上下一番工夫，希望还是有的。吕不韦说，你现在客居这里，没有东西去结交宾客。我愿用千金替您在四面游说，侍奉安国君及华阳夫人，立您为他们的子嗣。异人听到这话，连忙叩头拜谢：如果像您说的那样，请允许我和您共同统治秦国。

如果拿现代企业作比喻，当时流落在赵国的异人，无疑是一个面临重重危机、濒临破产的企业；然而，在吕不韦大胆而精心的策划之下，这个"企业"不仅起死回生，而且扶摇直上，打败了各个竞争对手，成为叱咤风云的"霸主"。当时赵国的巨商大贾人数众多，远不止吕不韦一人，但是只有吕不韦能够在一个落魄王孙身上看到其背后蕴藏的巨大价值，并对这支"潜力股"押下重宝进行投资。这是因为吕不韦具有商人非凡的智慧，具有确定自己投资目标的魄力与勇气，具有把握商机的敏锐眼光。到后来异人在吕不韦的策划之下顺利成为太子，再顺利成为秦庄襄王的时候，许许多多的世人才如梦初醒，但是为时已晚，只有吕不韦作为异人的恩人顺利成为秦国最有权势的CEO——相国，至此他的投资获得了最为丰厚的回报。这就是成功者与普通人的区别。

现代商业社会竞争如此激烈，如果没有确定正确目标的魄力和勇气，没有把握商机的眼光，就会落于人后，坐失良机。盛大网络掌舵人陈天桥，在其他企业还没意识到网游能赚钱时，他已经在全国范围内架起了网游服务器，等到后来网游很普及的时候，许多人醒悟过来再进入这个市场，已经很难为企业创造大的利润了。如此，再回到著名的巴菲特定律上：在其他人投了资的地方去投资，你是不会发财的。要想发财，就得先人一步，快人一招。

2. 重视信息和情报，金钱就会滚滚来。美国企业家的沃尔森法则：把信息和情报放在第一位，金钱就会滚滚而来。这个法则强调了收集和分析信息情报的重要性。这一点吕不韦就做得很好。

作为商人，吕不韦当时可算得上是跨国贸易的实践者。战国时期，赵国在地理位置上处于六国直接面对强秦的桥头堡，当时政治风云变幻，使邯郸成为各国进行情报活动和合纵连横的重要基地,各国使节和风流人物齐聚于此。吕不韦虽然是个商人,但对各国的政治极为关注,而且出手大方,"遍交天下有识之士",信息来源很广,所以他对各国的政治了如指掌。因而在遇到异人之后,他能马上意识到"此奇货可居",并立即冒出了一个"建国立君"的宏伟计划。试想,如果他对秦国的政治不了解,不知道秦昭襄王年过花甲,安国君也将近四十,安国君最宠幸的华阳夫人偏偏无嗣,继承人还未确定等关键信息,是断不可意识到眼前的异人是"奇货"。所以说,把握住关键信息是成功的重要前提。但是,仅仅把握信息还是远远不够,还要在此基础上分析信息,并进行全面部署。古人云:"不谋全局者,不足以谋一域;不谋万世者,不足以谋一时。"意思是,不从全局的角度考虑问题,即使治理好一个地区,也是微不足道的。不能制定长久的国家政策,一时的聪明也是微不足道的。在这一点上,吕不韦表现卓绝,不仅谋得深、算得远,而且谋得全、算得广。

于是,他采取了以下四个步骤:一是敏锐地意识到异人"奇货可居"后,说服异人听他指挥。二是要把"奇货"推销出去,由风险转化为利润。三是游说赵王,以长远的利益说动赵王送归异人。四是在两国之间穿针引线、巧妙安排,凭借个人智慧完成巨大工程。在这个过程中,要说动当事人、说动接人的秦国和放人的赵国,还要打动认儿子的王后与立太子的秦王等,任务艰巨而繁杂,既要宏观统筹,又要周全细致,两者不可或缺。

3. 杰出的策略与执行力。美国企业家的格瑞斯特定理是这样说的:杰出的策略必须加上杰出的执行力才能奏效。意思是,执行是一门大学问,需要高超的行政能力和高明的公关手腕。而吕不韦在执行预定方案的过程中,表现出高超的公关能力,值得后人借鉴。

吕不韦不仅有让异人当秦王的明确目标,而且还做好了全盘的谋划,甚至还有周详的执行方案:一是提供巨资给异人装点门面,在赵国广交宾客,扩大影响。二是亲自出马到秦国为异人活动。他的公关目标是华阳夫人的亲属,他"一掷千金"展现自己的财富和慷慨,吸引华阳夫人亲属的注意力,从而顺利地得到了他们的接见,叩开了面见华阳夫人的大门。他在华阳夫人面前大夸异人的贤德和智慧，说异人在赵国不仅广交天下宾客，而且日夜思念安国君和嫡母华阳夫人，还说出了异人常常表示要"以夫人为天"这样非常煽情的话来讨华阳夫人的欢心，果然使华阳夫人闻之大喜，在心里对异人留下了非常好的印象。在取得华阳夫人及其亲属的信任后，吕不韦为避免引起华阳夫人的反感，又巧妙地通过华阳夫人的亲属之口把一些敏感信息向华阳夫人游说，其核心内容是：华阳夫人现在凭美色获宠，亲属也享受高官尊位，但如果华阳夫人色衰爱弛或者安国君去世，将会面临种种危机。如果安国君去世了，必将选他的某一个儿子为太子，但如果这个儿子是仇视华阳夫人的，那他们一家就有可能面临灭顶之灾。何不趁现在得宠之时，找一个靠得住的人立为嫡子，到安国君百年之后，立这个嫡子为王，她就能得到两代秦王的庇护，他们一家人也可一生享受荣华富贵。而所有人当中，异人无疑是最佳人选，他不仅贤达智慧，而且孝敬华阳夫人，如果选他做嫡子，他继位后必将报答华阳夫人。而且，如果华阳夫人能帮他在几乎没有可能的情况下当选为太子，异人必然感恩戴德，誓死报答夫人，那么，夫人就可一生高枕无忧了。事实证明，吕不韦的公关工作，不仅计划得好，执行也很出色，取得了非常好的效果。

4. 建立有效的激励机制。公元前249年，秦庄襄王（异人）继位，吕不韦任秦国相国达十二年之久。在这段时间里，秦国这个"大公司"的"董事长"秦王政年幼无法掌舵，这位杰出的CEO充分展现其卓越的管理才能，成功地处理秦国当时面临的内忧外患，在政治、经济、军事、思想文化等方面很有建树。他在主政过程中，有许多经验值得现代企业管理者借鉴，其中最重要的一点就是他非常重视建立健全激励机制。

那么，激励的内含是什么呢？用管理学的马蝇效应来阐释：再懒惰的马，只要身上有马蝇叮咬，它也会精神抖擞，飞快奔跑。只有正确的刺激，才有正确的反应。这种正确的刺激指的就是激励。吕不韦就是运用正确的刺激来凝聚秦国人的。他在秦国建立了爵级制度，对秦人因功授爵，赏罚分明。不仅把爵级制度运用于军功和事功的赏赐，而且还推广于民间，准许百姓纳粟拜爵。

公元前243年，即吕不韦任相并代理国政的第四年，由于蝗虫"蔽天"

"天下疫"，吕不韦便说服秦王下令"百姓纳粟千石，拜爵一级"，自秦孝公以来，第一次实行了无军功而能得到爵位的政策，以缓解国内经济紧张局面。这种办法的作用和影响，一方面，以卖爵的方式借助于富户的力量，有效地解决了国家危机，充分调动了国内的物力，既起到了稳定国家政治秩序的作用，又巩固了秦军的大后方，维护了统一战争所必需的物质基础。另一方面，国家也为没有军功的贵族、大工商业者及自发的土地占有者等"富户"阶层，提供了一条获得崇高政治待遇的途径。这样一种正确的刺激，把全国的人力、物力和民心有效地凝聚起来，所以是一种成功的激励机制。

在现代企业管理中，一项十分重要的内容，就是对人的管理。管理者要考虑采取何种激励方式，才能使员工产生凝聚力，为实现企业目标而努力。当然，任何企业都能找到相对较优的激励机制及策略，关键是要做到有的放矢，适合自身特点，并能形成有效激励。经济理论认为，人们基本上是受经济性刺激物激励的，金钱及个人奖酬是使人们努力工作最重要的激励。企业要想提高员工的积极性，最为有效的方法就是通过增加经济性报酬来实现。虽然随着人们生活水平的不断提高，物质与激励的关系呈逐渐弱化的趋势，然而对于员工收入相对较低的企业，物质激励仍是激励的主要形式。因此，在建立激励机制的时候，应将重点放在物质激励上，并向重要岗位倾斜，将员工的业绩与收入紧密地结合起来，强化考核，优则奖劣则罚，从而全面提高激励的有效性。

5. 选拔有用人才，铸造巨人公司。 美国马瑟公司总裁奥格尔维说："如果我们每个人都雇用比自己更强的人，我们就能成为巨人公司。如果你所用的人都比你差，那么他们就只能做出比你更差的事情。"这条奥格尔维定律说明，在现代企业管理中，人才的选拔和任用是影响企业能否生存和发展壮大的生命线。

《吕氏春秋》明确地说："身定，国安，天下治，必贤人。"意思是，要使自身安定，国家安宁、天下太平，必须依靠贤人。又说：得到贤人，国家没有不安定的，名声没有不显荣的；失去贤人，国家没有不危险的，名声没有不耻辱的。总之，《吕氏春秋》对士的功能与作用、士的察访与选拔、士的培育与使用、士的风貌与标准，论述全面，非常深刻。基于这种认识，吕不韦确实不拘一格地选用了一批贤能之士。战国时期养士之风十分盛行,吕不韦门下食客达到三千人。不过,他这样做并不是为了沽名钓誉,而是着眼于秦的统一事业。著名史学家司马迁称他:招揽宾客游士,想借此吞并天下。

吕不韦善于从宾客游士里面,选拔对秦国发展有重要作用的人才。例如,在秦史上起过重要作用的李斯,是因吕不韦的推荐而得到重用的。李斯原为布衣,入秦不久,吕不韦任命他为郎官。郎官职位虽然不算高,但有机会直接向国王进言陈谏。李斯就是从担任这一官职起,而被擢升为长史和客卿。又如,年仅十二岁的甘罗,吕不韦也曾欣然让他去劝说张唐出使于燕。同时还亲自为之言于秦王,许其出使于赵,对甘罗的重用,说明吕不韦在用人方面执行了任人唯贤、唯才是举的政策。

"唯才是举"是秦国的用人原则。其实质就是在一个广泛平等的平民化社会里,官员的选拔只有一个标准:才能。出身不限、国籍不限。秦国在实施这个用人原则的时候,比东方六国要彻底得多,以至于当时天下的人才,大多以投奔秦国为目标。很多出自平民的读书人,之所以选择秦国而放弃母国,是因为他们认为在秦国会更有前途。吕不韦在主政秦国的时候就是把秦国变成了一个吸引人才的"好公司",而这些汇聚到秦国的人才,又为秦国这个"大公司"的发展壮大鞠躬尽瘁。吕不韦的人才政策,得到的是天下仁人志士的心。

企业也是一样,真正要的不是为员工提供一个舒适的生活环境,而是给员工提供一个顺利成长、能实现自己理想和抱负的平台,这样,员工才能对企业产生感情,才能把企业当作自己的家。从吕不韦身上可以学到企业管理的思想,什么是成功的企业管理?像吕不韦一样,假设在企业破产倒闭时,企业员工不是作鸟兽散般离开,而是聚在一起为这个企业的重生殚精竭虑(殚精竭虑:用尽精力,费尽心思),时刻准备奉献出自己最大的努力,而企业老板出于对员工成长和前途的考虑不想拖累他们而让他们自寻出路时,员工即使冒着断送自己前途的危险也愿意拯救这个企业,这才是最成功的管理。

企业家应该怎么做?要像吕不韦那样,首先是用海纳百川的胸怀不拘一格地把五湖四海的人才招纳过来,然后为员工提供一个能够实现自己理想和抱负的环境,而不是为了企业的发展不顾员工个人的成长,这样员工自然会对企业产生归属感。这就是最成功的企业管理学。

奉迎不如真诚,巧诈不如拙诚

北宋时期,著名的文学家和政治家晏殊,十四岁被地方官作为"神童"推荐给朝廷。他本来可以不参加科举考试便能得到官职,但他自己却要求参加考试。事情十分凑巧,那次的考试题目是他曾经做过的。这样,他不费力气就从几千名考生中脱颖而出,并得到了皇帝的赞赏。但晏殊并没有因此而扬扬得意,相反,他在接受皇帝的复试时,把情况如实地告诉了皇帝,并要求另出题目,当堂考他。皇帝与大臣们商议后出了一道难度相当大的题目,让晏殊当堂作文。结果,他的文章又得到了皇帝的夸奖。

晏殊当官后,每日办完公事,总是回到家里闭门读书。皇帝了解到这个情况后,十分高兴,就点名让他做了太子手下的官员。当晏殊去向皇帝谢恩时,皇帝又称赞他能够闭门苦读。晏殊却说:"我不是不想去宴饮游乐,只是因为家贫无钱,才不去参加。我是有愧于皇上夸奖的。"皇帝称赞他既有真才实学,又质朴诚实,是个难得的人才,过了几年便提拔他当了宰相。

晏殊为人诚实,表里如一,不弄虚作假,这是我们应该学习的。特别是他出自于内心深处的真诚,不仅是一种美好的品质,也是做人的最大魅力。

【点评】 坚持"拙诚"而获得成功,不是一日之功;善于"诈术"的人,即便可以隐瞒别人一时,但久而久之也会露出马脚。拙诚虽不如巧诈那样灵活应变,短时间里可能会吃亏,却可凭此建立信任,积攒人品,涵养操守,立稳事业根基。清代中兴重臣曾国藩以"钝拙"自居,以去伪崇拙修身,用"拙诚"破"机巧",这使他养成了拙诚浑含的品行,也练就了深谙世事却又不为世俗所扰的超然本领。"心诚则志专而气足,千磨百折而不改其常度,终有顺理成章之一日"。可以说,"拙诚"不仅是修身之要、相处之道,更是立业之本、成事之基。在现代企业管理中,值得借鉴。

第八章　帝王治国与企业管理

中国古代，治国方略呈现百花齐放的态势，但影响最大的是儒家的"以德治国"、道家的"无为而治"、法家的"以法治国"。当今中国"依法治国""以德治国"的方略，就是在借鉴古代治国思想的基础上提炼出来的。

"千古一帝"秦始皇，统一时局、统一度量衡、奠定中华版图。"布衣皇帝"刘邦，在秦末群雄逐鹿中乘势建立了历时最长的帝制王朝。汉武帝知人善任、唯才是举，麾下集聚了济济英才，许多人至今依然声名远扬。唐太宗李世民是千古第一明君、中国历史上排名第一的"CEO"，他是怎样领导团队的？康乾盛世持续115年，是清朝统治的最高峰。

以上帝王、盛世是如何造就的呢？作为企业管理者又能从中借鉴到什么？

一、秦始皇的激励机制与企业管理

秦国原是周天子戍边的以防范游牧民族入侵的苦寒之地，但是秦始皇却用了不到20年的时间便横扫六国，一统华夏，成为中国第一位皇帝，开创了中国历史的新纪元。秦始皇为什么能统一六国？为什么当时比较富裕且综合国力强盛的楚国也被秦国打败了呢？这是因为秦国建立的能够充分调动人积极性的激励机制，不但让匈奴野蛮部落不敢侵犯，也实现了一统天下的大业！

那么，企业发展能从秦始皇的激励机制中学到什么呢？

（一）建立高效的激励机制

秦军打仗，不仅在于武器威猛，指挥得当，更在于将士用命、出生入死，这些人凭什么愿意一起打天下，当然是为了改变生活、改变命运。同样是做企业，合理的激励分配制度，会帮助企业更好更快地成长。"美的"正是这样，将发展建立在共赢互利基础之上，使所有员工上下一心，开辟了美的事业。同样，"娃哈哈"能够取得巨大的成功，与其和经销商建立联销体、让经销商稳赚不赔也是分不开的，它们实际上就是一种利益共同体。

（二）选择类己的合作团队

"人以类聚，物以群分"，这是古人总结的自然规律。同样，人的职业生涯也是如此，志同道合是组织一个优质团队的先决条件。

"类己"，不是简单的适合自己，也不是绝对的志同道合，而是与自己某些地方相通，有可能是某种观点相通，也有可能是工作作风相通。"同类相从，同声相应"，这是固有的道理。只有一个类己的团队，才有高效率的产出。这就如同人们常说的"夫妻相"，有"夫妻相"的两口子往往能夫唱妇随，生活比较美满。同样，一个工作团队也需要有一个共同的"相"，大家看凤凰卫视，感觉每个主持人的风格都很像，就连说话字正腔圆、举止神态都相似，大家相互类己，从而迅速形成凤凰卫视特有的风格和品味。反之，就像京剧团队来个老外，不管老外的功底练得多么好，总感觉有点不像，整个团队也会感觉多了一个异类。

团队招募人员，不要一味的注重能力与智商，这是类己的一个指标。"类己"要求团队成员具有一定的相通性，职场同样需要"心有灵犀一点通"。同时，也需要团队成员具有一定的特殊性，各自为政不是一个好团队，千人一面同样不是一个好团队。很多人觉得家族企业有诸多弊病，但事实上一些民营、国营企业却多是家族企业。之所以家族企业普遍存在，是因为彼此间类己，从而快速提升企业效率及利润。类己者，目标一致、配合默契、战斗力强。这是事实，当然，非家族企业选择合适的人才也可以达到类己，三国时刘备团队非亲非故，同样打下一片江山。

同时，类己是双向的，广大求职者同样需要选择类己的企业或团队，否则待遇再好也是短暂的，因为时间一久，彼此的职业观点和行为就会背道而驰，从而产生间隙。每个人规划自己职业生涯的时候，选择类己的团队或平台是迈向成功的第一步。"天生我材必有用"，类己选择，其实是伯乐与千里马的关系。

（三）保持团队的动态平衡

平衡就是团队成员之间、团队与团队之间的平衡。选择了类己的团队成员，并不能保证团队的后续健康良性发展，所以，团队管理者还需要不断地打破旧的平衡，同时维系新的平衡。著名的"鲶鱼效应"就是如此。

西班牙人爱吃沙丁鱼，但沙丁鱼非常娇贵，极不适应离开大海后的环境。

当渔民们把刚捕捞上来的沙丁鱼放入鱼槽运回码头后,用不了多久沙丁鱼就会死去。而死沙丁鱼味道不好,销量也差。为了延长沙丁鱼的存活期,渔民们想了许多方法。后来渔民将沙丁鱼的天敌鲶鱼放进鱼槽里。因为鲶鱼放进鱼槽后四处游动,为了躲避天敌,沙丁鱼只好加速游动,如此一来,就活蹦乱跳地回到了渔港。这就是著名的"鲶鱼效应"。

鲶鱼效应对于"渔夫"来说,就是激励手段的应用。渔夫采用鲶鱼作为激励手段,促使沙丁鱼不断游动,以保证沙丁鱼的"积极性与主动性",从而获得最大利益。在企业管理中,管理者要实现管理目标,同样需要引入"鲶鱼型"人才,以此来改变企业的状况。只有存在压力,存在竞争气氛,员工才会有紧迫感、危机感,才能激发其进取心,企业才有活力、动力和生命力。

日本本田公司在这方面做得非常出色,值得借鉴。

有一次,本田先生对欧美企业进行考察,发现许多企业人员基本上由三种类型组成:一是不可缺少的干才,约占二成;二是以公司为家的勤劳人才,约占六成;三是终日东游西荡的平庸之才,约占二成。而在自己公司的人员中,缺乏进取心和敬业精神的人员也许还要多些。那么,如何使前两种人增多,使第三种人减少呢?如果对第三种类型的人员实行完全淘汰,一方面会受到工会方面的压力;另一方面,也会使企业蒙受损失。所以,显然这是行不通的。

后来,本田先生受到鲶鱼效应的启发,决定进行人事方面的改革。他首先从销售部入手,因为销售部经理的观念离公司的精神相距太远,而且其守旧思想已经严重影响到下属。经过周密的计划,本田先生把松和公司销售部副经理、年仅35岁的武太郎挖了过来。武太郎接任本田公司销售部经理后,凭着自己丰富的市场营销经验和过人的学识,以及惊人的毅力和工作热情,受到了销售部全体员工的好评,员工的工作热情被极大地调动起来,活力大为增强。公司的销售出现了转机,月销售额直线上升,公司在欧美市场的知名度不断提高。本田先生对武太郎上任以来的工作非常满意,这不仅在于他的工作表现,而且销售部作为企业的龙头部门带动了其他部门的工作热情和活力。本田深为自己有效地利用了"鲶鱼效应"而得意。

从此，本田公司每年都重点从外部"中途聘用"一些精干的、思维敏捷的、30岁左右的生力军，有时甚至聘请常务董事一级的"大鲶鱼"。这样一来，公司上下的"沙丁鱼"都有了触电式的感觉，业绩蒸蒸日上。

（四）共享成果，优胜劣汰

共享成果就是团队成员分享团队成果，包括物质上与精神上的成果。历史经验告诉我们，共患难易，共富贵难，这就需要团队管理者有较好的修为、团队成员有较好的素养。

A君从事团队管理工作多年，许多下属却一个个离职，其中很大的一个原因，就是他不会和下属共享团队成果。下属技能、职务、收入年复一年原地踏步，A君自己却扶摇而上，中间数次招聘销售部门经理，都没有从内部提升，而是走马灯一样地外招，如此这般，多年的下属外流就再正常不过了。

之所以强调个人修为和素养，就是因为每个人在生活与工作中，都有自我保护意识和自我防备心理。在这种情况下，个人之间相互提携、相互促进需要一种无私的精神。拥有这种精神，需要个人修为与素养的不断提升。在下属看来，一切功劳归功于上级的正确领导，而在领导看来，团队的功劳是下属集体努力的成果。名誉是领导的，好处是下属的，只有这样，才能形成良好的和谐的团队氛围。

优胜劣汰是焕发生机的不二法则。之所以将淘汰放在最后，是因为每个团队管理者都需要人性化管理，让每个人都有表现的机会，有共享团队成果的机会。一个团队经过长期磨合，当初的类己者逐渐成为非类己者，这个时候唯有淘汰部分掉队者，才能保持一个充满活力与生机的团队。

淘汰不只是淘汰掉队者，还包括快跑者。具体来说，就是淘汰两头，保留中间。一个团队的发展，必然会成就部分精英，而精英需要更好的平台或更大的舞台。所以，调岗、培训、出局是必然的。淘汰不同于平衡，淘汰是平衡与共享之后的结果。

有的团队管理者喜欢做好好先生，不愿得罪任何团队成员，其实合理的调整是在帮助别人，成就别人，协助别人寻找更好的团队。在许多成功的团队管理中，都有合理的员工流失率。之所以如此，就是为了保持团队旺盛的生命力。历史上许多开国皇帝与开国功臣，在建国之前都能拧成一股绳，一旦夺得政权，众多功臣被杀，这便是类己者转变为非类己者的结果。

以上几种方法互为因果，环环相扣，其中的奥妙，需要在实践中慢慢参悟。

满足客户需求，生意起死回生

北方的某个小城市里，一家海洋馆开张了，50元一张的门票，令那些想去参观的人望而却步。海洋馆开馆一年，生意萧条，门可罗雀。

最后，急于用钱的投资商以"跳楼价"把海洋馆脱手，黯然回到南方。新主人入主海洋馆后，分别在电视和报纸上打广告，征求能使海洋馆起死回生的金点子。一天，一位女教师来到海洋馆，对经理说，她可以让海洋馆的生意好起来，并且谈了她的具体做法。

按照她的做法，经营了一个月后，来海洋馆参观的人天天爆满，这些人当中有1/3是儿童，2/3则是带着孩子的父母。经营三个月后，亏本的海洋馆开始盈利了，出现了"柳暗花明"的转机。

原来，这家海洋馆打出的新广告语很简单、也很新颖，只有12个字："儿童到海洋馆参观一律免费"。

【点评】从客户那里获取利润的唯一办法，就是满足客户的需求。可我们身边到处可见的现象是，只想到向客户收费，而忽视了客户的核心诉求。满足客户的核心诉求，取悦客户最在意的人，比如上述案例，看似儿童免费，实则可以为企业带来滚滚财源。

二、刘邦的用人之道与企业管理

俗话说:"得人心者得天下。"刘邦是中国历史上第一位布衣皇帝。他以一介布衣崛起于秦末乱世,诛暴秦,抗强敌,定天下,创立了中国历史上延续时间最长的统一王朝,一生的丰功伟绩深为世人赞许。他的成功,与其在用人方面的过人之处有很大关系。

那么,刘邦的用人之道有什么特点呢?

(一) 知人善任,人尽其才

刘邦的"知人善任"在历史上非常有名,他用萧何管财政,用张良、陈平出良谋,用韩信征天下,部下的优点都能挖掘出来。这是其用人成功的最大亮点。韩信曾对刘邦说,"大王能将将"。刘邦之所以能"将将"(将将:统领将领),就在于其能知人善任。人各有长短处,用人当取其长舍其短。萧何能镇守国家,安抚百姓,供给军饷,畅通粮道;张良能在军帐之内作出正确的部署,决胜于千里之外;韩信英勇善战,足智多谋,率领百万大军,攻城拔寨,取得一场场战斗的胜利。这些人的才能,刘邦都能认识到,并能据其优点,委以重任。内政交于萧何,刘邦不干涉;军事托付给韩信,刘邦很信任;谋略由张良、陈平来定,刘邦言听计从。他只在大局上把握好,至于细节问题,都交给臣下去做。正因为这样做了,才成就了一番伟业。

在当今市场经济条件下,企业的竞争说到底就是人才的竞争,这已成为大家的共识。人才作为生产力的有效载体和驾驭者,其能量一旦释放出来,创造的价值是难以估量的。作为领导者,能否通过积聚优秀人才、壮大企业实力,是衡量领导能力的一个重要方面。要树立开放的人才观,打破空间界限,打破时间(年龄)界限,善于用发展的眼光看人;要树立动态的人才观,随时为人才提供进修深造的机会,使知识更新换代,使人才层出不穷。只有千方百计地向广处、深处、隐处、无声之处求才,才能盼才有望、求才有果。

孔子曾说:以道德教化来治理政事,就会像北极星那样,居于一定的方位,而群星都会环绕在它的周围。这是强调道德对政治生活的决定作用,主张以道德教化为治国的原则。刘邦非常明确地把自己放在北极星的位置,善于利用部下的智慧,使得以自己为中心的军政集团能够有机、高效地运作,这是刘邦最大的长处。作为一个管理者,要想管理好一个团队或组织,从行为上必须身体力行,成为表率;从思想和战略上要明白团队的使命和任务,就像北斗星那样每颗星星处在一定的位置,永远是那么从容和淡然。白天,大家见不到它,而当夜晚大家看不清前面的路时,就会看到灿亮的北斗星,指示着自己前进的方向。

什么叫知人善任?首先是知人,其次是善任。"知人"先知己,知人者智、自知者明。刘邦非常清楚一个领导最重要的才能是什么,如何调动下属的积极性,下属都有哪些才能,有什么性格、特征,有什么长处、短处,放在什么位置上最合适。作为一个领导,不需要自己事必躬亲,只要掌握了一批人才,把他们放在适当的位置上,让他们最大限度地发挥作用,事业就成功了。刘邦懂得这个道理,所以他就成了本集团的核心人物。

(二) 不拘一格,用人所长

一个有自知之明的人,往往也有知人之明;一个连自己都不了解的人,往往很难了解别人。刘邦是一个有自知之明的人,也是一个很了解别人的人。刘邦不拘一格使用人才,所以他团队里什么人都有,所有的人都能够最大限度地发挥作用,历史证明了刘邦用人策略的正确性。

刘邦出身于社会下层,交游面广,了解各类人才的情况。他对各种人才兼容并包，兼收并蓄，用人所长，容人小过。刘邦的用人思想非常开放，在选择辅佐大臣时，能真正地做到不拘一格。张良是贵族之后，陈平是游士，萧何是个吏员；韩信曾受胯下之辱；陈平曾有盗嫂受金之嫌；樊哙原为街头屠夫；周勃曾以编蚕箔为生，兼做丧事吹鼓手；娄敬是车夫；彭越曾以打鱼为生；英布曾是秦朝受黥面之刑的犯人。正因如此，刘邦手下才能猛将如林、谋士如云，四方豪杰趋之若鹜，天下英才都乐意为刘邦所用。

面对知识经济、信息经济浪潮，如何着眼企业的生存发展，透过现象鉴别人才与庸才，便成为衡量领导者自身能力的一项重要标志。作为领导者，应该站在时代的前列，独具识才之慧眼。特别是对那些才能尚未完全显现，却具有很大潜力的人，要力争做到知人、知面、知心，全面了解、区分是主观问题还是客观原因，防止以偏概全、以貌取人或人云亦云。识才的关键是改变传统的"伯乐相马"半封闭式做法，在工作中创造平等竞争的舞台，让马走上赛场，在比赛中"识马、相马"。对已发现的人才，要有护才之胆。"金无足赤，人无完人"。同样，处于现实生活中的人才，或多或少存在与其长处相伴的短处。要善于识别轻才、忌才、抑才的行为，对于那些不因权势所迫而屈从、不因情面所惑而让步、敢于阐述和坚持自己意见的人才，要委以重任。

（三）不计前嫌，兼容并包

汉高祖六年（前201年），刘邦已得天下，封了一批功臣，但还有不少功臣没有被封赏。因为加官晋爵的算法颇费周折，结果就搁置下来了。一天，刘邦在宫殿里远远看到一群人坐在地上嘀嘀咕咕地交头接耳、窃窃私语。刘邦不解，就问旁边的张良。张良说，他们正在商量谋反！刘邦说：你不要乱讲，天下刚刚安顿下来，谋什么反啊？张良说：陛下得了天下以后，封了一批功臣，大多数都是您的亲信。还有一些人没有受封，他们在想：天下还有多少可以封赏的，与陛下关系不密切，甚至以前得罪过您的，是不是就得不到封赏了？或者甚至被灭掉？所以，百思不解的他们就在一起商量着准备谋反。刘邦马上醒悟过来。问道：你说我该怎么办呢？张良说，请陛下想一想，在这些功臣当中有没有这样的人——他的功劳非常大，而他和陛下的关系又非常恶劣？刘邦说，有一个叫雍齿的。这个人非常可恶，他一而再、再而三地侮辱朕，朕早就想杀他了；可是他功劳太大，朕又于心不忍。张良说，好了，请您赶快封赏雍齿。刘邦接受了这个建议，立即封雍齿为什方侯。雍齿一获封，所有的功臣就都安心了。

刘邦的宽宏大量是其性格决定的，司马迁在描述刘邦的性格时说，刘邦仁厚爱人，喜欢施舍，心胸豁达。他平素具有干大事业的气度，不干平常人家生产劳作的事。到了成年以后，他试着去做官，当了泗水亭这个地方的亭长。可见刘邦很能平易近人，性格宽宏，度量豁达。

在刘邦的队伍里，有很多人原来是在项羽手下当差的，因为在项羽手下待不下去而跑来投奔刘邦，刘邦敞开大门，不计前嫌，一视同仁表示欢迎。如韩信，原来是项羽手下的人，因为在项羽手下不能发挥作用，便来投奔刘邦。其实，一个企业管理者也应如此，如果计较甚多，怎能招募到好的人才？

（四）坦诚相待，以心换心

《诗经·卫风·木瓜》曰："投我以木桃，报之以琼瑶。"你坦诚待人，别人也会真诚回报。对于人才，可能需要的不仅是应得的酬劳，而更多的是尊重和信任。用现在人才理念解释即为"以感情留人"，而刘邦可谓先行实践者。

刘邦对待部下，能够做到真正的待人以诚。张良、韩信、陈平都视刘邦为知己，他们有话直说，凡提出的问题，刘邦都如实回答，哪怕很没面子，他也做到如实相告，绝不隐瞒。张良在鸿门宴之前得到消息，说项羽第二天要派兵剿灭刘邦。张良曾问过刘邦，请大王想一想，您打得过项羽吗？刘邦的回答是：打不过他。后来韩信到刘邦军中来，也问了这样的问题：大王您掂量掂量自己的能力、魅力和实力，能比得过项羽吗？刘邦虽然沉默了很久，最后还是坦诚相告：我是不如他。然而，由于刘邦真诚地信任、尊重张良、韩信和陈平等人,他们都尽心尽力地帮刘邦出谋划策。这也是现代企业管理者,非常值得借鉴的经验。

司马迁在著《史记·高祖本纪》时,特别重视刘邦与项羽的对比,击败势力强大的项羽,夺取天下是刘邦一生最大的业绩。在待人以诚方面,项羽与刘邦形成了鲜明的对比。项羽无法信任部下,所重用的都是自己亲近的人,是所谓的"诸项"以及由裙带关系、乡党关系发展起来的宗亲。对于真正有才能的人,项羽始终与其有隔膜,不肯重用。陈平正是利用了项羽的这一弱点,向刘邦进谏,贿赂项羽部下的贪臣,离间项羽与其重要将领的关系。

在楚汉分争、相持不下的紧要关头,作为拥兵自重的齐王韩信,深知自己的份量,用蒯通的话说,"为汉则汉胜,与楚则楚胜",也可自立为王,三分天下。但韩信深念汉王厚待之恩,虽蒯通再三劝说,终不忍背汉。

如何处理好领导者与人才间的博弈,作为领导者而言,主要就是做好拴心留人的工作。在工作中,应当"以利为基,以义导利",注重软硬两方面的约束。从硬的方面讲,就是以法律人,注重建立健全制度。从企业内部来讲,要完善用工制度,明确责任,一旦出现问题,绝不姑息。从企业外部来说,要形成良性互动、达成共识,对那些见利忘义、不讲职业道德的,哪怕水平再高、能力再强,都要拒之门外。从软的方面讲,就是以利励人,结合实际,建立一套系统、完善的人才发展体系和公正、公平的人才竞争激励机制,使他们随时随地能看到自己职位与责任的变迁与提高,感受到自己的付出与回报成正比,时时有压力,处处有动力。在得人心、暖人心、稳人心中,激发人的潜能,创造既有利于企业发展壮大,又有益于人才提高的良好环境。

(五)用人不疑,疑人不用

有一个成语,叫作"疑邻窃斧"。它源自《吕氏春秋》中的一则寓言故事:讲述某人丢失一把斧子,遂怀疑邻居把它偷去,因为其一言一行、一举一动,无一不像偷斧子的人。后来,斧子失而复得,再看邻居,其无论一言一行、一举一动，无一像偷斧子的人。这则寓言故事生动地说明，情感的变化对理性的判断往往起着重要的影响作用。

那么，理性判断对领导者来说非常重要。做为一个领导最忌讳的就是朝疑暮猜，今天揣测这个，明天忧虑那个。而刘邦的魄力在于，一旦决定用某人就对其绝对信任、放手使用。最典型的例子就是陈平，陈平弃项羽投刘邦后，得到刘邦的充分信任，这让很多"老人"不满——我们跟刘邦那么长时间，建功立业、出生入死，也不过就是现在这个位置，怎么陈平一来就任命那么高的职务。于是，刘邦时常听到关于陈平的坏话。

刘邦就把当初推荐陈平的魏无知找来，责备他。魏无知回答：我向你推荐的是他的才能，而陛下责备我的是他的德行。才和德是两个概念，有才的不一定有德，有德的也不一定有才。而我们现在处于非常时期，需要突出重围，因此，更应该看重一个人的才能。

此后，陈平竭力效忠刘邦。刘邦问计于陈平：我们现在与项羽处于胶着状态，谁也吃不掉谁，那天下何日能够安定呢？有什么办法能够出奇制胜、尽快结束战争？陈平说：我原来在项羽手下当差，很了解他。项羽这个人出身高贵，很讲道德，也很讲礼数。项羽待人接物都按照贵族那一套，恭恭敬敬、彬彬有礼、客客气气。所以那些有道德、高风亮节、看重自己身份名誉的人，都集结在项羽的麾下。这些人虽然对他忠心耿耿，但项羽生性多疑，跟大王您刚好相反。您是用人不疑，他是疑心重重。因此，我们可以使用反间计，让项羽不再信任那些人，这就等于砍掉了他的左膀右臂。刘邦说：这个主意好，请先生来操作吧。费用没有问题，马上拨四万金（银一两称一金）。这些钱交给你，随便使用，不问出处。

陈平使的第一招就是指使人到处散布谣言说：钟离眛等人觉得自己功高未封，想和刘邦联手灭项羽，再瓜分其地称王。项羽果然中计，不再相信钟离眛等人。范增是项羽的主心骨，非除不可。于是陈平又使一招：项羽使者来到汉营，陈平准备了一桌丰盛的酒宴。见到楚使后却故作惊讶：我还以为是范将军的使者，原来是项王的使者啊！他随后命人将酒宴撤下，换上一桌劣质食品。

使者眼见美食变劣食，气得火冒三丈，回去对项羽抱怨一通。项羽大为光火，从此对范增"另眼相看"，暗中防范。

范增力劝项羽赶紧拿下荥阳，尽快除掉刘邦，项羽心存疑窦、始终没有采纳。范增见项羽已经不信任自己，愤而请辞，归途暴病而亡。此后，项羽好像无头苍蝇，东碰西撞，争霸事业开始走下坡路，不久就被刘邦逼得四面楚歌，乌江自刎。

陈平施行的反间计，使楚汉实力发生根本性转变，终于成就了刘邦"统一天下"的伟业。

(六) 暗中控制，洞察秋毫

汉高祖十二年（前195年）秋，淮南王英布造反，刘邦御驾亲征平叛，萧何留守京城。战争期间，刘邦不断派遣使者回来，使者回来必见萧何，必说皇上问萧相国好、皇上问萧相国最近都忙啥，非常关心体贴。萧何为此很是感动，更加尽心为刘邦做好后勤保障工作。

萧何被刘邦列为开国第一功臣，后拜为相国，地位仅次于刘邦。虽然刘邦给予萧何极大的信任，但依然暗中不动声色地进行控制。尽管御驾亲征平叛，仍然对萧何放心不下。

对现代企业老板的启示是，既要能够发现人才、重用人才，又要能够驾驭人才、控制人才。

案例一：秦昭王五跪得范雎

引才纳贤是国家强盛的根本，而人才尤其是贤良高才，并不是那么容易引得到、纳得着的。秦昭王雄心勃勃，欲一统天下，在引才纳贤方面显示了非凡的气度。

范雎（suī）原为隐士，熟知兵法，颇有远略。秦昭王驱车前往拜访范雎，见到他便屏退左右,跪而请教:"请先生教我?"但范雎支支吾吾,欲言又止。于是,秦昭王第二次跪地请教,且态度更加恭敬,可范雎仍不言语。秦昭王又跪,说:"先生卒不幸教寡人邪?"这第三跪打动了范雎,他道出了自己不愿进言的重重顾虑。秦昭王听后,第四次下跪,说道:"先生不要有什么顾虑,更不要对我怀有疑虑,我是真心向您请教。"范雎还是不放心,就试探道:"大王的用计也有失败的时候。"秦昭王对此指责并没有发怒,并领悟到范雎可能要进言了,于是,第五次跪下,说:"我愿意听先生说其详。"言辞更加恳切,态度更加恭敬。这一次,范雎觉得时机已经成熟,便答应辅佐秦昭王,帮他统一六国。

后来,范雎鞠躬尽瘁地辅佐秦昭王成就霸业,而秦昭王五跪得范雎的典故,千百年来被人们所称誉,成为引才纳贤的楷模。

案例二:刘备三顾茅庐得诸葛

汉朝末年,黄巾事起,天下大乱。曹操坐据朝廷,孙权拥兵东吴,汉宗室豫州牧刘备听徐庶和司马徽说诸葛亮很有学识,又有才能,就和关羽、张飞带着礼物到隆中(今河南南阳城西,一说湖北襄阳城西南)卧龙岗去请诸葛亮出山辅佐他。恰巧诸葛亮这天出去了,刘备只得失望地回去。不久,刘备又和关羽、张飞冒着大风雪,第二次去请。不料,诸葛亮又出外闲游去了。张飞本不愿意再来,见诸葛亮不在家,就催着要回去。刘备只得留下一封信,表达自己对诸葛亮的敬佩和请他出来帮助自己挽救国家危险局面的意思。过了一些时候,刘备吃了三天素,准备再去请诸葛亮。关羽说诸葛亮也许是徒有虚名,未必有真才实学,不用去了。张飞却主张由他一个人去叫,如果不来,就用绳子把他捆来。刘备把张飞责备了一顿,又和关羽、张飞第三次拜访诸葛亮。到时,诸葛亮正在睡觉。刘备不敢惊动他,一直站到诸葛亮自己醒来,才彼此坐下谈话。

诸葛亮见到刘备有志替国家做事,而且诚恳地请自己帮助,就答应出山全力帮助刘备建立蜀汉皇朝。诸葛亮在著名的《出师表》中写下了"先帝不以臣卑鄙,猥自枉屈,三顾臣于草庐之中"之句。此后,三分天下局面的形成,证明了刘备"三顾茅庐"的必要性和重要性。

【点评】 中国历史绵绵不断,文化传承盛世兴邦,人才智慧夺人耳目。因此,要掌握符合中国传统文化的人才策略,必须研究中国人才历史,汲取中国人才历史中的精华,即管理者要礼贤下士、知人善用。否则,现代人才策略将成为无源之水,无本之木。当代企业老板将做何感想,将如何引才纳贤?秦昭王的"五跪得范雎"和刘备的"三顾茅庐"得诸葛的典故,值得深思!

三、汉武帝的治国韬略与企业管理

由于前秦战乱,百业俱废,因而从汉高祖至文景之治,都是采用休养生息的政策。同时,汉朝历代帝王,崇尚黄老学说,在管理上讲究无为而治,这样虽然有助于经济复苏,但就国家管理来说,存在思想封闭、奖惩不明、人浮于事的弊端。出现了中央集权弱化,诸侯各霸一方,中央与地方沟通不足、政令不通的局面。在人才的任用上,裙带关系和门第之风盛行,阻碍了对优秀人才的选拔。在对外政策上,以和亲换和平,军队战斗力低下,边患猖獗,匈奴不断在边境掳掠滋事,侵土扰民。汉武帝登基后,深谙其危害,遂采取一系列改革,取得了很大的成功。

(一)强化集权,削弱王权

元朔二年(前127年),汉武帝颁布"推恩令",规定诸侯王除嫡长子继承王位外,可以推恩将自己封地分给子弟,由皇帝制定封号。以此从王国里分出许多侯国。侯国列侯只享衣食租税,不能过问政治。王国封地愈来愈小,权力也愈来愈分散,再也没有力量同中央抗衡了。这一举措使中央集权大大强化,成为后面一系列政策实施的有力保障。

当代一些企业,特别是有驻外机构的企业,常常是总部的政策到了下面就严重变形,驻外机构领导拥权自重,对公司阳奉阴违,甚至采用一些欺骗的手段蒙蔽公司,使得公司的政策和策略无法顺利实施,这正说明驻外机构的领导权力过于集中,而总部又缺乏对驻外机构的有效管理和监督机制,最终导致"诸侯"各霸一方,造成管理失衡的局面。

(二) 任人唯贤,不拘一格

汉武帝的用人之道,是不拘一格降人才,广开仕途,吸收各种人才,并能合理利用,而且赏罚分明,对开疆拓土的汉代,起到了十分重要的作用。正是这种用人之道,才使当时人才济济,既有能征善战的将军如卫青、霍去病,又有治理国家、功于社稷的贤臣如汲黯,更有不畏艰辛、永不屈服的使臣如张骞、苏武。也正是这种用人之道,才使汉武帝在开疆拓土、文明输出上,看得更远,走得更高。班固惊叹地说:"汉之得人,于此为盛!"这种现象的出现,值得企业管理者认真学习和借鉴。

1. 广开渠道,礼贤下士。汉武帝所用之才来源于两条渠道,一是建立太学培养人才,二是实行察举制度挖掘人才。建立太学和实行察举,使以往大官僚和大富豪子嗣垄断官位的局面得到改变,一般子弟入仕的门径比过去宽广多了,少数出自社会下层的人,也得到了入仕的机会,在这种新的制度下,汉武帝通过策问和考试,可以在较大范围内按自己的意志选择称职的官吏。元封五年(前106年),汉武帝颁发纳贤诏:只要是可以建功立业的大事,必须由非同寻常的人才去完成。犹如有的马虽然凶暴不驯,却能一口气奔跑千里,有的人虽然遭到世俗的非议,却能有所作为。其实,那些容易翻车之马,放荡不羁之士,重要的是怎样引导、使用罢了。上述既含有汉武帝的价值观,又含有他的用人观。此后，部分来自中下层的人才得以加入统治集团，他们参与决策和执行往往会打上自己原阶层的烙印，这不仅扩大了汉朝的统治范围，也进一步强化了汉朝的统治基础。

2. 兼谋众人，集思决断。汉武帝时期，官制方面的重大变化，是在最高官僚机构中出现两个系统，一个是由大将军等官员组成的中朝，成为帮助皇帝决策的高级"参谋部"；一个是以丞相为主组成的外朝，则是执行一般政务的行政机关。

元朔五年（前124年），汉武帝踌躇满志建功立业。丞相公孙弘打开相府东门作为延揽人才的场所，与他们一道商讨国家大事。每当上朝奏事，把对国家有好处的建议上书朝廷，武帝常常命身边的大臣同公孙弘进行辩论，详陈利害得失，权衡利弊，制定决策。由此可见，汉武帝善于利用中下层文人策士（策士：出谋献策的人）的谋略，并在朝堂上集中群臣的智慧，让大家畅所欲言，反复论证一件设想的可行性，以提高决策的合理性和实效性。

3. 赏罚分明，不徇偏私。汉武帝年间，因功受封的人不计其数。其中，主父偃一年内曾升过四次官，元朔五年，公孙弘担任丞相并被封侯。同年，汉军给匈奴右贤王以重创，卫青因战功被封为大将军，位居群臣之首，连他的三个幼子也被封为列侯，善战的公孙敖、韩说、公孙贺、李蔡、李朔、赵不虞、公孙戎、李沮、李息都被封侯。

元狩二年（前121年），霍去病北击匈奴获胜，汉武帝增封冠军侯霍去病食邑五千户，其部将赵破奴、高不识、仆多为皆被封侯。在军法处置上，武帝采取"多贬少杀"的方法，像公孙敖等先因功被封侯，又因过被贬为平民，重新启用后，再次因功被封侯。"飞将军"李广，也是多次被贬被起用。正是因为武帝赏罚分明，治军严谨，所以汉军军容整肃，在茫茫大漠中与匈奴作战，各路人马能够协调一致，上下同心，屡立战功。

汉武帝能够平明（平明：公正明察）执法，凡事以天下为重，对臣子不徇偏私，内外同法，所以将帅用命，争相建功；文臣尽力，恪尽职守；皇亲国戚，检点言行。武帝"文武并用，垂拱而治。"文臣武将一起得到重用，皇上捶衣拱手，不必亲自处理政务，就能治理好天下。

4. 礼敬诤臣，择善从之。 匈奴浑邪王归降时，汉朝征调车辆二万乘前往迎接，但因朝廷马匹不富裕，只得向民间赊购马匹，有的老百姓将马匹藏匿起来。汲黯请求汉武帝有空时在未央宫高门殿接见他，奏道：不能因浑邪王几万人归降，就用尽国库来赏赐他们，征调百姓服侍奉养他们，如同奉养骄傲的儿子一般，……我认为陛下这样做是不对的。汉武帝许久没有说话，没有回答。后来说道：我很久没有听到汲黯的声音了，现在又在这里胡言乱语了！没过多久，武帝将浑邪王的部属全部迁徙到沿边五郡旧要塞之外，全部在黄河以南保持他们原有的风俗和习惯。

卫青得到的尊宠，没有一位朝臣可以相比，三公九卿及其以下官吏都对卫青卑身奉承。卫青虽然地位尊贵，但有时入宫，汉武帝就坐在床边接见他；丞相公孙弘在汉武帝空闲时觐见，汉武帝有时不戴帽子。至于汲黯觐见时，汉武帝没戴帽子就不接见。有一次，汉武帝坐在陈列兵器的帐篷中，汲黯前来奏事，汉武帝没戴帽子，远远看见汲黯，急忙躲入后帐，派人传话，批准汲黯所奏之事。汲黯受到的尊重和礼敬，就是如此。

汲黯忠诚直率，他敢于犯颜直谏，严守臣节。类似汲黯的诤臣，还有东方朔、司马相如等，前者是以滑稽幽默进谏，后者是以辞赋进谏，他们都能以不同的表达方式，指摘（指出错误，使之改正）武帝的错误，纠正武帝的过失，导引武帝力行帝王之道。武帝对他们礼敬犹加，并善于采纳他们的谏言，使朝廷内外始终保持着清明向上的正气。

纵观武帝所用之人，大体分为四类：一是名帅良将，以卫青、霍去病、霍光为代表。二是谋臣用臣，以主父偃、董仲舒、公孙弘为代表。三是严官酷吏，以张汤、赵禹为代表。四是谏臣诤臣，以汲黯、东方朔为代表。这些人无不富有才能，且大多志虑忠纯。

（三）充分授权，目标管理

授权和管理，一直是困扰现代企业的一个难题。而两千多年前的汉武帝，早已深谙其中道理。上谷（今河北怀来境内）一役，就是充分授权卫青的结果。其强调的是，在目标确立的情况下，"将在外，军命有所不受"，注重的是领导的灵活性和自我判断力，而汉武帝作为最高决策者，关注的是战略规划和发展目标，乃至战略目标的最终实现！

企业何尝不是如此呢？很多企业责权不分，只强调责任而不授予对等的权利，高层领导事无巨细一把抓，事事都要请示报告，最后使得员工的主动性和自我判断能力越来越差。如果企业的高层领导，能有汉武帝那样的用人胆略与智谋，那么，企业就会人才济济，兴旺发达！

（四）法纪严明，奖惩分明

汉武帝封赏从不搞论资排辈，曾有人问：大将李广屡有战功，匈奴称之为"飞将军"，对皇上忠心耿耿，为何不封侯？汉武帝说：我只按斩敌数封赏，如果按资历封赏必将造成军士的不服，使军心涣散。上谷大战，卫青进军到笼城，歼灭敌军几百人。骑将军公孙敖损失七千骑兵，卫尉李广被敌人活捉，幸得逃回，他们两个都被判为死刑，赎罪作了平民。公孙贺也无战功，只有卫青赐爵关内侯。由此可见一斑。

论资排辈，奖惩不明，是现代企业的通病。有些企业要等到领导位置空缺，才提拔新的领导，而不是执行能者上、庸者下的原则。在对员工的考核上，凭自己的主观好恶与自己的私交，这在很大程度上打击了优秀员工的积极性，使得企业人心涣散、凝聚力弱化，是企业难以做大做强的致命点。

古语云："以古为鉴，可知兴衰。"学习古人经验，可以知道任何事情的发展过程。希望企业高管，能够悉心学习汉武帝"不拘一格用人才"的雄才大略、智勇之举，引领企业走上不断壮大和强盛之路！

良才不用，庸才不去

齐桓公曾问郭国的百姓：郭国是为何灭亡的？百姓说：我们的国君喜欢善良的人而讨厌邪恶的人。桓公说：那你们的国君应该是贤明的君主了，为什么还会灭亡呢？百姓又补充道：我们的国君喜欢善良的人但不使用他们，讨厌邪恶的人而不远离他们，哪里会不亡国呢？

【点评】 真正成大事者，要有宽阔的胸怀，要敢于启用直言进谏的人才。企业老板能否做到，关键是能否认识到自己真正的目标是什么。只有目标明确了，才会明白什么样的人才能够得到所期望的效率和收益，才会知道管理的关键点在什么地方。很多时候，事情都是遵循二八法则，即20%的人能够带来80%的效益，80%的人只能带来20%的效益，那么是不是就可以把后者忽略掉呢？事情不是绝对的，研发人员、销售人员通过研发、销售产品来赚钱，可财务人员、广告人员、内勤人员等，也是不可或缺的。所以，善用人力资源，并不都是高级人才。管理者要站在理性的立场去做感性的事，而不是站在感性的立场去做理性的选择，这样就可以避免在人才使用方面犯原则性的错误。

四、李世民的治国方略与企业管理

唐太宗李世民是唐朝的第二任皇帝，"贞观之治"的缔造者。在中国历代帝王中，李世民可谓是出类拔萃，他不仅在政治、军事上取得了巨大的成就，而且不断总结经验教训，开创了"民君治国"的新局面。他说："君子用人如器，各取所长。""以铜为镜可以正衣冠，以古为镜可以知兴替，以人为镜可以明得失。"

历史上，像唐太宗这样既能开拓，又能至治（至治：治理社会）的帝王，寥寥无几。盛世局面的形成，既是他出众的文才武略，更是他高超的用人艺术。其用人思想，虽历经重重岁月，仍值得当代企业管理者学习、研究和借鉴。

（一）礼贤下士，广揽人才

隋朝末年，隋炀帝荒淫无度，民不聊生，李世民预知天下必乱，于是广泛交友。李世民16岁即应募勤王，在云定兴将军部下崭露头角。晋阳县令刘文静与李世民交情很深，后来，刘文静因受瓦岗军首领李密株连，被捕入狱。李世民深为刘文静的胆识和才略折服，于是以探视为名，与其在狱中拟订了招募兵士、西入关中、创立帝业的起兵计划，并和刘文静、晋阳宫副监裴寂一起劝说李渊反隋。

因为李世民想成就一番大事业，所以从一开始就礼贤下士，以李渊公子的身份，不惜折节下交、广揽人才。像刘文静这样的地位低微但才华横溢、满腹雄心的庶族人才，就是一个典型的例子。

李渊在用人方面不敢突破，招揽的人才多是门户尊贵的士族。在这一点上，李世民与李渊大不相同，李世民不拘一格，招揽了大量的寒门微士，甚至不少人只是无名之辈。这为李世民利用当时社会的各种政治资源创建唐朝，奠定了基础。

如果说招揽像刘文静这样才华横溢的寒门微士属于阴阳互动的阴，那么，重用隋朝旧部及贵族像萧瑀、裴寂、屈突通等人，则为阴阳互动的阳。阴阳平衡，事业有成。

（二）爱才护才，竭诚相待

在李世民的凌烟阁中，名列第八的卫公李靖，曾试图揭发李渊谋反，因此几乎被李渊处死，在关键时刻，为李世民所救。后来李靖戴罪立功，协助李孝恭经营巴蜀、灭萧铣、辅公祐。李世民很是赞赏李靖，对他的功劳也是赞不绝口，说李靖是在国家危机的时刻为国效力的栋梁之材。李靖的一生，立下军功无数，在大唐群雄之中，李靖的军事才能当属第一。也正因其军事才能过高，所以屡遭疑忌，多次被诬告谋反，李世民都为其平反。

唐太宗李世民，爱护人才的事迹有很多。尉迟敬德就是被李世民保护下来的，尉迟敬德本来是刘武周手下的一员大将，武德七年（624年）他和另一大将寻相（人名）投向了李世民，不久寻相叛变，有人怀疑尉迟敬德也要叛变，就将他囚禁起来，并告诉李世民，要李世民将他杀掉。但是李世民却坚决不杀，还安慰尉迟敬德，让他不要把误会放在心上。李世民的这种爱才、护才的气度，令尉迟敬德非常感动，后来在历次战斗中，尉迟敬德都出生入死，屡建奇功。

李世民对部下能做到用人不疑，竭诚相待。对于确有才能的，他必委以重任。贞观十九年（645年），唐太宗平定辽东，用宰相房玄龄监国，国事全权委托房玄龄，结果有人告发其谋反，房玄龄不敢自专，于是把告发者送到唐太宗的军营，李世民听说是告发房玄龄的，当即喝令斩首。后来还给房玄龄写信，批评房玄龄太不自信，我既然能委托你监国，当然就不会怀疑你，告诉房玄龄以后碰到这样的事情，可以自行处理。

李世民的竭诚相待和施恩贤才，令大臣们心存感激，忠心耿耿。

（三）统军驭将，恩威并用

李世民善用人才，还在于他能够恩威并用。对部下，李世民有功必赏，有过必惩。战争时期统领的人才，多为性格剽悍，对于如此人才，必须恩威并用，否则一些人难保不会依仗有功，欺凌余将。在大封功臣的时候，李世民的叔父李孙通和爱将尉迟敬德就对李世民的封赏表示不服，口出狂言。李世民对他们大加斥责，指出叔父李孙通的种种过错，以历代功臣不知收敛而最后遭诛的史实，告诫尉迟敬德不要肆意张狂。李世民手下的悍将之多，历史罕见，但是李世民均能驾驭他们，这不能不说是他恩威并用的结果。加威为阳，施恩为阴，阴阳平衡，驾驭自如。

（四）治世重德，善于纳谏

唐太宗李世民善于纳谏，在贞观年间表现得极为出色。当时，他重用了一批正直敢进谏的大臣，尤其以魏徵为最。魏徵在治理国政期间，坚持原则，在唐太宗犯错的时候，魏徵敢于犯颜直谏，唐太宗也不责备他，反而嘉奖他，除魏徵外，房玄龄、戴胄等人也是著名的直臣。贞观四年，唐太宗诏令征调兵役，修筑洛阳的乾元殿，用作行宫。房玄龄力谏不可，语句十分尖锐，唐太宗不但不责怪他，反而坦然承认自己的错误，下令立即停止修建。

正是因为唐太宗如此大度，正直大臣才敢进谏。魏徵曾明确表示，如果不是唐太宗能够虚心采纳，他也做不到直言进谏。

唐太宗非常注意自己的态度。贞观元年（627年），唐太宗上朝时仪表威武，表情严肃，百官们非常害怕，以至进谏时举止失当，唐太宗注意到以后，马上改变了态度，以后大臣进谏的时候，他总是和颜悦色，甚至不再当着大臣发怒。唐太宗的这种重视直臣，纳谏如流的态度，使得贞观年间，朝廷里小人无处藏身。

唐太宗强调用人必须"唯有才行是任"。治理国家最重要的事情，唯独在于得到人才。用人不当，必定难以达到治理。现在用人，必须以道德品行、学问见识为根本。唐太宗一再强调"德行""品行"，可见唐太宗在用人问题上对德的重视。不过，也有人以进谏为名诽谤或诬陷他人，对此一经发现，必当严加惩处。

（五）用人如器，各取所长

唐太宗李世民把用人比作好木匠做家具：智慧的人取其谋略，愚笨的人取其力量,勇敢的人取其神威,怯懦的人取其谨慎,各种人物要兼而有之。良匠不放弃任何木材,明君不放弃任何人才。不要因为有一样短处就忘掉他的长处,也不要因为有毛病而掩盖他的功绩。可以取长补短,人尽其用。正因为唐太宗对大臣总能用其所长而避其所短,所以贞观时期群英荟萃、人才济济。有的学富五车,有的深谋远虑,有的英勇善战,有的刚正不阿,有的办事干练,有的沉稳慎重,有的热情洋溢,四方辐辏,八面来风。

古人云:"金无足赤,人无完人。"君子用人如器,各取所长。着眼于人的优点和长处,才能发现人才,用好人才,留住人才。当领导的若求全责备,横加挑剔,在巨大的压抑之下,就会人心离散。而只有用其所长,各得其所,大家才能心情舒畅,团队效率自然会不断提高。

(六)适时发展,区别对待

管理者的职责在于用人之长,因此,要把着眼点放在人的长处上,弄清人有什么长处,如何用他的长处。唐太宗李世民曾说:朕之所以能达到这样的成就,主要有五个原因。一是我看到臣下的优点,就像自己也具有这些优点。二是人的品行、能力很难兼备,我能舍弃其短,取其所长。三是我见到品德优良的就敬重之,见到差一些的就爱怜他们的不幸,让贤与不贤都能各得其所。四是我登基以来,朝廷上站的都是正直之士,从没有罢黜斥责过一位正直的人。五是我对各族人士的爱护是一样的,所以各民族依附我就像子女对父母一样有深厚情感。这五条,就是朕成就今日功绩的理由。

清代学者魏源曾说:"不知人之短,不知人之长,不知人长中之短,不知人短中之长,则不可以用人。"作为管理者要知道每个人的长处和短处,首先,要用辩证的观点看人。如果下属适应所从事的工作,并做出了贡献,为社会所承认,那么这便是发挥了他的长处。反之,长期激发不起工作热情,表现平平庸庸,那么就是掩盖了他的长处。其次,要用发展的观点看人。古人云:"士别三日,当刮目相看。"领导者识人之长短,还应看到人的"长"与"短"不是一成不变的,而是在一定条件下互相转化的。古人说:"骏马能历险,耕田不如牛;坚车能载重,渡河不如舟。"这就是说,每个人都有自己的长处,就看用得是否适当,是否用其所长,避其所短。

优秀的管理者,不仅要看到人才的能力和作用,而且还要组织一个结构合理的人才群体,要将不同类型的人才进行合理的搭配,并把他们放在最合适的地方,优势互补,相互启发,形成一个有机的整体,通过这样合理的组织结构来弥补人才的不足,以求达到人才的最佳效能。通用电气总裁杰克·韦尔奇认为,一个成功的CEO,最重要的一点是要懂得群策群力、集思广益。他说:"我最大的成就就是发现人才,发现一大批人才!他们比大多数的CEO都要优秀。"通用电器之所以成功,他认为与其用人之道和纳谏制度大有关联。

识人观细节,"橘子"辨人才

威尔逊是假日酒店的创始人。一次,威尔逊和员工聚餐,有个员工拿起一个橘子直接就啃了下去。原来,那个员工高度近视,错把橘子当苹果了。为了掩饰尴尬,他只好装作不在意,强忍着咽了下去,惹得众人哄堂大笑。

第二天,威尔逊又邀请员工聚餐,而且菜肴和水果都和昨天一样。看到人都来齐了,威尔逊拿起一个橘子,像昨天那个员工一样,大口咬下去。众人看了看,也跟着威尔逊一起吃起来。结果,大家发现这次的橘子和昨天的完全不同,是用其他食材做成的仿真橘子,味道又香又甜!大家正吃得高兴时,威尔逊忽然宣布:"从明天开始,安拉来当我的助理!"所有人都惊呆了,觉得老板的决定很突兀(突兀:突然,出乎意外)。

这时,威尔逊说:"昨天,大家看到有人误吃了橘子皮,安拉是唯一一个没有嘲笑他,反而送上一杯果汁的人。今天,看到我又在重复昨天的错误,他也是唯一没有跟着模仿的人。像这样对同事不落井下石,也不会盲目追随领导的人,不正是最好的助理人选吗?"

【点评】 企业老板的领导力,关键体现在发现人才、使用人才,这就是善于"识人",特别是在一些公共场合自然流露的细节中,能细致地观察每个人的一举一动,并发现真正的与众不同的"人才"。

五、"康雍乾"的治国理念与企业管理

(一)"有治人无治法"的理念

"有治人无治法",是指有使国家安定的人,没有使国家自行安定的法制。这是中国古代思想家荀况提出的著名论断。他虽然重视法律及其强制作用,但是"人治"与"法治"相比,他仍然认为关键是"人"而不是"法"。理由是:法对于治理国家虽然很重要,但法毕竟是人制定的,仍然取决于"人";即使有了"良法",也得靠"人"来掌握和贯彻落实。

康熙皇帝讲求清官政治,是其统治时期的突出特点。清代名臣李卫身经康雍乾三朝,他管理盐政是从康熙五十八年(1719年)上任云南驿盐道开始的,他在盐政上的作为,在当时很有口碑,集中体现了一个好官的种种优良品质:不畏权贵,为官清廉,体察民间疾苦,重义气,尊文人,被雍正皇帝誉为"督抚楷模"。

雍正帝认为:普天之下出现的事情,只要有使国家安定的人,就能制定出使国家自行安定的法制。只要找到合适的人去处理事情,就能想出办法把事情处理好。如果没有找到合适的人,则处理问题时一定会存在不尽人意之处,即使制定出了法令法规,也难免不出现弊端。他还说:凡是制定出来的法规只要去实施管理,时间长了没有不出现弊端的。所以,要根据不同时期的具体情况制定出适当的法律。在"治人"与"治法"的关系上,"治人"是更重要的。

乾隆帝在强调"国家用人行政,二者并重"的时候,同样认为:从来朝廷

管理国家事务，只有找到使国家安定的人，才能制定出使国家自行安定的法制，如果处理政务合乎民意，就是有利无弊的，也只有政事处理的合乎民意，这样的人才就是不可或缺的。他不仅要求官员在地方行政过程中发挥人的作用，而且凡有督抚等大吏赴任，他都要告诫说：只有根据实际情况，才能制定出合乎情理的法令制度，才能身体力行去推行。而且，他特别强调人才的重要性，他说：人才不可多得，譬如知县是贤能之人，则一县都会受其福祉；知府是贤能之人，则一府都会受其福祉；督抚是贤能之人，则一省都会受其福祉。然而全国十三省之督抚，如果不能甄选出贤能之才去任用他们，何况还是一些府县呢！所以他认为，制定法律制度不如选用贤能之人，这一认识已经成为他处理地方事务的一个原则。

综上所述，"有治人无治法"的意思是，为政在人，有了"治人"方能行使"治法"。"治法"最终要由"治人"的作为来决定。但"治人"与"人治"是有区别的。"治人"是强调有治理才能的人，"人治"是强调单纯依靠人的力量去治理，其背后的寓意是不要法制。因此，"治人"与"人治"有着本质的区别。同样，"治法"与"法治"也并非完全同义。"治法"强调的是治理的方式和途径，是行政法律，而"法治"则是运用法律去治理，有动的意思。古代君主用以统治臣民的"治法"也绝非通常意义下的"法律"概念。总之，"有治人无治法"追求的是"王道政治"，与依法治国没有矛盾。

（二）康雍乾三帝的"选人用人"标准

自古以来，"帝王劳于求贤，而逸于得人"。意思是，英明的君主一般都要花很多时间去寻找贤才，而不会浪费太多的时间在一些小事上。历史的经验是，"治法"易立，"治人"难得。《尚书·洪范》曰：为官之人，要有计划、有作为、有操守，这三种品质都很重要。《荀子》称：依据人的品德来评定其高下，根据人的能力大小而授予适当官职。认为品德、才能不可或缺。宋人吕本中有所谓当官三法："曰清、曰慎、曰勤。"那就是清廉、谨慎、勤恳。以上这些标准都在不同程度上，成了后人衡量官员的标准。如清朝思想家王夫之在《读通鉴论》中指出："论官常者，曰清也，慎也，勤也。而清其本矣。"把"清慎勤"做为为官之本。

为官要做到"清慎勤"，很不容易。第一，官意味着权，当官意味着掌权。手里一掌握权力，如果没有一种慎独的精神，难免会堕落成贪官。第二，别人敬畏你手中的权，会想方设法巴结你，向你施放糖衣炮弹。这种情况下，如果没有一点"不以私害公"的精神，难免会被糖衣炮弹击中。第三，上级私心严重，要用你手中的权力达到他私人的目的，会借他手中的权力向你施加压力。在这种情况下，如果没有一种无畏的精神，难免会被压服。第四，"终身制"影响还在，使得一些为官者慎始怠终，时间长了就不像开始那样清正廉洁、谨慎勤奋了。在这种情况下，如果没有一种"谨慎如初"的精神，也难免懈怠下来，一失足成千古恨。可见，当清官很不容易。王夫之的认识代表了士大夫群体，他对"清慎勤"的解读：一是操守（操守：指人平时的行为、品德）为其根本，只要操守清廉即可成为社稷之臣；二是"清慎勤"皆不得者，虽属大恶但易被察觉，为害为小；三是操守不清，但却既勤又慎者，为官僚中之巨奸。

总的说来，对治人的要求无外乎"操守"与"才能"两项。用人重"操守"还是重"才能"，康雍乾三帝的认识在理论上是没有区别的，而用人首重品德，又是儒家理学的重要主张。但是，康雍乾三帝在用人上，即对"治人"的选用标准，根据当时情况，重点有所不同。

1. 康熙帝的选官用人标准。康熙帝选官用人，以"清慎勤"为本，而首重"治人"操守，表现为对清官廉吏的大力拔擢（擢：zhuó，提拔）。所以，对立身正直、廉洁奉公的官吏，大加褒奖，立为楷模。被称为"天下清官第一"的于成龙即是典型。

　　于成龙为官清廉克俭，赴任从不携家眷，不烦驿馆，不广仆从；
　日食粗粮，佐以青菜，"终年不知肉味"，江南人称其"于青菜"。
　　康熙闻知于成龙的事迹，感叹道："于公清苦，天下一人而已。"
　　他亲自召见于成龙，赐食御书房，赏白金千两，赐亲乘良马一匹，并大力提拔，官至两江总督。

经康熙亲自培养和扶植，清官不断涌现，傅拉塔、范承勋、王鹭、张鹏翮、彭鹏、郭绣等，均成为名著一时的廉吏。这些廉吏的树立，起到了很好的示范和教育作用，在士林当中树立了正气，促进了政风的好转。直到晚年，康熙帝对操守清廉的官僚仍是关爱有加。

康熙四十六年（1707年）三月，他南巡至苏州，令督抚荐举贤能，张伯行之名不与（与：jǔ，通"举"），康熙竟特召张伯行曰："朕久识汝，朕自举之。"于是提拔他为福建巡抚。康熙帝倡导选官以操守第一，并非他不重视官员的才能。他说："真能办事的也难多得。"

随着经济的发展和社会财富的增加，官吏贪污腐败现象增加。作为最高统治者，康熙对贪污腐败行为恨之入骨，曾感慨说，"朕恨贪污之吏，更过于噶尔丹"。他郑重告诫下属："朕观自古帝王于不肖之臣正法者颇多，今若有贪污之臣，朕得其实，亦必置之重典。"康熙一贯主张为政以宽，尽量为罪犯死中求生，提倡少杀人，然而对于贪官污吏，则毫不留情。

康熙帝如此强调"治人"的操守，与他面临的政治形势有直接关系。他幼年登基时，清朝入主中原不过18年，执政12年便爆发了波及全国的三藩反清战争，清朝虽然最终取得了胜利，但八年的战争生灵涂炭，康熙帝不仅要休养生息，而且下令布宣德化，澄清吏治。为此，他需要建立一支有道德操守的"治人"队伍，以赢得百姓对清朝统治的认同。

2. 雍正帝的选官用人标准。雍正帝选用"治人"的标准则更多看重官员的才能，这是基于他要扫清康熙末年积弊，刷新政治的现实要求。为此，他需要一支振奋有为的官僚队伍。雍正认为，治天下之道唯用人，除此皆末节也。他在任用内外官员上，除首要考察是否清正廉洁、公忠勤慎外，还形成了一套重实际、求高效的用人风格。

雍正认为，为官者干不出成绩，不能有所作为，本身就是失职，必须及时调整。湖南巡抚王国栋，为官清廉勤慎，但才识不行，在地方无所作为，于是被雍正调换。云南开化总兵仇元正，人本老实，素无大过，但年过花甲，体力不支，雍正得报立即更换精明强干之员。直隶吴桥知县常三乐，虽然廉洁安分，但他胆小软弱，以致好多事久拖不决，雍正得知此事，毫不含糊地指出：常三乐当官软弱，实属失职，应当免去官职。山东曹县知县王锡玠，在到任后一年多的时间里，积累命盗案件二十多起，没有一件审完，也没有捉拿一个人犯，虽然他没有什么贪赃枉法之事，但雍正认为不干事本身就是失职犯罪，不仅摘掉了这个知县的乌纱帽，还让他坐了五年大牢。

因才用人，能力与职务相当，这是雍正的一向主张。惠士奇其人，才学出众，十二岁就作得一手好诗，后来考中进士，朝廷派他到广东担任学政。惠士奇在地方主持科举考试"一文不取"，这在当时的考官中实在是难以找到的，因此他以清廉而著名。对这样官声颇好的有"德"之员，如何提拔晋升，雍正命两广总督杨琳详加考察，因才致用。杨琳奏报说，惠士奇的特长在于舞文弄墨，至于行政管理则显得能力不足。据此，雍正将惠士奇召回京师，迁升翰林院侍讲学士，专掌论撰文史之事。

雍正任用官员从实际出发，而不拘泥于已有成例。清朝用人按定制，在中央各部同一级官员中，满人地位高于汉人。雍正却不拘满汉界限，谕命将兼管吏部、户部事务的汉人大学士张廷玉的班位，排在另一兼管部务的满人公爵傅尔丹之上。雍正四年（1726年），陕西三边地方的驻防军队出缺，在陕西一时没有合适人选，川陕总督岳钟琪上奏说，四川武职官员中多有屡经战阵堪任要职者，但按制度不能隔省调用官员，所以不敢越例提请。雍正指示他"不必拘例"，并说如"部议不准，朕可特旨允行"。

雍正对地方上的总督、巡抚大员反复强调，要大胆选用有才干的人，不能循规蹈矩。他对湖广总督杨宗仁说，如果遇到有作为的贤能之员，即行越格提拔，不要按资历升转。对宠臣田文镜也谈道：朕从来用人，不是全看资格，有时即使官阶级别悬殊较大，也是无妨的。

如果将雍正帝的选用"治人"原则概括为两点的话，那么，一是其才可担负国计民生之责；二是必须实心办实事。从政治效应看，雍正帝的用人方式直接影响到乾隆帝，这或许是因为他们父子面临着同样的政治形势与社会环境。

3. 乾隆帝的选官用人标准。乾隆帝即位后,摆在他面前的仍是人口剧增所带来的物价、民生等诸多问题。所以,他在选拔"治人"时惜才爱才、用人不守常规的作风酷似其父雍正帝。乾隆初政,便训励官员要勇于任事。他在用人时,强调量才器使。

当朝大学士鄂尔泰、张廷玉等人都是经验丰富的老臣,后来特殊提拔的讷亲、傅恒和汪由敦、于敏中、阿桂等,也都是些文武兼备的人才。

讷亲勤慎正直,乾隆不怕他年轻,任命为协办总理事务大臣,与庄亲王允禄、果亲王允礼和大学士鄂尔泰、张廷玉等一起,处理军国大事。乾隆二年(1737年),废总理事务王、大臣,讷亲又被命为军机大臣,可以直接从皇帝那里领旨。

傅恒有杰出的军事才能,屡立战功,乾隆任用他在军机处二十余年。军机大臣不能同时入见皇帝,因傅恒不认识汉字,乾隆破例允许他和别的大臣一起入见。

汪由敦博闻强识,认真负责,当军机处大臣,能把乾隆每天做的诗,不管是从草稿上还是从口头上移录下来保证无误,得到器重。每次出外谒陵及巡幸,必令他随侍。

至于于敏中、阿桂,几乎成为乾隆朝几十年倚重的大臣。乾隆依靠他们,使大清国文治武功,一派鼎盛。

经乾隆提拔使用的地方大吏,大都比较关心地方,大都做出了突出政绩。

满洲镶黄旗人尹继善,雍正朝已官至云贵总督,有胆有识。雍正帝曾告诫他向模范督抚鄂尔泰、李卫、田文镜三人学习。他回答说:"李卫,臣学其勇,不学其粗。田文镜,臣学其勤,不学其刻。鄂尔泰,宜学处多,然臣不学其愎。"一番话表明,尹继善是一个既有头脑又敢于讲话的人才。因此,乾隆把他放在洪水频发、水灾为患的两江总督任上。两江总督管辖江苏、安徽、江西三省,洪水频仍的江淮地区正在其中。尹继善前后任此职三十多年,经常兼任江南河道总督,对治理黄、淮、运河颇多建树。尹继善任职期间,数度兴工治河,每次动工都召集同僚反复论证。乾隆十分欣赏尹继善的为官之道,清朝建立一百多年间，满族科举出身的官员，"唯鄂尔泰与尹继善为真知学者"。

陕甘总督一职，控制西北地区，乾隆非常重视其人选。

汉军镶黄旗人黄廷桂，长期担任此职。陕西甘肃二省，时与准噶尔部为邻，黄廷桂平时很留心军事布置。乾隆发兵平准噶尔部时，黄廷桂受命运输军需。他采取运粮车十家抽一，厚给运价，又允许带杂物到前线贩卖，故民夫踊跃运粮。黄廷桂还从安西到哈密沿途开池蓄豆，马到即喂，所输送前线军马行千里后壮健如常。乾隆曾因前方缺米焦虑，黄廷桂报告，他任甘肃巡抚时，买谷三百万石，分储河东、河西，正好可以解决前线之需。他因运送军需操劳过度，积劳成疾，病中仍念念不忘军中事务，"官吏文武绕榻环听，为之泣下"。尽管黄廷桂没有亲临前线指挥杀敌，乾隆称他转送粮饷，毫不累民，内地不知有兵事，其功最大，授予骑都尉世职、三等忠勤伯，赐双眼孔雀翎、红宝石顶、四团龙补服，"以示宠眷"。

无论乾隆帝具有多大的才能，也不可能一个人操纵这架庞大的国家机器实施统治。他要选用一些人按照他的旨意，帮助他实现这种统治，所以他非常注意"用人行政"，这个"行政"就是实施方针政策。但是他认为国家治理，"用人"比"行政"更重要。乾隆执政时，虽号称"无名臣亦无权臣"，实际上出了不少"能臣"。

（三）从康熙用人之道，看企业中层管理

康熙自幼登基，平三番、定疆界，可谓功德圆满，在管理臣子、理顺朝政方面也有独特的表现。反过来，从企业管理角度看，中层管理人员的团结与忠诚，是企业领导驾驭全局，致力于企业稳定发展的关键。

康熙完成大业，靠的是能臣。他的得力大臣有索额图与明珠，两人都是康熙帝亲手培养起来的，索额图是康熙已故皇后的父亲，明珠是康熙爱妃的哥哥。从康熙力擒鳌拜到平定三藩，索额图与明珠都是主要干将。然而，随着康熙朝的日渐稳定，索额图与明珠逐渐地形成了各自的势力，所谓树大招风，人

多事杂，两股势力"交叉"争抢地盘的事就在所难免，朝臣们也纷纷站队。

"朋党"较劲逐渐升温，直至影响朝政，康熙感到问题严重，必须着手处理。然而都是自己的"轿夫"，强行处置以后怎么办，若处理一个，另一个失去控制将更加不利，况且目前满朝臣子几乎都在站队，直接支持自己的力量反而成为弱势。康熙不愧为聪明的皇帝，经过周密部署，顺利收编了两股势力。

事有凑巧，唐熙需要的"药引子"，很快就送到了他的手里。大臣李光地是索额图的学生，此人比较书生气，他无意中发现一个案子牵扯到明珠，就草拟了弹劾明珠的奏折上交给康熙，康熙觉得机会来了，于是就启动了"收编计划"。

康熙把明珠叫到"办公室"闲聊，故意把李光地的奏折露在外边，还打开着，然后自己借故出去了一会儿，明珠一看是弹劾自己的奏章，非常关注，暗自庆幸自己的运气，决心要先收拾李光地一下，尽量把事情扼杀在摇篮中。康熙"回来"后，又闲聊了一会儿就让明珠走了。

第二天，明珠宴请李光地，故意让索额图陪同，李光地以为明珠想拉拢自己，但看见老师也在就感觉有些不对。宴席期间明珠请两位听戏，请出一个妇女与两个孩子，李光地一看就傻了，这个女人是他在青楼包养的"二奶"，两个孩子是其私生子，一个朝廷大臣虽然可以有三妻四妾，但私下包养总是"另有隐情"，大家都心知肚明，事情一旦败露，李光地可能就要身败名裂。索额图当然护着学生，他发现事情不妙，就马上出来圆场，劝李光地认下母子，于是"大事化小，小事化了"。

明珠的做法，是警告李光地在弹劾自己的问题上马上收手，但他用打人揭短的方式，让索额图非常气愤。更为严重的是，康熙立即表明自己已经明查此事。第二天，康熙把三人叫到"办公室"，问起李光地包养"二奶"的事，弹劾的事情却只字不提。康熙很聪明，先骂明珠，你身为朝廷大臣，发现大臣过失，隐藏不报，他们母子在你府上住了几个月了，你等这么长时间在搞什么名堂，是在准备敲诈大臣吗？明珠成了有理变没理；再骂索额图，李光地是你的学生，学生有生活作风问题，你当老师的有失察与渎职的责任。索额图满肚子的火气，都转到了明珠的身上，你明珠不给我留面子，我还顾忌你什么。

康熙把事情进行了升级，索额图的火就被彻底煽起来了，尤其是明珠用这种手段，还把状告到皇帝跟前，面子事大，以后朝臣就更加靠近明珠了。

从此，明珠与索额图的对立局面更加明朗化，甚至在一些朝廷议事上相互拆台；同时互相大量收集对方的证据，"是非"站队情况越来越明显，两个"阵营"的边界也更加清晰了。康熙看到条件成熟，就安排了以下步骤。

一天早朝，大臣郭琇突然语出惊人："我要弹劾明珠中堂。"接下来历数明珠贪赃枉法、结党营私、误国害民等种种大罪，并且附有人证、物证……朝堂哗然，康熙没有表态，表现得很平静："事情是否属实要进一步核实，今天的早朝就到这里。"

康熙的不温不火，明珠没有理由怀疑皇上，而认定是索额图指使人干的。第二天，明珠带着自己的死党、御史大夫去见康熙，想解释自己的"罪行"。在宫外发现索额图也要见皇上，两人心照不宣。

康熙也非常有策略，传旨让明珠放假三天，回家休息，让索额图与御史大夫进见。所谓休息就是闭门思过，表面上是没有给明珠机会，等你"休息"完了，情况也清楚了，你连解释的机会都没有。明珠恨透了索额图，当然明珠也是有备而来。

果然不出康熙所料，御史大夫见到皇帝就要弹劾索额图，并且是欺君大罪。原来索额图在跟随康熙西征的时候，私自放走了几个蒙古叛贼，索额图的几个亲信参与了此事。御史大夫拿出那几个人的口供与手印，索额图吓得腿肚子转筋，大喊冤枉，说是要让叛贼带路找到巢穴，但没有成功，所以没向康熙汇报。

事情到了这个地步，往往是越抹越黑，重要的是，明珠与索额图的把柄都集中到了康熙的手上，虽然明珠与索额图很快明白了皇上的真实意图，但已经晚了。结果，明珠被免去官职，打回老家；索额图罪行较小，没有被撤职，但受到惊吓，不久就借口年纪大而辞官回乡了。康熙对两个阵营的人员了如指掌，作为死党的逐步分散处理了，作为观望的采用威逼利诱，很快就瓦解了两股势力,并充实到自己的阵营中。

康熙采用的驭臣之术可谓高明,他看到明珠与索额图的朋党日益严重,影响了自己的统治,双方的力量盘根错节,隐藏很深。康熙想要铲除这两股势力,完全靠自己的力量不合适,并且涉及面过大,也会影响自己的统治,最好是在明珠与索额图的较量中,尽量少地处理掉不得不处理的人员,收编两边的队伍。康熙很明白,他们都有对方的把柄,不到"关键"时刻谁也不肯说出来,所以康熙就找机会"制造"两者的矛盾,适当的时候再添火、吹风,帮助事态逐步升级,然后自己冷眼旁观,让他们把对方的把柄送到自己手中,两者相斗,最后的裁判权握在自己手里。

和平时期,要想事态平稳就要相互联合,联合容易形成垄断,就没有新生力量异军突起的机会。如果明珠与索额图"互通有无",对康熙王朝未必是好事,但二者的仕途不会很快到头。也许人们会说,他们同在一个屋檐下谋生,总有利与权的交互,但这里有个重要前提,就是王朝是康熙的,不是明珠的,也不是索额图的,他们无论谁在争斗中胜利了,康熙都不会允许胜利者再存在下去,也就是说他们谁也没有可能成为胜利的那一方,因此,最好的结果就是和平共处。

(四)从雍正用人之道,看企业行政管理

中国历史上著名的"康乾盛世",诞生了两个伟人:康熙和乾隆。两人均在位 60 年,把大清帝国治理得风调雨顺,民富国强,甚至连西方殖民霸主、老牌帝国大不列颠(英国)的女王也要派使臣来行朝拜之礼,希望可以通商做生意。可是在这两位高高在上、光彩辉煌的时候,却有一个甘于牺牲的雍正皇帝,为"康乾盛世"的延续做出了巨大贡献。主要表现在以下几个方面。

1. 盛世危机。为了更好地叙述雍正对康乾盛世的重要作用,我们权且称之为"大清集团"。自康熙任大清集团 CEO 之后,先是除鳌拜、平三藩,把集团内部的元老之争彻底解决;接着又广开科举之门,整合与"大明集团"存在

的企业文化差异；最后以西征准噶尔、北逐俄罗斯，南收台湾，极度扩大并奠定了大清帝国的垄断地位。

从表面上看，大清帝国一片太平景象，实际情况却是：集团在连年的高增长后，增长率呈现停滞状态，集团业务没有新的增长点。随着集团业务增速放缓，以前被高速增长掩盖的很多问题逐渐浮出水面。集团运营成本剧增，高管大都抱着守成的想法贪图享乐，奢侈之风盛行。可康熙这位CEO，身体日渐衰老，无力再行改革。于是，把希望寄托于继承人——雍正身上，我们的主角，就是在这样的背景下出场的。

2. 重组改制。 雍正皇帝素有"冷面王"之称，历史评价其比较"严酷"、喜好佛法、性格坚忍，做事认真而执着。这正是康熙所看重的，只有这般铁石心肠的意志，才能面对大清集团进行革弊创新，面对阻力百折不挠。

针对当时积弊，雍正思之再三，提出如下方案。

一是摊丁入亩（税制改革）。中国自古就有人丁税，成年男子不论贫富，均须缴纳人头税。雍正实行改革，将人丁税摊入地亩，按地亩之多少定纳税之数目。地多者多纳，地少者少纳，无地者不纳，是谓"摊丁入亩"，一举取消了人头税。这是我国财政赋税史上的一项重大改革。

二是火耗归公（财政改革）。我国古代以银、铜为货币，征税时，银两在兑换、熔铸、保存、运解中有一定损耗，故征税时有一定附加费。此项附加费称"火耗"，一向由地方州县征收，作为官吏们的额外收入。由于火耗无法确定征收额，州县随心所欲，人民负担甚重。雍正实行"火耗归公"，将此项附加费变为法定税款、固定税额，由大区经理（督抚）统一管理，所得税款，除办公费以外，作为"养廉银"以提高官吏们的俸禄。这样，既减轻了人民负担，又保证了廉政的推行。这类似于现在的"费改税"制度。

三是创立军机处（机构重组）。雍正为了处理政事迅速而机密，创立了军机处，推广奏折制度，实现了高度集权化管理。作为CEO（皇帝）的秘书班子，为CEO出主意、写文件，理政务。军机大臣直接与各地、各部打交道，了解地方情形，传达皇帝意旨。由于以前的文书批转手续繁复，需经多人阅看，时间拖延且难于保密。如今奏折可直达皇帝本人，而且扩大了上奏折的人数，不同身份的官吏均可反映情况，报告政务，以便使皇帝洞察下情；也使官员们相互监督，皇帝得以了解他们的贤愚与勤惰、政绩与操守。

3. 用人之道。 雍正认为，治理天下在于管理，管理之道在于用人，除此之外皆属末节。人用好了，能激发出创新和谐的氛围，集团业务自然不用担心。所以，雍正在逐步实行上述重组改制的同时，大胆起用新人，形成了重实际、求高效的用人风格。雍正的用人风格，具有以下特点。

一是及时调整平庸者。在雍正看来，作为中高层管理者，若在其位干不出成绩，不能有所作为，这本身就是失职，即使人品再好也起不到治世安民的作用。对这种官员必须及时调整。雍正把"守国法，无过错"的管理者分为两类，一种是听话顺从但平庸无为之辈，另一种是有才干有主见但常有不同意见的人。在这两者之间，雍正的态度十分明确："去庸人而用才干"。

二是不拘一格用人才。为了造就一支高效的中高管队伍，雍正命令文武百官荐举人才。可是有的官员忌贤妒能，以还没有全面看透为理由，拒绝推举他人。雍正斥责说：若一定等全面看透才推举，那么天下就没有可推举的人了！用人选官不能有成见，以前不行的，经过努力改进可能就行了；以前行的，若是骄傲起来也就不行了。雍正大批选拔新人，保守势力反对说这些新人经验不足。对此，雍正形象地比喻说：没有先学养孩子而后再嫁人的。雍正对地方上的总督、巡抚大员反复强调，要大胆选用有才干的人，不能循规蹈矩。如果遇到有作为的贤能之员，即行越格提拔，不按资历升转。即使官级悬殊较大，也是无妨的。在用人问题上，不可拘泥一法一策也。

三是要官员秉公报国。雍正早就发现，有些地方官员凡事都要请皇上指示一番，自己不拿主意，只看皇上脸色说话，听皇上口气行事，皇上没有明确指令，宁可等待也不动手。对于这种现象，雍正一针见血地指出：这些人实际是推卸责任，为自己留后路。

总之，雍正继位时，诺大的一个大清帝国，国库存银不到 500 万两。13 年后，当乾隆继位时，国库存银已经达到了近 5 000 万两。与此同时，通过摊丁入亩等新政，实现了人人平等交税，使税收大幅度增加，却没有增加百姓们的负担，百姓们的生活水平普遍提高。

如果说康熙时代是一个大开大阖的时代，创业打天下。那么，雍正时代就是整固的时代，通过精细化管理，巩固康熙时代的劳动成果，去除积弊，休养生息，让百姓逐渐富足起来，只要百姓富足，国家自然强盛，只有国家强盛了，才有充足的物力财力应对外部危机。

（五）从乾隆用人之道，看企业管理

乾隆皇帝即位时仅有 25 岁，但是，从乾隆皇帝身上，无不渗透着企业管理者必备的素质。主要表现在以下几个方面。

1. 个人魅力。 康熙皇帝宽厚仁慈，以仁爱治天下；雍正皇帝刻薄寡恩，以威治天下；乾隆皇帝一改祖、父作风，有勇有谋，恩威并施，菩萨心肠，又不乏威严，乃治太平盛世之极品人格。

企业发展到一定程度，管理者也应有此胸怀，大丈夫处世当虚怀若谷，且不失威信，做企业等于做人，领导者个人魅力是企业凝聚力的关键。

2. 权力均衡。 传奇宰相刘罗锅、风流才子纪晓岚、乱朝贼子和珅，是三位不同性格的人才。谁都知道和大人贪赃枉法，为什么总是官场不倒翁？抛开其他因素，这是乾隆皇帝的用人之道，只有做到这点才能达到权力的制衡。刘罗锅是忠臣，冒死进谏；和珅是奸佞，乾隆皇帝不可能不察，但是，为什么和珅能够如此受重用呢？原因是有刘罗锅的地方必须得有和珅，刘罗锅为百姓想得多，和珅为皇帝想得多。皇帝和百姓代表不同的阶级，不同的利益，有的时候是对立的。

同样，一个企业不能用同一性格的人，要拉开差距，不相马而赛马，海尔集团的休克疗法，似乎与这点有异曲同工之妙，在竞争中求生存，在生存中求发展，企业管理者不可不考虑。

3. 不拘一格。 乾隆皇帝启用了很多被雍正皇帝贬谪、囚禁的王公贵族，这不是对前任皇帝的否定,而是一种大胆的创新。可以设想,皇恩浩荡,囚徒重用,焉能不卖命?同时,也是吸引贤人的平台。

企业管理者,必须具有不拘一格用人才的气度,是人才都有脾气,没有脾气的是庸才。不能因一件事或一句话而浪费人才,即使对否定掉的人才,也要不拘一格。可以这么说,如果人才在企业不能才尽其用,那么,企业管理者就是失败的。

4. 事必躬亲。乾隆皇帝是历史上最能体察民间疾苦的人,他六下江南,体察民情……从正史的观点来看,这是一种气度。企业管理者,必须具备同员工同甘共苦的品格,事必躬亲换来的不是贬低,而是爱戴。

有一句话说得好:"想看日出必须早起。"同样,优秀企业管理者,必须懂得管理之道,很多管理能力是天生的,但后天培养也很重要。"前事不忘,后事之师",以上确实值得细细品味。

只要获取客户,盈利水到渠成

韩国三星集团创始人李秉喆,幼年家境不好,生活十分困难,为了解决生计,他很小就去卖报纸挣钱。

"你一天要跟我订多少份报纸去卖?"报亭老板问这个衣衫褴褛的男孩。"别的孩子能卖多少?"他羞涩地问。报亭老板笑道:"这可没法说,少的卖几十份,多的能卖几百份,但拿得太多剩在手里,是要赔钱的。"李秉喆想想说:"那要100份吧!"老板有点吃惊,但还是给了他。

第二天一早,李秉喆空着手来到报亭。老板纳闷地问:"昨天剩下的报纸呢?""卖完了,我今天想要200份。"李秉喆非常肯定地答道。老板虽然很吃惊,最后还是给了他。

第三天一早,李秉喆又空着手来了,张口就要300份。老板十分惊讶,决定悄悄地跟着他,看看他到底是怎么卖的这些报纸。

李秉喆到了车站候车大厅,没像别的孩子那样四处叫卖,而是不停地往候车乘客手中塞报纸,等一个区域的乘客发完了,然后再回来一个人一个人收钱。然后再到另一个地方如法炮制。

报亭老板疑惑地问他:"会不会有人不给钱就跑了?""有,但特别少,因为他们看了我的报纸,就不好意思坑一个孩子的报纸钱了。跟那些把报纸砸在手里的报童相比,算总账还是我赚得多!"李秉喆自信地回答。

报亭老板立即对他刮目相看。

【点评】 企业的第一使命就是获取客户,只要获取了客户,盈利是水到渠成的必然结果,两者绝对不能错位。否则,就只能先甜后苦做一锤子买卖,"欲取先予"不仅是一种策略,也是一种态度,更是一种智慧和境界。

六、帝王治国对企业管理的启示

宋代宰相赵普"半部《论语》治天下",值得后人深思!那么,我们提出"向帝王学习管理"的目的,是愿中国企业家能从中华民族五千年文明中去领悟更多的真知灼见,开启尘封已久的智慧,引领企业取得更大发展。

(一)向秦始皇、隋炀帝、雍正帝学习战略性决策

秦始皇是历史上第一任皇帝,他以法治国,在政治、经济、文化、军事等方面都有立法。他大胆地进行了组织机构改革,实行三权分立——丞相、太尉、御史大夫,分别掌管行政、军事、监督职能。为了加强中央集权,实行了"郡县制",以此排除地方专政,实现统一管理。他重视农业发展,实行土地租赁制,并实行目标管理,责任到人。另外,他还统一了文字、货币和度量衡,这些都体现了秦始皇作为高层领导者的独特管理才能。

雍正皇帝在理财和内部管理上,具有独到之处。他大胆地对国家体制进行改革,把传统的税收制度改为"摊丁入亩",改按人头收税为按土地收税,这是划时代的改革。他还采用了"地丁银",把实物地租变为货币地租,这个改革一直沿用到今天。另外,雍正还设立军机处,相当于皇帝的顾问和秘书机构,报送的奏章先由军机处审核一遍,一般常规事务可以代为处理,关系国计民生的大事再报皇上。这样,皇上可以有很多时间处理国家大事。

隋炀帝"统一江山""三驾辽东""西巡张掖""三下江都",最具商业眼光的是,他下大力气开凿京杭大运河。弊在当时,功在千秋。运河加强了南北军事、交通、经济和文化的交流,古代货物运输 3/4 靠运河来完成。除此之外,隋炀帝十分重视教育,积极实施"科教兴国"战略,设立了科举制,用考试形式来选拔人才,第一次接受外国留学生。这些都是战略性举措。

实际上,他们每次战略调整多是破旧立新,是前者为后者的盛世奠定了基础:由于秦始皇进行统一管理,才有了汉朝的"光武中兴""文景之治";由于雍正善于理财,才使满清一度国库充盈;由于隋炀帝进行商业治理,才有了商业繁荣的"贞观之治""开元盛世"。而在这三人中,作为企业而言,秦始皇适合管人,雍正适合管钱,隋炀帝适合做董事长。

(二)向刘邦、唐太宗、宋太祖、乾隆学习用人艺术

人是企业最宝贵的资源,合理的人力资源管理是:把需要的人在第一时间招聘,不需要的人在第一时间辞退。因此,这既要讲究方法,又要讲究艺术。

刘邦出身卑微,何以成为一代名主?原因在于他具备做总经理的才能。总经理需要做好两件事:一是完成董事会指定的目标,即需要做哪些事;二是这些事应找谁去做,即怎么做和谁去做。总经理要像刘邦那样,善于构建自己的团队,善于选人、育人、用人,在需要的领域能招聘到相应的专家。刘邦带兵打仗不如韩信,出谋划策不如张良,治理国家不如萧何,但这三人皆为刘邦所用。刘邦善于识将,韩信三宜其主,终被刘邦重用。总经理要像刘邦那样,善

于辨识良将、招聘人才,既让他们努力工作,又让他们心安理得。

唐太宗用人思想的基础是以人为本。他具有宽宏的战略人才观,宽松的用人环境,为人才提供施展才华的机会和舞台。他待人以诚,遇之以礼,以德服人,以至下属敢于直言。因此,他能够随时掌握全面而准确的信息,及时发现合适的人才。最典型的是,他把魏徵当作自己的一面镜子,经常对照检查。他还善用外部人才,善待少数民族,与西域和亲就是一个典型例子。

宋太祖善于辞人。他与开国大将,地位相差不大,陈桥兵变皇袍加身后,以前的"兄弟"都成了自己的手下,这样往往难以控制,怎样辞掉这些人呢?宋太祖采取了温柔政策"杯酒释兵权",获得了成功。企业招人难,辞人更难,做不好还会得不偿失。宋太祖的辞人艺术值得深思。

乾隆善于合理地平衡下属关系。和珅与刘墉是乾隆手下两大势力的代表,乾隆也知道刘墉清廉,和珅贪婪。那为什么不杀和珅呢?这就是领导艺术,刘墉的清廉可以为大清国效力,用他可以做很多国计民生的事情;和珅从来不反对自己,用他可以满足自己的权力欲望。

(三) 向成吉思汗、曹操学习开拓市场

信息化时代的企业,应以市场为导向,最重要的是赢得"第一时间"。现代企业总部与市场前方人员往往缺乏沟通,如何让他们既为企业所用又不被对手挖走,是困扰管理者的难题。在这方面,可以向成吉思汗和曹操学习。

成吉思汗是速度的代表。他能快速掌握信息,善于运用闪电战,在对手没有反应的情况下就已经冲了过去,获取了胜利。但成吉思汗只会往前冲,不善守护。以至于版图那么大的"蒙占帝国"却从来没有统一过,都是分而治之。因此,如果让他来管理市场,就需要一个副手,以补充他的不足。

曹操更适合做这样的工作。曹操虽然多疑,但他善于管理已经占领的"地盘",善于从对手那里"挖墙脚",稍有风吹草动,马上做出反应。曹操喜欢人才,尤其是对手那里的人才,他用计把徐庶引进曹营,用尽一切办法想把关羽

拉过来,他喜欢赵云,一句"要活子龙不要死赵云",让赵云在长坂坡七进七出。曹操的这种理念和精神,是值得学习和借鉴的。

(四)向康熙、刘备学习远见与智慧

作为公关部,既要处理企业与政府、对手、银行、消费者的关系,还要有一定理论和组织实践。

康熙即位初期,内忧外患,朝内已被大臣控制,朝外发生地方割据、沙俄入侵。为巩固皇权,康熙对内"清三藩""诛鳌拜",对外则积极抗击沙俄侵略。特别是经过著名的雅克萨之战,签订了《尼布楚条约》,这是中俄第一个边境条约。这一系列深谋远虑的动作,充分体现出他的远见与智慧。

刘备白手起家,用义气结金兰之好,获得关羽、张飞的生死相助,又"三顾茅庐"请出有"卧龙"之称的诸葛孔明,公关手段可见一斑。自己没有地盘,却能从东吴手中借得荆州。尔后,东吴数次派人来要,刘备却好言以待,继续借用。没办法,东吴只得以招亲为由,想把刘备骗去杀害。对此,刘备根据诸葛孔明计策,用良好的公关艺术博得了岳母大人的赏识,结果不仅安全返回,还得到美妻,东吴只能望江兴叹。刘备还善于收买人心。赵云救出阿斗,刘备故作摔地,既收买了赵云誓死随主之心,又教育和感化了当时在场的所有文武随从。刘备的最独到之处是善于"哭",刘备能同曹操、孙权三分天下,与他的"哭"是分不开的。他的每次落泪都取得了很好的政治效果,并弥补了自身文才武略的不足。

热爱一项工作,终能取得成功

乔布斯的运气很好,年轻时就发现自己爱做什么事。他在"自传"中是这样说的:我20岁时,跟Steve Wozniak(斯蒂夫·盖瑞·沃兹尼亚克,美国电脑工程师)在自家的车库里开始了苹果计算机的事业。我们拼命工作,苹果计算机在十年间从一间车库里的两个小伙子扩展成了一家员工超过4 000人、市价20亿美金的公司，在那之前的一年推出了我们最棒的作品——麦金塔，而我刚迈入人生的第30个年头，然后被炒了鱿鱼。

我是怎么让自己创办的公司炒了自己的鱿鱼呢？

有几个月，我实在不知道要干什么好。觉得自己令企业界的前辈们失望——我把他们交给我的接力棒弄丢了。我见了创办惠普（HP）的戴维·帕卡德（David Packard）跟创办英特尔（Intel）的鲍勃·诺伊斯（Bob Noyce），跟他们说我很抱歉把事情搞砸得很厉害。我成了公众的非常负面的示范，我甚至想要离开硅谷。但是渐渐的我发现，我还是喜爱着我做过的事情，在苹果公司经历的事件没有丝毫改变我爱做的事。我被否定了，可是我还是爱做那些事情，所以我决定从头来做。

好吧，当苹果计算机成长后，我请了一个我以为他在经营公司上很有才干的家伙来，他在头几年也确实干得不错。可是我们对未来的愿景不同，最后只好分道扬镳，董事会站在他那边，炒了我的鱿鱼，公开把我请了出去。曾经是我整个成年生活重心的东西不见了，这令我不知所措。

当时我没发现，但是现在看来，被苹果公司开除，是我所经历过的最好的事情。成功的沉重被从未有过的轻松所取代，每件事情都不那么确定，让我自由进入这辈子最有创意的年代。

接下来的五年，我开了一家叫作软件（NeXT）的公司，又开了一家叫作皮克斯（Pixar）的公司，也跟后来成为我老婆的人谈起了恋爱。Pixar接着制作了世界上第一部全计算机动画电影——玩具总动员，它现在是世界上最成功的动画制作公司。然后，苹果公司买下了软件（NeXT）公司，我回到了苹果公司，我们在软件（NeXT）公司发展的技术成了苹果公司后来复兴的核心。我也有了个美妙的家庭。

我很确定，如果当年苹果公司没有开除我，就不会发生这些事情。这帖药（帖：用于配合起来的若干味汤药）很苦口，可是我想苹果公司这个病人需要这帖药。有时候，人生会用砖头砸你的头，这个时候，不要丧失信心。我确信，我爱我所做的事情，这就是这些年来让我继续走下去的唯一理由。你得找出你爱的，工作上是如此，对情人也是如此。

你的工作将填满你的一大块人生，唯一获得真正满足的方法就是做你相信是伟大的工作，而唯一做伟大工作的方法是爱你所做的事。如果你还没找到这些事，继续找，别停顿。尽你全心全力，你知道你一定会找到。而且，如同任何伟大的东西，事情只会随着时间愈来愈好。所以，在你找到之前，继续找，别停顿。

【点评】 作为管理者每当回顾过去时，你一定要相信，现在所体会的东西，将来多少会连接在一起。一定得信任某个东西，直觉也好、命运也好、生命也好，都是因果使然。这种作法很有意义，从来不会令人失望，还会让自己的人生更加精彩起来。